传承·对外经济贸易大学校史研究系列

孜孜以求 使命担当

——我对世界贸易组织（WTO）的研究与践行

薛荣久 著

对外经济贸易大学出版社
中国·北京

图书在版编目（CIP）数据

孜孜以求　使命担当：我对世界贸易组织（WTO）的研究与践行 / 薛荣久著. —北京：对外经济贸易大学出版社，2021.11

（传承·对外经济贸易大学校史研究系列）

ISBN 978-7-5663-2332-3

Ⅰ. ①孜… Ⅱ. ①薛… Ⅲ. ①世界贸易组织–研究 Ⅳ. ①F743.1

中国版本图书馆 CIP 数据核字（2021）第 231689 号

孜孜以求　使命担当

——我对世界贸易组织（WTO）的研究与践行

薛荣久　著

责任编辑： 王延新

出版发行：对外经济贸易大学出版社

社　　址：北京市朝阳区惠新东街 10 号

网　　址：www.uibep.com

资源网址：www.uibepresources.com

邮政编码：100029

邮购电话：010－64492338

发行部电话：010－64492342

E-mail：uibep@126.com

成品尺寸：185mm×260mm

印　　张：14.5

字　　数：335 千字

ISBN 978-7-5663-2332-3

印　　刷：北京九州迅驰传媒文化有限公司

版　　次：2021 年 11 月北京第 1 版

印　　次：2021 年 11 月第 1 次印刷

定　　价：66.00 元

谨以此书

向对外经贸大学建校七十周年献礼，铭记中国加入世界贸易组织二十周年。

薛荣久

二〇二一年初夏耕斋

自　序

2020年，在举世战疫鏖战中，我历经酷暑，不畏艰辛，在校史馆关怀、老伴精心照顾、子女和助手鼓励与支持下，完成此书初稿的撰写；2021年4月前进行修改并最终定稿。

我撰写此书，有两个意愿：一是向对外经济贸易大学（以下简称“对外经贸大学”）建校70周年校庆献礼，二是纪念中国加入世界贸易组织（WTO）20周年。2001年的“入世”，成为中国对外开放的一个里程碑。20年来，中国已成为全球第二大经济体、第一大货物贸易国、第一大外资吸收国；中国经济出现跨越式发展，综合国力增强，人民生活水平大幅提高，中国特色社会主义优势显现；中国国际地位日益提高，对国际社会的贡献不断加大。

以WTO为核心，以规则为基础的多边贸易体制是经济全球化和自由贸易的基石。WTO推动了全球贸易发展，为促进经济增长和可持续发展作出了非常重要的贡献。中国加入WTO后，积极参与WTO活动，成为多边贸易体制的坚定支持者，推动WTO向正确的方向发展。

我从20世纪70年代初开始研究关税与贸易总协定（GATT），之后持续跟踪研究世界贸易组织（WTO）。在此历程中，我为中国加入WTO而高兴；为中国加入后的跨越式发展而振奋；为我GATT/WTO研教成果和参加社会活动产生的积极作用而自欣；更为我在此项研究中，学校提供的可遇不可求的机遇、良好的研究条件和可持续发展而庆幸。

我1955年来到北京对外贸易学院（对外经济贸易大学前身）；1960年本科毕业，接读研究生；1964年研究生毕业留校至今，从事国际贸易教学与研究，间或担任一些行政工作。

1974年4月，我受外贸部临时借调，为邓小平出席第六届特别联合国大会准备发言稿所需资料，接触了GATT原始资料，激发起对它的研究兴趣，后由兴趣转变为使命研究。

我在研究GATT中，除去撰写有关文章和专著，还向学校提议，在1991年创建了对外经贸大学GATT研究会。1993年后，我招收WTO方向博士研究生。2003年，我与中国“复关”首席谈判代表佟志广等，谋建国家级的中国WTO研究会。

对外经贸大学GATT研究会，后成为WTO研究中心，是教育部百所人文学科中心之一，后成为对外经贸大学中国WTO研究院。

在学校领导的支持和鼓励下，我的国际贸易研究领域扩及GATT/WTO，对外经贸大学成为WTO研究与教学的前沿，为对外经贸大学70周年发展业绩添彩。

撰写此书，意在回顾从20世纪70年代初至今，我对GATT/WTO研究与践行的历程，总结此中的收获、感悟、遗憾与期望，为有志于此项研究者提供一些史料和启示。

循此目标，此书框架为研究历程，研究内容，目标与途径，研究条件与研究方法，学科建设与人才培养，宣教与参会，WTO 与海峡两岸，释解、驳辩与接访，研究著述的成果，自欣、遗憾与鸣谢。

社会在前进，教育在发展。此书是我在对外经贸大学近 70 年学习、教学、研究生涯文萃丛书的首卷。在有生之年，我将接续撰写文萃丛书的余篇，包括《我的国际贸易研究与教学》《我的教学理念与践行》《我与贸大》等。

在此书撰写中，得到对外经贸大学、中国 WTO 研究会的支持，校史馆、国际经贸学院的资助，对外经济贸易大学出版社的精心编辑，特表谢意。企望读者对之提出宝贵建议，以便修订。

薛荣久

2021 年 4 月 5 日于耕斋

目　　录

1

研究历程

1.1 开启研究与研究历程

自 1974 年 4 月，我开启了 GATT 研究。随着改革开放成为中国国策，在兴趣研究基础上，转变为对 GATT/WTO 与中国改革开放关系的使命研究并持续至今。根据研究节点的不同，大致可分为 5 个研究阶段。

1.1.1 可遇不可求的机遇

我 1955 年来到北京对外贸易学院，在对外贸易系攻读本科。1960 年本科毕业，作为毕业分配留在学校读国际贸易专业研究生，研读方向是“资产阶级对外贸易理论”。我的大导师是姚曾荫教授[①]，指导我的导师是新中国成立前的南开大学知名教授袁贤能[②]。

---

① 姚曾荫（1915—1988）江苏省镇江市人，中国著名桐城学派创始人之一姚鼐的后裔，我国著名的国际经贸学家，全国对外经济贸易先进工作者，国际贸易学科奠基人。

他 1933 年就读于北京大学经济系，1937 年毕业后在中央研究院社会科学所工作，先后任研究生、助理研究员、副研究员。1946 年赴美国米里苏达大学研究院进修。1949—1952 年任北京大学经济系副教授、教授。1952—1953 年为中央财经学院教授。1953 年 9 月后，任北京外贸学院/对外经济贸易大学教授。

20 世纪 50 年代，他主持编著了《马恩列斯论国际贸易》一书，成为新中国成立 10 周年国庆献礼项目，荣获对外贸易部一等奖。

他受国家教委和人民出版社的委托，主编了大学丛书《国际贸易概论》，是国内国际贸易界第一部巨著，对国际贸易学科的建设作出了重要贡献，获得国家社科大奖。

他参与编写的由社科院世界经济研究所所长钱俊瑞主编的《世界经济概论》一书，获 1987 年吴玉章奖金世界经济学特别奖。

改革开放以后，他为国内众多报刊撰稿 40 多篇。积极参与中央、地方、研究机构和全国人大外事委员会会议。对世界金融、经贸及中国对外贸易进行了大量深入研究，为中国对外贸易发展决策作出贡献。

1979 年，他随中国外贸教育考察团出访英美，进行外贸教育考察，回国后就中国外贸教育发展撰写文章并积极建言。

1984 年，因他在国际贸易学科上的突出成就，在对外经济贸易大学成为国内第一个国际贸易博士生导师，开始招收国内第一批国际贸易博士生。

他一生追求进步、热爱中国共产党，1987 年光荣加入中国共产党。1988 年获得全国经贸系统先进工作者光荣称号。

为缅怀他的业绩，对外经济贸易大学为他在校史馆雕像。

为缅怀姚曾荫教授的业绩，做好对外经济贸易大学国际贸易学术传承，在学校和国际经贸学院支持下，笔者主编《姚曾荫著述文集》，2017 年由中国商务出版社出版。

② 袁贤能（1898—1983），浙江天台城关镇西门里人，我国杰出的经济学家，新中国成立前，享有“南马（马寅初）北袁”称誉。

他 1921 年于复旦大学毕业后，入燕京大学经济研究所，一年就获得硕士学位；1922 年去美国留学，1929 年获纽约大学哲学博士学位。学成回国，到复旦大学任讲师兼训育主任。接着，执教于天津南开大学，参与何廉教授创建的南开经济研究所工作。1930 年任中央大学无锡推广部（今江苏教育学院）的副教授兼民教系主任。1931 年执教天津南开大学，任教授兼研究所导师。

抗日战争爆发后，南开大学内迁，他应聘为燕京大学教授。1939 年与几位同仁一起创办私立天津达仁商学院（Adam Smith Institute of Economics）并兼任院长，收留沦陷区拒绝与日伪合作的学生。抗战期间，他因抗日言行和拒绝出任伪职三次入狱。

新中国成立之初，他主持南开大学经济学院的工作，不久辞职南下，任教于杭州之江大学和上海财经学院。1954 年在北京外贸学院任教，1960 年后培训第一代学制研究生，方向是西方国际贸易理论，直至退休。

袁贤能教授具有深厚的古典英文和西方经济学说与国际贸易理论的功底，著有《经济学》《经济思想史导论》《柏拉图的经济思想》《亚里士多德的经济思想》《亚当·斯密前的经济思想史》等，并有多篇重要论文散见各种杂志；（转下页）

1964年4月，我第一个从研究生班毕业，奉命留校，在对外贸易系国际贸易教研室从事国际贸易教学与研究。

1965年到1966年7月，我奉命到山西文水县参加“四清”。1966年7月回校后，恰逢“文化大革命”。我的导师袁贤能被诬为“反动学术权威”，遭受批判。我因是袁教授的“得意门生”，成为“反动学术权威的苗子”，进行自我批判。

“文化大革命”期间，1969年，学校外迁河南固始县。1970年从春到夏，我奉命到固始农村参加整党。1970年4月，学校奉命就地解散，我们无处可去的教职员工被编入外贸部“五七干校”，1970年8月初我们离开固始，前往息县的外贸部“五七干校”。

1971年初冬，解散了的外贸学院奉命复校。原北京西郊车道沟校址被军乐团占用，只好在北京朝阳区惠新东街原北京电影制片厂旧址重新建校。我们全天到校上班，紧张地抢救和恢复外贸专业，整修校园，争分夺秒地修补荒废的学科知识，还要参加各种政治活动。国际贸易专业尚待整体恢复，没有教学活动，研究方向尚待确定。

1974年4月1日，我奉学校委派，临时借调到外贸部，使我“不期而遇”地确定了GATT研究方向，成为我进行国际贸易研究与教学的重要内容并一直延续下来。

1.1.2 临时奉命借调

1974年4月1日上午，学校通知我与姚曾荫教授、陈瑛副教授到外贸部国际小组报到。该组是部里应对国际会议的需要而新成立的机构。该组负责人赛自爽接待了我们，告知我们要到国际组二处临时工作。

国际组二处处长许乃炯在小会议室热情地欢迎我们。除我们三人，被借调者还有北京大学、中国人民大学和北京师范大学的8位老师。

经过许处长介绍，知道其他被借调者都是副教授或讲师，分别从事世界经济、国际经济关系、政治经济学等方面的教学与研究。我当时是助教，年龄最小，属于小字辈，与他们是第一次谋面。

1.1.3 任务紧急

许处长说接到上面布置的紧急任务。4月6日，邓小平同志要率中国政府代表团参加第六届联合国特别会议，讨论能源和发展问题。国际小组要在两天内为邓小平同志发言稿中国际经济关系部分准备资料。国际组要许处长负责的二处进行准备，但该处一些研究人员还在干校，人手不足，所以紧急借调我们这些老师帮忙。

许处长布置给我们的任务，主要是就当时国际经贸关系几个问题提出观点。其中包括：要以“三个世界”理论为基础，考虑国际经济关系确立的原则、国际经济关系的构成以及三大国际经济组织即国际货币基金组织（IMF）、世界银行（IBRD）、关贸总协定（GATT）的地位与作用。

（续上页）译有《英国得自对外贸易的财富》《对劳动的迫害及其求治方案》《人口原理》（合译）；遗作有《中世纪欧洲经济思想》（手稿）。

为做好对外经济贸易大学经济学、国际贸易理论的学术传承，在学校和国际经贸学院支持下，笔者主编《袁贤能著述文集》，2013年由中国商务出版社出版。

许处长要我们4月1日下午和2日全天各自准备，3日集合开会讨论，提出观点，他来主持研讨，然后汇总上报。

1.1.4 单独授命

见面会后，许处长要我单独留下，说“来的老师年龄都比我大、职称都比我高，教研多年”。我当然知道，姚曾荫在新中国成立后就是国际贸易方面的著名教授，也是我攻读研究生时的大导师；陈瑛是建校后批准的副教授，为我们讲授本科的中国对外贸易。

许处长告诉我，部里要从学校临时借调教师时，他单独点了我的名。因为他在北京外贸学院担任外贸系主任时，知道我学习用功；我读研究生时，经常找他请教问题。后来，他调入外贸部行情研究所，恰好我研究生毕业后到该研究所实习，给他留下善于钻研的深刻印象。

许处长告诉我，他刚刚调到国际组二处，担任处长。这次任务紧急，又是联合国通过决议，恢复中华人民共和国在联合国的一切合法权利之后，中华人民共和国代表团首次出席联合国大会，意义重大。因任务紧迫、我们准备时间少，望我多多思考，拿出观点。

许处长在担任外贸系主任时，给我们主讲中国对外贸易课程。他讲授中国对日本的贸易谈判受到我们的热烈欢迎。他口才好，懂英文，文笔好，常在当时的《大公报》发表国际经济关系方面的文章，还为校内外籍教师用英语讲授“联共党史”。他是我们学生崇拜的对象。

1.1.5 艰辛准备

我受到许处长的鼓励而高兴的同时，也感到压力很大、困难不少。

第一，原来对国际经济三大组织知之甚少。我在外贸学院本科学习时，从老师的国际贸易授课以及国内报刊介绍，得知这三个国际组织都是为帝国主义特别是美帝国主义服务的御用组织，GATT是“富人俱乐部”。在研究生学习时，知道英国著名经济学家凯恩斯与三个国际经济组织创建的关系，但具体内容并不清楚。

第二，情况不明。1971年复校后，从干校回来的我，忙于新校园的整修和专业的艰辛恢复。学校外迁河南固始时，原西郊车道沟学校的图书馆被弃，外贸系资料室研究资料大量散失，不知道1966年到1971年间三大国际经济组织的发展情况。

为此，我向许处长提出要看看这段时间三大国际经济组织的相关材料。许处长说处内有它们的英文材料，可以在处内看。他挑出一部分给我看。下班前，我未看完，提出带回家晚上看。许说，这是内部材料，原则上不能带出，但我可以特殊，可以带回家看，但不能外传。

我有阅读英文国际经贸专业图书的基础，所以，在家连续看了一夜和次日一天的原始英文材料。我是边看、边思、边记，接着准备开会发言的观点。我阅读这些材料后，加深了对三大国际组织的了解，一些新认识与原有认知发生碰撞，也引起我的思考。

1.1.6 开会讨论

研讨会由许处长主持，开了一天。借调来的老师都做了认真准备，各抒己见，就国际经济关系等问题踊跃发言。

我发现他们多在重复已有的流行观念。我与他们的看法有所不同，但不好直说。我就以提问题的方式，表示对有些观点需要加深研究。比如，当时不能提国际分工，只能提国际经济关系。我提出：马克思有国际分工的论述，为何不能提国际分工？当时国内对国际形势的普遍提法是“东风压倒西风”，意思是社会主义国家是东风，以美国为首的帝国主义国家是西风。我问：既然“东风压倒西风”，外贸部为何还要成立国际组？我不太同意帝国主义是泥足巨人的提法，提出“泥足巨人如何表述”？

许在总结发言中，认为我的提问值得深入思考。姚曾荫教授对我的提问给予鼓励，认为多思才能谋断。但参加研讨的一些老师则带着质疑、惊奇的眼光看着我。

这次紧急借调让我发现了我对这些国际经济组织认知的欠缺和不足，感到尴尬和困惑，激起我接续研究这些国际组织的强烈愿望。

1.1.7 受到鼓励

借调结束后，我们回校，通过媒体密切关注邓小平同志出席联合国大会第六届特别会议的国内外活动的消息。

邓小平同志 4 月 6 日清晨率领中国代表团出席联合国大会第六届特别会议。周恩来总理亲自率领中共中央政治局委员和在京的党、政、军负责人以及各界群众四千多人到机场送行。

从《人民日报》上得知，1974 年 4 月 10 日下午，在一片关注的气氛中，邓小平同志健步走上联合国大会讲台。面对一百多个国家的代表团和众多记者，他全面、系统地阐述毛泽东提出的划分三个世界的理论，并论述了中国政府向国际社会提出的建立国际经济新秩序的主张。他的讲话赢得与会各国代表团特别是广大发展中国家代表团和世界舆论的赞扬和好评。

这次联大特别会议通过了《建立新的国际经济秩序的宣言》和《行动纲领》。4 月 19 日，邓小平同志率中国参加联合国大会第六届特别会议代表团回国。当日下午，周恩来总理再次前往首都机场，以隆重的仪式迎接邓小平一行回国。

邓小平同志这次率团参加联合国大会第六届特别会议，不仅增进了各国对中国的了解，而且也提高了中国的国际威望。

此后不久，许乃炯处长打电话告诉我们这几位被临时借调的老师，我们的工作成果得到肯定和表扬。他希望继续合作研究。

1976 年粉碎“四人帮”后很久，我才知道 1974 年 4 月被临时紧急借调，为邓小平同志出席联合国大会第六届特别会议发言稿中准备国际经济关系部分资料的缘由。

1.2 开始接续研究

临时借调工作结束后，我向许处长提出持续研究三大国际经济组织尤其是 GATT 的愿望。但学校这方面的原始材料没有，我想从处里借出这些材料，进行研读。他当即与国际组负责人赛自爽商量此事，然后告诉我，处里的这些英文原始资料不能外借；但考虑到我持续研究的迫切心情，可以借走，但要按时归还，不耽误处里的使用。

回校后，我如饥似渴地研读借到的英文原始资料。我对三大国际经济组织有了较多的认识，打开了眼界，开拓了思路，更新了原有的知识结构，对 GATT 研究产生浓厚的兴趣，也拓展了我的国际贸易研究的层面和范围。

1.2.1 在校发文

此后，在学校每年组织的学术研讨会上，我把三大组织的研究情况尤其把 GATT 的研究心得撰文，作为学术研讨会的主要发言内容，并发表于学校期刊《国际贸易问题》。

1.2.2 合作著书

借调结束不久，许乃炯处长邀请我以及北京大学、中国人民大学和北京师范大学被临时借调的部分老师，参加他组织的研究小组，就帝国主义国家与第三世界国家的经贸关系进行研究。被邀请的老师有北大的巫宁根、人大的祝成、师大的沈振宏和段宝林。

当时，“文革”还未结束，学校缺乏相关的研究资料，研究术语内涵受到固有提法的约束。在许的主持下，上述局面有所改善：一是他可从处里拿来一些外部看不到的材料；二是许的思想比较开通，鼓励我们多思考。

在许的主持下，我们以毛泽东的“三个世界”理论为基础，研究帝国主义国家与第三世界国家的经贸关系问题。在研究中，固有的提法有所变化。1975 年年中，研究成果基本定稿，取名为《帝国主义对发展中国家的剥削和掠夺》；1976 年，由人民出版社出版。

该书以比较系统的统计资料为基础，分析了发达国家与发展中国家的经济、贸易、金融、原料、运输等问题，提出原有国际经济关系体制需要改革的建议。该书对原有的认识和提法有所突破，得到学术界的赞许和政府有关部门的肯定。就我来说，引发了我更多的思考，激发了我深入研究的兴趣。

1.2.3 参会论文受赞

1978 年后，我认真研读邓小平同志的各种讲话。经过思考，认为中国对外开放形势将出现两种情况：一是将对世界所有国家逐步开放，扩大经贸交流；二是要恢复中国在世界三大国际组织中的地位，我预感到进入 GATT 问题将要提上日程。

1979 年 5 月，我应邀参加中国青年学者研究会在大连举行的研讨会。这些青年学者有周小川、郭树清、李军等。我在会上宣读了我的《正确认识关贸总协定的地位与作用》一文，认为中国学界应实事求是地看待 GATT，摈弃一味否定的做法，中国应考虑进入 GATT。参会者认为这篇文章有创意，鼓励我进一步深入研究 GATT。

1.3 持续研究阶段

1979 年，中国提出恢复中国在国际货币基金组织（IMF）和国际复兴开发银行（IBRD）

的成员地位。1980 年，中国成为它们的成员。20 世纪 80 年代初，中国政府开始研究与 GATT 的关系。我就此进行了研究，了解中国与 GATT 的历史渊源，考虑进入 GATT 的方式。

在外贸部国际组举行的内部会议上，我讲述了进入 GATT 的必要性、可能性，提出进入 GATT 应坚持的原则。

我的看法得到与会者的肯定，要我坚持研究这个问题。当时国内研究 GATT 的学者极少。先我进行 GATT 教学与研究的上海外贸学院老教授汪尧田，赏识我对 GATT 的研究，并鼓励我知难而进、持续研究。

由此，我开始将中国进入 GATT 与我国改革开放密切结合起来；对 GATT 的研究，从个人兴趣转变为对国家改革开放进程的研究。这开启了我对 GATT 的跟踪、持续研究阶段。

1.3.1 第一阶段：全面了解 GATT 与 WTO（1986—1995）

1.3.1.1 为中国“复关”咨询

1986 年，中国提出恢复在 GATT 缔约方地位的申请并开始进行“复关”谈判。外贸部主要是由国际组升格的国际司负责此事。

1987 年 2 月 23 日，中国政府向 GATT 正式递交了《中国对外贸易制度备忘录》。同年 6 月后，GATT 开始审议该备忘录。我被邀请为中国“复关”咨询专家组成员，思考 GATT 中国工作组成员对备忘录提出问题的书面答疑。

该备忘录是新中国成立后，首次对外公布中国对外经济贸易整体情况。它包括四个部分。第一部分为概况，内有中国经济体制改革，对外开放政策，参加的国际经济、贸易和金融组织及有关的国际条约。第二部分为中国对外贸易政策和体制，内容包括中国对外贸易政策、外贸体制改革、海关关税制度、商品检验、进出口许可证制度、进出口商品作价、外汇管理制度，经济特区和沿海开放城市。第三部分为组织机构和出版资料。第四部分为附件。

GATT 中国工作组就备忘录向中国提出 350 多个需要书面回答的问题。在答疑咨询中，迫使我深入研究中国本身的经贸深层次问题，加深了对“复关”与中国改革开放的相互关系的理解和认识。

1.3.1.2 关注乌拉圭回合谈判与中国“复关”

1986 年 9 月到 1994 年 4 月，GATT 举行第八轮多边（又名乌拉圭回合）贸易谈判，中国以观察员身份参加这次多边贸易谈判。这轮谈判议题众多。老议题包括关税、非关税措施、热带产品、自然资源产品、纺织品服装、农产品、保障条款、补贴和反补贴措施、争端解决等。新议题包括服务贸易、与贸易有关的投资措施、与贸易有关的知识产权等。

我被邀请参加了这些议题的内部研究。它们都涉及世界经济贸易发展中的重大问题，包括具体协议和规则的达成和制定。逐步认为这些议题会成为中国“复关”谈判中不可回避的问题，影响到中国“复关”的进程。

1.3.1.3 谋建学校 GATT 研究会

我 1983 年晋升为副教授，1988 年晋升为正教授并担任国际贸易系副主任，主管教学与研究。为做好行政工作，又不耽误对 GATT 的持续研究，我构思扩展研究团队，谋建成立 GATT 研究组织。

1991 年，对外经济贸易大学关贸总协定研究会成立大会，从左至右依次为：孙维炎、邓克尔、沈觉人

我于 1991 年向学校提出建议，在外贸部同意下，同年 5 月 20 日在学校新建图书馆的一层西大厅，举行对外经济贸易大学关贸总协定研究会的成立大会。以孙维炎校长为首的学校领导和教师、学生代表参会。中国“复关”首席谈判代表、外贸部副部长沈觉人亲临大会，并邀请 GATT 总干事邓克尔等参加成立大会。孙校长为研究会会长，我为常务副会长。

在会上，沈觉人副部长向参会的学校师生介绍邓克尔并请他发表讲演。邓克尔认为，成立 GATT 研究会十分重要，说明中国政府重视对 GATT 的研究，有利于将来中国进入 GATT 后的工作。会后，邓克尔还与吴永珣等教授等进行了座谈。

GATT 研究会成立后，举办 GATT 培训班，编著内部刊物《GATT 动态》，接待外国驻华使馆的来访。

1.3.1.4 操办国内首次“关贸总协定与中国”研讨、培训班

鉴于国内社会特别是管理部门和企业需要了解中国恢复在 GATT 缔约方地位的谈判事宜以做好应对，对外经贸大学关贸总协定研究会成立后，为扩大作用，我开始谋划举行大型“关贸总协定与中国”研讨会，请 GATT 专家培训经贸管理机构干部和国企高管。此项动议得到学校领导赞同并委托国际贸易系操办。作为系主任，我自然要负起这个责任。为此，我要找到资助单位、请到专家、做好会务。

1991 年冬，我到香港华润公司讲授国际贸易课，见到 1991 年 8 月卸任的首任“复关”谈判代表、时任华润集团董事长的沈觉人。谈及此事，他欣然赞同，并答应在他权限下为研讨会资助 8 万元人民币，与邓克尔联系专家讲课事，但专家费用需要我们自己解决。

授课回校后，向学校领导汇报此事，学校领导说，这是大事，需要外贸部同意。我到部里找到从香港华润集团回部担任副部长兼任中国“复关”第二任谈判代表的佟志广，他赞同此事，并建议我找国家专家局合作、支付专家费。他就此事上报外贸部领导，建议部领导接见参会人员并在人民大会堂举行研讨会。

我找到国家专家局，他们很高兴，愿意就此事进行合作并答应支付专家费。

1992 年 10 月，我负责整体安排，系党总支书记杨逢华、系副主任李占海负责会务，组织全系行政人员进行繁杂的会务准备。部里国际司处长易小准进行协助。

研讨会于 11 月下旬在人民大会堂举行，GATT 派出以副总干事侯赛因为首的官员和专家参加，即将任国务院副总理的李岚清在人民大会堂接见他们和参加培训的主要人员。

会后当天下午，在北京西郊友谊宾馆对参会的国家省部级主管外经贸事物的领导、大型企业高管近百人进行培训。由 GATT 专家介绍 GATT，我主持了这次培训班的讲课。然后，参会的中国学者进行了内部研讨。

研讨会和培训班结束后，部里国际司领导、参会地方经贸委代表、国家专家局负责人与我一起进行总结。大家一致为此会和培训班举办成功而高兴，认为这具有开创性的历史意义。《人民日报》记者果永毅提出“中国恢复在关贸总协定缔约方地位”词语过长，可否简化。我向参会的国际司唐玉峰副司长、易小准处长提出，可否简化为“复关”，他们同意这种提法。此后，《人民日报》改用此提法，成为通用的简称。

1.3.1.5 WTO 成为研究重点

1986 年乌拉圭回合启动时，没有确立 WTO 的议题。随着谈判的进展，谈判者感到需要建立 WTO 取代 GATT，以强化多边贸易体制，推动贸易自由化的纵深发展。

经过磋商，1994 年 4 月 5 日，乌拉圭回合谈判成员达成《马拉喀什建立世界贸易组织协定》并于 1995 年 1 月 1 日正式运行。WTO 取代 GATT，成为多边贸易体制的组织和法律基础。WTO 具有国际法人地位，负责实施管理的协定协议将近 30 个，强化了对成员的政策审议和争端解决机制。WTO 源出 GATT，而又高于和强于 GATT。

中国政府原计划在 WTO 运行前，恢复在 GATT 缔约方的地位，以成为 WTO 的创始成员。中国这一愿望因受到 1989 年春夏之交政治风波影响，1994 年未能完成“复关”。

1995 年 WTO 运行后，中国从申请“复关”谈判改为加入 WTO 谈判。因谈判议题的扩展，加以谈判对方尤其是美国对中国“入世”谈判要价的逐步提高，加入 WTO 的谈判难度加大。

我的研究开始转向两个方面。一是 WTO 本身与 GATT 的异同与相互关系，二是中国从“复关”转为加入 WTO 谈判的应对。

1.3.2 第二阶段：中国“入世”谈判应对（1995—2001）

随着中国从“复关”谈判到“入世”谈判的转变，我和 GATT 研究会团队的研究转向 WTO 介绍、特点、作用与中国加入谈判的问题上。

1.3.2.1 深入研究 WTO

为此，我们深入研读有关 WTO 的整体文件。研究集中在三个方面。第一，WTO 的宗旨、职能、结构、决策、成员资格，新成员的加入和机制。第二，WTO 实施管理的近 30 个协定与协议的全部内容与相互关系。第三，WTO 给中国大贸易发展带来的机遇、挑战与应对措施。我们研究的成果呈报部里，供外贸部加入 WTO 谈判参考。

1.3.2.2 出版著述

1997 年，我撰写的专著《世贸组织与中国大经贸发展》（国家教委“八五”重点课题）出版。全书 50 多万字，分为上下两篇。

上篇以十章全面整体介绍 WTO，即 WTO 的产生与职能，WTO 的运行机制，WTO 的作用、影响与发展中的问题，1994 年 GATT 与 WTO 成员市场准入承诺的实施，“回归”的货物贸易协议，减少和约束非关税壁垒的多边贸易货物贸易协议，促进和适应公平竞争的多边贸易货物贸易协议与协定，与贸易有关的多边协议与协定，服务贸易总协定，WTO 管辖的诸边协议。

下篇以十章论述 WTO 与跨世纪的中国大经贸发展，即中国在世界贸易中的崛起、问题与出路，中国从“复关”到“入世”，“入世”与中国新型外贸体制的确立，“入世”与中国竞争力，“入世”与中国国有外贸企业的发展，“入世”与中国服务业的对外开放，“入世”与中国对外商国民待遇的实施与调整，“入世”与中国知识产权的保护，“入世”与中国对外经贸的可持续发展，“入世”与中国经贸教育的发展。

该书由当时中国“入世”首席谈判代表龙永图作出鉴定，并获得 1998 年“安子介国际贸易研究奖”二等奖。

1.3.2.3 反驳“狼来了”的说法

2001 年，面临中国“入世”谈判成功，国内泛起“狼来了，要与狼共舞”的舆论。2001 年 3 月 8 日，中央电视台组织了中国企业如何应对“入世”的现场直播论坛。参加论坛的有中国内地知名企业总管和香港特邀人士。论坛中，出现加入 WTO 后的惊恐情绪和“狼来了”的说法。我以专家学者身份参加这次论坛，被主持人点名对此进行点评。我认为，中国“入世”不是“狼来了”，而是竞争和竞争的伙伴来到中国。

1.3.2.4 提出机遇与挑战并存和转化的观点

2001 年，面临中国“入世”谈判成功，国内舆论界出现“机遇大于挑战，还是挑战大于机遇”的论争。在接受媒体采访时，我认为中国“入世”后，权利与义务平衡，因此，机遇与挑战并存。如果我国政府、企业应对得体，挑战可能变成机遇；如果应对失策，机遇也会成为挑战。

1.3.3 第三阶段：中国“入世”作用（2002—2010）

在党和政府的坚强领导下，经过长达 15 年的漫长艰苦的谈判，中国于 2001 年 12 月 11 日成为 WTO 第 143 个成员。中国“入世”后，如何充分享受权利和切实履行义务，把挑战化成机遇，构成我的研究内容。为此，进行了如下活动。

1.3.3.1 参与修改《中华人民共和国对外贸易法》

2001 年，我向商务部进言，提出《中华人民共和国对外贸易法》的修订建议，加快中国国内外贸法规修订与世界贸易组织规则的接轨。

1.3.3.2 更改学校 GATT 研究会名称，谋建中国 WTO 研究会

1995 年 1 月 1 日 WTO 建立后，我建议将 1991 年成立的对外经济贸易大学 GATT 研究会，更名为 WTO 研究中心，后成为中国教育部百所人文研究中心之一，活动范围扩大，作用提升。但因它不是国家级的社团组织，活动受到局限，作用不能充分显现。

2001 年，我与中国“复关”第二任首席谈判代表佟志广谋建中国世界贸易组织研究会。2004 年 3 月，经过民政部批准，成为全国性的社团组织，由我担任副会长。中国“复关”“入世”的首席谈判代表谷永江，中国首任驻世贸组织代表、特命全权大使孙振宇相继任会长，参加谈判的主要成员有的成为该会的继任副会长、研究会内的外经贸咨询顾问委员会成员。

该会经常就国家对外经贸谈判、WTO 谈判进行研究和建言，经常接待 WTO 官员和外国驻华使馆人员来访，参加国际会议，协助地方（如深圳）成立地方 WTO 事务研究组织。

1.3.3.3 进行社会宣讲

中国“复关”“入世”谈判进程成为国内社会关注的热点。我应邀到中央机关和全国各地党政机关、企业宣讲 WTO 知识与中国的应对。宣讲对象众多，北京地区有国家计委、外交部、中央党校、国家行政学院、高等法官学院、北京市政府、行业协会等，京外的有各省市政府、企业和高等院校等。在省市地方宣讲时，通常把边远地区，如新疆、西藏、内蒙古、青海、贵州、广西、海南、黑龙江等，作为首选的对象。

1.3.3.4 参加国际学术会议

在国内宣讲的同时，我也应邀参加境外国际学术会议，释解加入 WTO 后，中国对世界经贸、对 WTO 成员的正面作用，回答疑问，进行交流。这段时间参加的国际会议，所到的国家和地区包括日本、韩国、美国、比利时、澳大利亚、中国香港和中国台湾。

1.3.4 第四阶段：多哈回合与中国（2011—2016）

中国“入世”后，由于恪守规则、认真履行义务，中国贸易经济高速发展，成为核心成员；与此同时，中国与 WTO 成员尤其是与发达成员贸易争端加剧，并出现了一些负面影响，引起中国社会的质疑和忧虑。2008 年世界金融危机后，贸易保护主义兴起，逆经济全球化出现。因 2002 年启动的多哈回合久拖不决，导致 WTO 权威性下降，改革呼声出现。我的研究转向几个方面。

1.3.4.1 多哈回合的应对

在 2001 年 11 月 WTO 第四次部长级会议上，决定从 2002 年启动多哈回合多边贸易谈判。谈判的议题范围广泛，涉及的议题包括与执行议题相关的问题、农业、服务业、非农产品的市场准入、与贸易有关的知识产权、贸易与投资、贸易与竞争政策、政府采购的透明度、贸易便利化、世界贸易组织规则、争端解决谅解、贸易与环境、电子商务、小型经济体、贸易与债务及金融、技术合作与能力建设、最不发达国家、特别措施和区别对待。

我和培带的硕博研究生合作研究，于 2004 年出版《WTO 多哈回合与中国》一书。但因 2008 年世界金融危机的爆发，多哈回合谈判停滞不前并陷入困境。我和团队的研究课题转入困境的原因与如何解脱，中国应肩负的责任与作用。

1.3.4.2 评估“入世”后作用

在中国加入世界贸易组织议定书中，确定的过渡期将于 2016 年结束。理性客观评价中国“入世”后 15 年的积极与消极作用，如何应对贸易争端尤其是倾销条款中“替代国”价格条款如期终止，成为我研究的重点。

1.3.4.3 与教授、知名公众人物驳辩

2011 年中国“入世”10 周年时，一些教授认为中国“入世”后弊大于利，提出退出 WTO。2016 年中国“入世”15 周年时，一些大 V 肆意非议中国“入世”的结果。为明辨是非，珍惜中国“入世”后的巨大作用，我被迫撰文进行驳辩。

1.3.4.4 接受主流媒体采访

2016 年 8 月，应商务部邀请，我接受中央电视台等采访。同年 11 月，应中国记协邀请，在其 99 期新闻茶座上，我作为主讲嘉宾释解“替代国价格”问题；接受《中国日报》《今日中国》等采访并撰文。

1.3.4.5 为中国应对出谋划策

面对中国“入世”后取得的巨大进步，美国政府和美国部分智库攻击中国没有履行“入世”承诺的义务，遏阻中国，频频发起贸易争端。在中国 WTO 研究会和中国国际经济关系学会内部研讨会上，我积极进言，提出对策。

1.3.5 第五阶段：争端、归结、改革与战疫应对（2018—2020）

1.3.5.1 反制美国施加附加税做法

2018 年 3 月 23 日，我参加应对美国单方面征收附加关税行动措施的内部座谈会，提出建议。在中国 WTO 研究会和中国国际经济关系学会举行的有关会议上，就此问题积极建言。

1.3.5.2 全面总结中国“入世”15 年作用

2018 年 6 月，出版专著《中国对 WTO 规则恪守与励进》，对中国“入世”后充分利用权利、如实履行义务进行全面分析，回击美国等国的攻击。指出中国面临的风险、应对与励进的方向。

1.3.5.3 明晰“入世”与中国改革开放的关系

2018 年是中国改革开放 40 周年。2018 年 10 月，我主编的《WTO 与中国改革开放》（文集）出版，对中国入世与中国改革开放关系从 9 个方面论述，进行全面总结分析，结论是“入世”对中国改革开放具有里程碑性质的意义。

1.3.5.4 WTO 改革

2017 年开始，WTO 成员尤其是发达成员高度关注 WTO 改革，改革的缘由是对 WTO 发展中成员，特别是中国高速发展，成为世界第一大贸易国、第二大经济体表示所谓的忧虑和不安。它们提出各种方案，要求对这种情况进行改革。WTO 改革成为中国 WTO 研究会和国内研究机构的研究重点。经过对几个改革方案的比较和思考，2018 年年底，我写出对 WTO 改革的思考与建议。

1.3.5.5 新冠肺炎疫情对 WTO 的冲击与应对

2020 年初，全球开始流行的新冠肺炎疫情，是近百年来在人类历史上影响最广泛的全球性大流行病，世界各国采取的“封城”措施，使 WTO 被架空，陷入空前困境，导致总干事提前辞职。面对疫情，WTO 如何发展与改革，迫使我进行深入思考与研究，撰写文章，参加 WTO 相关问题研讨会并向商务部进言。

2

研究内容、目标、条件与途径

2.1 研究内容

2.1.1 GATT和WTO

2.1.1.1 GATT的产生

其中包括通过《哈瓦那宪章》欲要产生的国际贸易组织（ITO），与IMF、IBRD齐名，遭美国国会拒批。1947谋建ITO的23个国家签署GATT，于1948年临时生效，肩负起准国际贸易组织的职能，成为多边贸易体制雏形的组织和法律基础。

2.1.1.2 GATT主导的多边贸易谈判

在GATT主持下，GATT缔约方进行了八轮多边贸易谈判。随着议题内容的逐步扩展，缔约方不断扩大，通过贸易自由化，推动缔约方的经贸发展。

2.1.1.3 乌拉圭回合

1986年GATT发起乌拉圭回合多边贸易谈判，谈判议题扩大，谈判时间延长，达成众多协定与协议；达成《马拉喀什建立世界贸易组织协定》（简称《建立WTO协定》）成为该回合的额外成果。

2.1.1.4 WTO产生的原因

1948年临时生效的GATT，不能满足国际经贸发展和经济全球化的要求，缔约方迫切要求建立WTO。促成《建立WTO协定》，建立类似于ITO的WTO。

2.1.1.5 WTO与GATT的关系

1948年临时生效的GATT是1995年WTO产生的基源，但后者高于前者，具有国际法人资格，是名副其实的国际贸易组织。前者成为后者负责实施管理的多边货物贸易协定。

2.1.1.6 WTO内容介绍

其中包括法律地位，追求目标，肩负的职能，组织机构，坚持的基本原则，负责管理实施的30多个协定与协议，与IMF、WBG的关系等。

2.1.1.7 WTO成员的构成

其中包括WTO成员的社会体制，发展阶段与发展水平，创始成员与新加入成员，新成员加入原因、程序及加入议定书的达成和加入后的成效。

2.1.1.8 多哈发展回合多边贸易谈判

2001年11月，在卡塔尔首都WTO第四届部长级会上通过《多哈部长宣言》，决定从2002年到2005年举行多哈发展回合的多边贸易谈判。但谈判并不顺利，陷入困境，权威与作用在下降。此中原因，需要深入研究。

2.1.1.9 WTO改革

其中包括改革的背景、改革的目标、改革的焦点、改革的难度、改革的方向等。

2.1.1.10 WTO作用的评估

其中包括WTO建立后的业绩、存在的问题与解决的办法等。

2.1.2 中国与 GATT/WTO

2.1.2.1 中国与 GATT 历史关系

中国于 1948 年 5 月 21 日正式成为 GATT 创始缔约方，1950 年 3 月 6 日，台湾当局非法宣布“退出”。新中国成立到改革开放以前，与 GATT 处于隔绝状态。改革开放以后，基于对外开放的需要，中国从 20 世纪 80 年代初，开始研究进入 GATT。1986 年 7 月 10 日，中国政府正式提出申请，恢复中国在 GATT 中的缔约方地位。

2.1.2.2 中国提出恢复申请

中国提出进入 GATT 的方式，是恢复缔约方地位而不是重新加入，按照关税减让方式谈判，享受发展中国家待遇。

2.1.2.3 “复关”谈判

GATT 接受中国“复关”申请，成立中国工作组。中国提交对外贸易制度备忘录，接受审议，然后进行书面、口头答疑，确定谈判基础。因某些原因，复关谈判进程一度受阻。恢复谈判后，少数缔约方漫天要价，无理阻挠，致使 1993 年“复关”未果，未能成为 1995 年 1 月 1 日成立的 WTO 创始成员。

2.1.2.4 从“复关”改为加入 WTO 谈判

1995 年 WTO 成立，中国改为“入世”谈判，谈判内容扩大。经过 6 年艰苦谈判，2001 年结束。2001 年 11 月 10 日，在第四届 WTO 部长级会上通过中国加入决议。2001 年 12 月 11 日，中国成为 WTO 第 143 个成员。

2.1.2.5 中国加入 WTO 议定书内容

其中包括中国入世后享受的权利与应尽的义务，对接受的 WTO 各种协定与协议的具体规定内容。

2.1.2.6 中国“入世”后的作用

中国加入 WTO 后，对权利充分享受，对义务如实履行，产生效益，也存在一定问题。提出应对措施的建议。

2.1.3 一国四员之间经贸关系

2001 年 11 月，在第四届 WTO 部长级会上，中国、中国台北（以台湾、澎湖、金门、马祖单独关税区身份）相继成为 WTO 成员。此前，中国香港和中国澳门已是 WTO 创始成员。因此，在 WTO 中，出现一国（一个国家）四员（中国、中国香港、中国澳门和中国台北四名成员）。

中国与中国台北以中国先、中国台北后的方式成为 WTO 加入成员，但身份称谓不同。作为 WTO 成员如何发展经贸关系，值得研究。

2.2 欲达目标

2.2.1 多边贸易体制的特点、规律和作用

其中包括：WTO 与 GATT 历史关系，相同点与不同点，GATT 在 WTO 中身份的转换；WTO 确立与发展的基础；WTO 宗旨、地位与职能；WTO 成员；WTO 运作与基本原则；WTO 负责实施管理的协定与协议；多哈发展回合；WTO 业绩与问题；WTO 改革等。

2.2.2 中国加入多边贸易体制的原因与后果

其中包括：中国与 GATT 历史关系；中国“复关”与“入世”历程；中国加入 WTO 议定书内容；中国“入世”后权利的享受、义务的履行、效益等问题；中国“入世”后，内地与香港、大陆与台湾的关系；“入世”与中国改革开放关系；中国在 WTO 中的地位与作用等。

2.2.3 为中国进入多边贸易体制与作用出谋划策

通过参会、著述、进言为中国“复关”“入世”出谋划策。

2.3 明晰研究条件

2.3.1 原有外部条件薄弱和空白

新中国成立后到改革开放，中国与关贸总协定一直处于隔绝状态，学界对它持批判、否定态度，高校没有相关的学科，从事研究者凤毛麟角，没有相关的书籍和出版物。

2.3.2 本身研究基础与短板

2.3.2.1 对关贸总协定知识短缺

我在外贸学院攻读本科，专业是对外贸易，三年级后转为运输专门化。本科毕业接读四年研究生，专业方向是“资产阶级对外贸易理论”，没有涉及关贸总协定内容。加以“文革”的冲击，我的教学与研究基本中断，对国际三大组织了解处于空白状态。

2.3.2.2 非专职研究

2.3.2.2.1 职业是教师

本人 1964 年研究生毕业留校后，从事国际贸易教学的同时，进行国际贸易研究。因此，本身不是专职研究人员。

2.3.2.2.2 非专项研究

我在学科研究中，国际贸易理论政策与措施一直占据主要部分，1974 年到 1995 年，分出一部分时间研究 GATT；1995 年后，转向 WTO 研究，占去研究时间近一半。

2.3.2.2.3 兼任行政工作

1984 年到 1994 年，我又担任了国际贸易系副主任和主任，参加学校和社会上的会议和活动加多，挤占了我很多的研究时间。

2.3.2.3 相关知识出现短缺

GATT 是贸易协定，不是国际贸易组织。它推动的贸易自由化，是货物贸易领域的自由化。谈判早期，贸易自由化以关税减让为主，后期逐渐延伸到非关税壁垒。

1955 年建立的 WTO，与 GATT 既有联系又有很大不同。WTO 是国际贸易组织，具有国际法人资格，负责实施管理的贸易协定与协议内容包括货物、服务、与贸易有关的知识产权、与贸易有关的投资等。对其研究的内容延伸到国际法学、自然科学、知识产权、投资等领域。由此，我的研究涉及的相关理论、知识出现短缺。

2.4 开拓研究途径

2.4.1 珍惜可遇不可求的机遇

1974 年 4 月初被临时借调到外贸部国际小组，为邓小平出席联合国大会第六届特别联大准备发言稿所需材料，在“文革”尚未结束、学校复校不久、我还是助教的情况下，被点名借调，首次研读 GATT 原始英文材料，激发我对 GATT 的研究兴趣。对我来说，它是可遇不可求的机遇，我是倍加珍惜。

2.4.2 加强信心，创造研究条件

相对于别人，我有把可遇不可求的机遇变成持续研究的有利条件。

第一，1978 年后，在邓小平理论指导下，改革开放成为国策，进入国际货币基金组织（IMF）和世界银行（IBRD）两大国际经济组织、准国际贸易组织——GATT 势在必行。研究前景广阔。

第二，借调工作业绩，受到外贸部国际组肯定后，我回校研究可以获得从国际组借阅的第一手研究资料。

第三，我的持续研究并撰文受到鼓励。

第四，1986 年后，我成为中国“复关”咨询专家组成员，接触中国“复关”的政府文件并有机会与中国“复关”谈判者进行交流。

第五，我有 GATT 所涉及的国际贸易理论、政策和知识延伸的基础。我在本科、研究生阶段学到的国际贸易方面的理论和知识为延伸研究提供了扩展基础。

第六，改革开放以后，北京对外贸易学院，后改名为对外经济贸易大学扬帆起航，2000 年 6 月，与中国金融学院合并成立新的对外经济贸易大学后，教师增多、学科扩大、专业提升，为我获得金融、投资、信息等方面的知识提供了源泉。

第七，我晋升为副教授、教授后，可以将 GATT/WTO 纳入教学内容，招收和培带硕、博研究生，扩大研究团队。

第八，我担任国际贸易系副主任和主任后，有条件提议成立校一级的 GATT/WTO 研究组织。

第九，随着中国各级政府、社会各界对中国“复关”和“入世”进程的日益关注，我的宣教活动、社会交往加多，为创建全国性的 WTO 研究组织提供了条件。

第十，可以充分利用教学、社会工作之余和节假日时间，弥补短缺的理论知识，进行集中研究和著述。

2.4.3 以座右铭激励自己

把研究信心变为研究实际并非易事，每当遇到困境，我以马克思的话作为座右铭，激励自己。马克思指出：“在科学上没有平坦的大道，只有不畏劳苦沿着陡峭山路攀登的人，才有希望达到光辉的顶点。”在攀登 GATT/WTO 研究的山路上，我不畏困难，潜心研究，勇于攀登。

2.4.4 向实际参加谈判者求教

在我进行 GATT/WTO 研究中，通过担任中国外贸部“复关”咨询专家组成员、对外经贸大学 GATT 研究会成立与活动、谋划建立中国 WTO 研究会并一直担任副会长和特聘副会长，我有幸结识了中国“复关”“入世”谈判代表团团长沈觉人、佟志广、谷永江、龙永图，以及代表中国政府签署加入世界贸易组织议定书全权证书的原对外经济贸易合作部部长石广生，结识了原对外经济贸易合作部世贸司的领导和工作人员，结识了中国成为 WTO 成员后的首任代表孙振宇大使以及继任者易小准、俞建华、张向晨，结识了中国在 WTO 上诉机构任职的张月姣教授和赵宏女士，结识了参与谈判和中国驻 WTO 大使馆的主要人员。

通过与他们交往、向他们请教和随同参会，我知悉中国“复关”和“入世”谈判的艰辛历程和有趣的事情；观览了日内瓦莱蒙湖边的中国常驻世界贸易组织代表团驻地的典雅，了解中国首任常驻世界贸易组织代表、特命全权大使孙振宇开拓性的工作；中国常驻 WTO 代表团的活动内容；WTO 政策审议、争端解决和谈判中的难题与应对；中国从 WTO 新成员成为核心成员的过程；中国与 WTO 成员的交往特别是与美国之间的贸易争端与纠结；WTO 多哈回合谈判的内容与进程等。有时，我还就研究中的问题向他们求教。

2.4.5 确立研究方法与手段

常言道：“工欲善其事，必先利其器。”我在确立 GATT/WTO 研究目标后，通过上述活动，逐步探索确立了适合自己的研究方法与手段。

3

研究方法与手段

3.1 研究方法确立基础

3.1.1 以马克思主义方法论为指导

我在研究生学习时的专业方向是“资产阶级对外贸易理论”。在学习中我对马克思主义经典作家、西方经济学家的社会科学研究方法有所学习。我认为，马克思主义社会科学研究方法高于西方经济学家的研究方法。此后，列宁，中国党和国家领导人毛泽东、邓小平、江泽民、胡锦涛、习近平坚持马克思主义方法论的同时，通过社会主义建设的实践，对马克思主义方法论又有进一步的发展。我在 GATT/WTO 研究中，自觉坚持马克思主义关于社会科学的方法论。

3.1.2 秉持党和国家领导人的指示

1986 年，中国提出恢复在关贸总协定缔约方地位的谈判，1995 年转为加入世界贸易组织的谈判。从中国“复关”到“入世”，党和国家领导人江泽民、胡锦涛、习近平，以及李鹏、朱镕基、温家宝等都有许多重要的指示，指导中国进入以 GATT/WTO 为基础的多边贸易体制，充分享受权利、切实履行义务，提升在 WTO 中的地位和作用。

3.1.3 吸收西方经济学家的研究方法

借鉴近代西方经济学家有价值的研究方法。如新历史学派的历史归纳法，剑桥学派的供求平衡的综合方法，瑞典学派的抽象演绎法，凯恩斯学派的分析综合法，新古典综合派的描述法，新剑桥学派的模型分析法，罗斯托的历史阶段分析法，现代货币学派的实证经济分析法，供给学派统计计量分析法，制度学派的制度分析法，公共选择学派的经济政治结合法，国际经济组织构成法等。

3.2 自身采用和确立的研究方法

依据研究对象和自身的研究条件，在 GATT/WTO 研究中，我采用和确立如下的研究方法。

3.2.1 以国际经济组织构成法分析 WTO 构成

3.2.1.1 国际经济组织构成基础与原则

GATT 和 WTO 都是层次不同的由国家和单独关税区组成的国际经济组织，在他们作为缔约方和成员时，都要体现自身为先、然后进行协作相互有利的内容。

3.2.1.2 以经济主权为基础

经济主权指的是国家在本国内部和本国对外的一切经济活动上，都享有独立自主、当家做主之权。从而，主权国家有权完全独立自主地选择本国的经济制度，不受任何外来干涉；有权完全独立自主地控制和处置本国境内的一切自然资源；有权完全独立自主地管理和监督本国境内的一切经济活动；有权完全独立自主地以平等主体的法律地位参与世界性经济贸易等事务的决策。

3.2.1.3 坚持的原则

3.2.1.3.1 公平互利

指在国际经济关系中，参与国家以经济主权地位做到对有关各方都有利。反对为了利己而不惜损人，不能以损害他国的利益来满足本国的要求，更不能以牺牲他国、压榨他国为手段，攫取本国单方的利益。国家之间的关系，只有建立在平等的基础上，才能做到互利；只有真正地实行互利，才能实现实质上的平等。

3.2.1.3.2 通力合作

指一切国家都有责任在公平互利的基础上，在经济、社会、文化、科学和技术等各领域中通力合作，以促进整个世界特别是发展中国家的经济发展和社会进步。合作是多领域、多层次和全方位的。

3.2.1.3.3 有约必守

就国家间的条约而言，“有约必守”指的是当事国一旦签订双边或多边经济条约，就在享受该项条约赋予的国际经济权利的同时，也受到该条约和国际法的约束，即必须信守条约的规定，实践自己作为缔约方的诺言，履行自己的国际经济义务。如果不履行条约赋予己方的国际义务，就意味着侵害了其他缔约方的国际权利，构成了国际侵权行为或国际不法行为，就要承担由此引起的国际责任。

3.2.1.4 国际经济组织的构成

3.2.1.4.1 国际组织概念

国际经济组织是指国家间政府组织，具有如下基本特征。它是国家之间的组织，不是凌驾于国家之上的组织；其所有的权利都是由其成员通过缔结条约授予的，不具有凌驾于其成员之上的权利；国际经济组织的成员一般是国家，但在某些特定条件下，非主权的实体也可成为其成员；调整其成员间关系的基本原则是国家主权平等原则；调整国际经济组织成员间关系的法律规范是国际经济组织法。

3.2.1.4.2 成员资格

国际经济组织的成员资格也称为会员资格或成员地位，是指一国（在特殊情况下也可是非主权的实体）作为特定国际组织中享有和承担一定权利和义务的一员而隶属于该组织的一种法律地位。

具有特定国际经济组织成员资格的国家（在特殊情况下也可是非主权的实体）就是该组织的成员。由于取得成员资格，一国（或一成员）同其参加的组织间形成了特别的法律关系，即在该组织内享有一定的权利，如代表权、选举权和被选举权、决策权和受益权等；同时，也承担一定的义务，如遵守基本文件规定、执行该组织决议、缴纳资金或会员费等。

3.2.1.4.3 组织机构

尽管各种国际经济组织设置的机构数目不一、名称各异，但一般都具有职能相似的三级主要机构，即权力机构、执行机构和行政机构。

权力机构是由国际经济组织全体成员组成的决策机构。其主要职能包括制定本组织的方针政策，审核预算，决定接纳新成员，选举执行机构的成员，制定及修改有关规章等。

执行机构一般是由国际经济组织部分成员的代表组成的机构。其成员一般由权力机关产生。执行机构的职权带有明显的执行性质，主要是执行权力机关的决议，提出建议、计划和工作方案并付诸实施。许多国际经济组织的执行机构经授权，在权力机关闭会期间行使其大部分职权。

行政机构多称为秘书处，是国际经济组织的日常工作机构，由从事某项专门工作的人员组成。这些人员以个人身份在行政机构中工作，对国际经济组织负责，不代表该组织的任何成员。各成员应尊重行政机构人员职责的国际性质。

行政机构的主要职责是处理该组织的各项日常事务，包括同各成员联系、执行组织决议、对外代表、登记条约以及制作和分发文件等。实际上，它是保障国际经济组织正常运行的核心机构。

3.2.1.4.4 机构决策表决制

国际经济组织决策通过表决制进行，主要有三种形式，即一国（或一成员）一票制、集团表决制和加权表决制。

一国（或一成员）一票制。根据所作决议与成员利害关系的程度，分别采用多数通过或一致通过的表决方式。

集团表决制是将表决权平均分配给各个按一定利益关系结成的集团，决议的通过要求分别获得各集团成员的多数赞成票，即所谓的“并行多数”。因此，这种表决实际上被分解为集团内部的表决，以此来维持关系各方的利益平衡。

加权表决制。在国际法上，根据特定国际组织成员责任、贡献、利害关系等标准赋予成员不同的表决权制度，称为加权表决制。通常做法是将投票权分为基本投票权和加权投票权两部分，然后确定一个加权的标准（如根据缴纳资金额标准）。

在加权表决制中，在表决权由基本权和加权两部分组成的情况下，加权的程度与加权的标准具有重要的意义。相同的标准、不同的比重，可以导致不同的结果。加权的程度越深，对表决活动产生的影响越大。其中，加权的程度与成员平等的程度成反比，与占优势国家决策权的大小成正比。

3.2.1.4.5 具备法律人格

国际经济组织必须具备一定的法律人格，才能作为国际经济法的主体行使权利和承担义务，从而有效地进行国际经济交往活动。在各国（或各成员）内法律秩序中，自然人以外其他实体的法律人格由国家权力机构授予。

在国际法律秩序中，国际组织的法律人格则只能由其成员授予。国际法院提出国际组织具备法律人格的必要前提条件：为达到共同目标而设立的，比协调各国（或各成员）行动的中心更高级的组织；建立本身的机构；具有特定的任务；独立于其成员，能表达其本身的意志。确定某国际组织具有法律人格的主要后果是，该组织成为国际法主体，能独立享有国际权利和承担国际义务。

此外，国际经济组织必须具有国（或成员）内法律上某种形式的人格，否则将无法生存和运作。国际经济组织都明确规定，该组织在成员领土具有行使其职能和为达到其目标所必需的法律能力。

3.2.1.4.6 权利能力的体现

国际经济组织的权利能力，一般表现为具有缔约、取得和处置财产以及进行法律诉讼的能力，并享有特权和豁免权。

据此，国际经济组织可签订其本身运作所需要的合同，如购买办公设备、租赁房产、雇用员工等。在履行职责时，需要参与同自然人或法人的各种合同关系，例如与银行交易、签订不动产买卖、供应、设施服务、交通、保险、印刷、版权等合同，通过这些合同取得和处置不动产的权力。具有通过国际求偿维护其权利的能力。享有在各成员领土履行其宗旨所必需的特权和豁免。国际经济组织的官员享有外交豁免和特权。

第二次世界大战后相继建立的国际经济组织有国际货币经济组织（IMF）、世界银行集团（WBG，含国际复兴开发银行、国际开发协会和国际金融组织）、联合国贸易与发展会议（UNCTAD）和世界贸易组织（WTO），国际经济组织构成法成为它们构成的基础。

3.2.1.4.7 WTO 的构成与特性

WTO 一方面具有国际经济组织构成的共性，又有本身的特性。与 IMF 和 WBG 相比，WTO 具有几大特色。第一，督责实施管理的协定与协议涵容广泛，并随着世界经济贸易的发展，协定与协议内容不断扩充。第二，决策比较民主，不是以经济实力决定投票权，而是坚持合意的方式。第三，规则包容性较强，既有原则又有特殊的例外条款。第四，通过争端解决机制，保障 WTO 法规执行得有力和公正。第五，具有开放性。经济和社会制度不同国家与单独关税区可以加入。第六，WTO 具有法人地位。

3.2.2 以“先内后外”法研究 GATT/WTO 与中国关系

根据第二次世界大战后世界经济贸易恢复与发展的需要，1947 年达成 GATT。在此基础上，1995 年建立世界贸易组织（WTO）。以它们为基础，构建起多边贸易体制，并且随着世界经济贸易的发展，其不断演变和进化，作用不断提升，成为世界各类国家（或成员）合作的典范，其确立的规则成为国际贸易法中的“良法”。

1978 年，改革开放成为中国国策，“复关”与“入世”成为中国对外开放、登上世界经贸舞台的桥梁和纽带。中国学界应站在这种大趋势背景下，深入研究多边贸易体制。

但是，20 世纪 80 年代前，中国学界、研究界受到原有定式的约束，对 GATT 持否定态度，认为它是“富人俱乐部”，是为帝国主义特别是美帝国主义服务的御用工具，对其运行和谈判成果加以贬低或者批判。

在我 1974 年被外贸部国际组临时借调，初步研读 GATT 原始英文材料后，我对上述看法产生怀疑。回校进一步研读从国际组借阅的英文原始材料如 GATT 协定，尤其是 1965 年后加的第四部分——4 个贸易与发展条款和历次谈判纪要后，我对上面的看法从怀疑到基本否定。加上我 1986 年后成为中国“复关”咨询专家组成员，看到中国对外贸易制度备忘录，研读后，我为中国政府对 GATT 态度的转变而高兴。

在搞清 GATT 内在构成的基础上，我进行了外部关系的研究，确定了自身的立场，形成我对 GATT“先内后外”的研究方法。

多边贸易体制是世界经济的重要部分。第二次世界大战后，世界经济发展是国际贸易和贸易体制发展的基础，国际经贸体制、政策对世界经济发展起着正反两方面的作用，出现掣肘情态。因此，研究 GATT 必须紧密跟踪世界经济的发展，它包括五大部分。第一，世界经济发展不平衡及其变化趋势，包括不平衡的出现、原因及影响。第二，世界经济周期与危机的新发展，包括世界经济周期理论、内涵、进程及特点。第三，影响世界经济周期的因素，包括经济全球化与区域经济一体化，科技革命类型，经济体制变化，国际资本运动，人口、资源、环境与可持续发展力。第四，世界经济运行与协调，包括国际分工、世界市场、国际价值规律、多边贸易体制的发展、国际货币体系的建立与作用。第五，各类国家发展与相互关系，包括发达国家、发展中国家，中国与世界经济和各类国家经贸关系。

GATT 建立后的运行、多边贸易谈判和发展，势必受到它们的影响和掣肘，为此，需要探求其发展中如何应对的问题，找出解决的途径。

我由此确立了对 GATT 采取“先内后外”的研究方法，就是先把 GATT 协议文本和多边贸易谈判达成的文件进行认真研读，归纳整理，进行初步总结，然后形成我的观点。在此基础上，结合中国情况，提出中国“复关”谈判战略和备忘录解答的应对。

在参加学校和社会上有关 GATT 的学术会议时，如出现 GATT 是“富人俱乐部”的说法，我依据新的看法进行论争，摆脱了人云亦云的困境和原有提法的束缚。

随着这种研究方法的确立，对 GATT 研究加深，我觉得中国 1986 年提出“复关”是良策，与我的研究心得切合。但中国“复关”的条件之一是通过关税减让方式，而不是原来东欧社会主义国家波兰、罗马尼亚以计划承诺进入的方式。这些国家在加入 GATT 时，坚持计划经济，以计划控制进出口，保护国内市场。而 GATT 确立的经济体制是市场经济体制，控制进出口的手段是关税，因此，关税减让谈判成为加入 GATT 的方式。因为波兰、罗马尼亚坚持计划经济体制，关税不是控制进出口的主要手段。经过谈判，出现波兰、罗马尼亚以计划保证进口比例义务换取关税减让待遇的办法。

新中国成立到改革开放以前，中国一直坚持计划经济体制，计划成为控制进出口的主要手段。如果中国不改革计划经济体制，使关税成为控制进出口的主要手段，以关税减让方式很难进入 GATT。而中国提出以关税减让方式进入 GATT，是基于中国改革经济体制的进程。但改变计划经济体制难度很大，我感到“复关”将出现漫长和艰巨的局面。而正是改革开放以后，逐步确立市场经济体制，控制进出口的手段从计划到关税为主后，以关税减让方式进入 GATT 成为现实。它也是中国加入多边贸易体制谈判比较漫长的原因之一。

在这种研究方法基础上，我撰写出《关税与贸易总协定概说》一书，1992 年由对外贸易教育出版社出版。该书分为两篇。第一篇内容有：GATT 的产生和主要内容，GATT 的功能、机构与运行特点，GATT 的加入，GATT 的作用与发展趋势，乌拉圭回合多边贸易谈判，GATT 与中国。第二篇为重要文件附录，内容有：GATT 条文，GATT 秘书处组织职能表，GATT 历届多边贸易谈判纪要，GATT 缔约方名单，适用 GATT 的非缔约方名单，中国对外贸易制度备忘录，中国与 GATT 大事记。

“先内后外”的研究方法，我一直坚持并贯穿在此后的 WTO 和国际贸易理论、政策和措施的研究中。

世界贸易组织建立后，我花了三个多月研读《乌拉圭回合多边贸易谈判结果》的英文本和中文本，然后研究其运行的外部环境，寻求对策；1997 撰写出版《世贸组织与中国大经贸发展》，2003 年主编出版《世界贸易组织概论》教材。

为应对 TPP，2015 年 2 月，我用半个月研读刚发表的 600 多页的 TPP 协定的英文本正文，我总结出 TPP 六大特点，继而探讨中国发展的前景与在亚太地区扩大影响的需要，提出中国应主动提出加入 TPP 的观点，撰写出《TPP 协定文本的六大特点与中国应对》一文。

借助“先内后外”研究法，我在 GATT/WTO 研究中，鉴别、预见和驳辩能力有所提高，著述比较扎实。

3.2.3 以鱼骨式思维研究 WTO 协定与协议

在 WTO 研究中，我以鱼骨形象式思维法，研究其体系构成和体系之间的关联与层次。

第一，把 WTO 建立背景（序言）作为鱼的头骨。

第二，把 WTO 负责实施管理协定中的各种具体协议作为鱼身骨；按其涉及领域排列骨序。如在 WTO 研究中，按其负责实施、管理的贸易协定的接受程度，把多边贸易协定放在前边，诸边贸易协议放在后面。多边贸易协定按其涉及领域的发展的顺序，把货物贸易协定（GATT 1994）排在首位，依次为服务贸易总协定、与贸易有关的知识产权协定、与贸易有关的投资协定。再把诸边协议顺次排列。

第三，把所有协定应遵循的原则、WTO 组织结构、附录、历届谈判纪要作为骨节。

第四，把成员方按其发展程度、参与谈判程度、贸易比重排列顺序，作为鱼身骨上面的骨刺；把协议作为协定骨节的下面骨刺。

我以此思维法对 WTO 进行整体——成员地位、作用，协定与协议构成，贸易争端，谈判进程与 WTO 改革等的研究。

借助此法，将研究对象形成一个主次分明、层次有序、结构严密的研究框架，做到提纲挈领、纲举目张、逻辑清晰。

3.2.4 以“内因是根据，外因为条件”原理分析 WTO 成员

唯物辩证法认为，事物内部的矛盾是事物自身存在的源泉和动力，是事物发展的根本原因，外部矛盾是事物发展、变化的次要原因。因此，内因是变化的根据，外因是变化的条件；内因是接受外因的基础，外因通过内因起作用。

我在分析 GATT 缔约方及 WTO 成员的地位、发展和作用时，坚持以此原理进行研究。

发达缔约方（成员）因其经济体制比较完善和稳定、经济运行法制化、科学技术先进、资本市场通畅、经济实力强，在资本追求利润最大化动力下，企业走上世界。它们需要通过国际组织和相应规则，构建国际贸易秩序为其铺路。由此它们成为 GATT/WTO 创建、转换和历届多边贸易谈判的主角。它们根据内因需要取得有利的外部条件，然后充分利用这些外部条件强化自身的发展，推动以其为主的贸易自由化和经济全球化，使

内因和外因有机结合，经济要素流动顺畅。

发达缔约方（成员）为其外部条件优化得到实现，在贸易谈判中，也通过特殊和差别条款给予发展中缔约方（成员）一些优惠条件，形成 GATT/WTO 最惠国待遇的例外。

得到特殊和差别待遇的一些发展中缔约方（成员），往往因国内政治不稳、冲突战乱不断、市场结构失衡、规则紊乱、人治强于法制、科技落后的制约，在贸易谈判中，不能主动提出方案，只能提出诉求，处于被动接受和搭便车的地位。得到的特殊和差别待遇与内因脱节，不能转化为自身经济发展的良好条件。

新兴的发展中成员通常都重视内因的强化和加实，为充分利用特殊和差别待遇创造有利基础。

中国虽以发展中国家身份进入 WTO，并未充分享受到发展中成员的特殊和差别待遇。但中国“入世”后，出现跨越式发展，经贸发展速度远远超过许多发展中成员，成为第一大货物贸易国家、第二大经济体，综合国力增强，国际地位提高，作用加大。其原因是中国“入世”内因确立在优良的政治制度、比较完善的社会主义市场经济体制、重视科学技术发展和创新等基础上。因此，中国“入世”后，充分享受权利、认真履行义务、恪守接受的规则，将外部得到的比较稳定的条件尽速转为国内发展的基础，从而加强了内部的根据，又为拓展外部有利环境、为实现“一带一路”倡议创造了条件，构建了以国内大循环为主体、国内国际双循环相互促进的新发展格局。

因此，我认为，在 WTO 中，中国应该在坚持 WTO 给予发展中成员特殊和差别待遇的同时，向它们宣示和介绍中国加入 WTO 后跨越式发展的经验，加速经济改革、重视和强化对内因这个根据的研判，为充分利用特殊和差别待遇条款创造条件。

3.2.5 以“矛盾与协调”分析 WTO 运作与效益

第二次世界大战后建立起来的多边贸易体制，是在 GATT 缔约方、WTO 成员方各种矛盾协调后的产物。其矛盾与协调的成果表现为组织机构的确立、贸易协定与协议的达成、达成后的权利与义务。这种矛盾的协调影响着多边贸易体制的运作与业绩。

3.2.5.1 多边贸易体制中的矛盾

- 决策中的投票与合意。
- 多边贸易谈判的发起与附议。每轮多边贸易谈判的发起者多是发达国家缔约方或成员，其余缔约方或成员是参与者和附议者。
- 多边贸易谈判中的领导者与搭车者。在每轮多边贸易谈判中，经贸实力强大的缔约方或成员一般是主要的谈判方。在谈判领域中，市场份额大、竞争力强的缔约方或成员往往是主要谈判方。
- 基本原则与例外条款。鉴于缔约方或成员经济发展阶段和发展水平的差异，在贸易协定与协议中，在一般原则下，允许和存在最惠国待遇的例外条款。
- 创始成员方与加入成员方。在 GATT 和 WTO 中，有原始缔约方/成员方和加入缔约方/成员方，根据加入方的经济发展水平和实力，在加入议定书中享受的权利与应尽的义务并不一致，各有侧重。
- 国际贸易规则与国内贸易规则。所有 GATT/WTO 缔约方和成员方均有自身经贸法规，在每轮多边贸易谈判和加入谈判结束后，缔约方或成员将其内部的相应法规与之适应和转化。

● 成员贸易争端的投诉与解决。多边贸易体制中，缔约方或成员方相互的贸易争端日益加多，如何妥善解决，日益影响多边贸易体制的权威和缔约方和成员之间的关系。

● 多边与诸边贸易协定。GATT/WTO 负责实施管理的贸易协定与协议中，允许多边贸易协定与诸边贸易协定的存在，缔约方和成员方在其中的权利、义务不同。

● 多边贸易体制与区域经济合作组织。在多边贸易组织存在的同时，允许区域经贸合作组织存在，但不能背离和伤害前者。

● 政治与经济相互关系。多边贸易体制是处理 GATT 缔约方/WTO 成员方的贸易发展问题，但它们的社会政治制度、价值观念并不一致，有的差别很大，出现各种各样的分歧，影响贸易体制运行和缔约方或成员相互之间的关系。

● 国际贸易规则的革新与守旧。随着世界经济贸易发展的变化，原有的多边贸易协定的规则出现滞后。其与时俱进进行改革，还是固守不变，对多边贸易体制作为、改革的影响重大。

3.2.5.2 矛盾协调的基础

● 缔约方或成员方共同的追求与愿望。包括参与整体谈判，达成综合协议；参与部分领域谈判，达成部分领域协议；在货物谈判中对关税和非关税的偏好；服务贸易、知识产权领域和与贸易有关的投资的关注点等。

● 历史上的作为。考察此前缔约方或成员方在多边贸易谈判中的表现，可知它们惯用的谈判战略和策略。

● 贸易谈判程序。包括谈判前的准备，本次谈判议程的确定，议程涉及的领域和层次，谈判细节的商议，协议最后的达成等。

● 经济运行的周期。包括全球性、区域性和国别性的经济发展阶段与趋势等。

● 市场经济构成。包括市场经济发展阶段、发展程度，经济部门构成，企业类别和地位，新产业的兴起等。

● 经贸政策。包括自由贸易政策、保护贸易政策、中性贸易政策，实体经济和虚拟经济关注的经贸政策焦点，各种企业对经贸政策的立场，经贸政策的走向等。

● 市场地位。包括在全球、区域、各大类商品领域市场和单项商品市场中的份额，相互市场的依赖程度等。

● 谈判授权程度。包括成员方对谈判人员的授权程度，是无限还是有限等。

● 谈判类型与类别。包括谈判是多边、诸边还是双边，全面、局部，长期、短期等。

● 谈判中的角色。依据缔约方或成员方的政治、经济地位，在贸易谈判中处于领导、主持还是参与搭便车的地位。

● 谈判者的素质。包括参加谈判人员对国际法规、惯例的掌握和运用程度，心理、人际关系、语言交流的能力等。

● 相互的关系。包括贸易谈判者彼此对政治、社会、经济、文化、语言等的认知，整体认知和部分认知的程度，由此出现的相互学习或固守已见、互相误判、肆意诋毁的谈判态度等。

● 博弈技巧的运用。包括贸易谈判的战略与战术，谈判带来的创造价值与索取价值的平衡与妥协点，平等、互惠和普惠的切实变现等。

3.2.5.3 贸易矛盾的调和过程

● 相互妥协，达成协定与协议，促进多边贸易体制发展。

● 相互僵持，部分妥协。多哈回合谈判虽然久拖不决，但还是达成部分协定，如贸易便利化协议。

● 大国从引领到唯我。美国在 GATT/WTO 中从引领到唯我，导致世贸组织多哈回合久拖不决、争端解决机制停摆，使以 WTO 为基础的多边贸易体制雪上加霜，总干事提前于 2020 年 8 月 31 日辞职。

● 僵化的化解。长期僵化会降低多边贸易体制作用，所有成员均会受害。出于本身利益考虑，某些成员会动议，进行谈判，化解僵局，达成妥协，继续发展。

3.2.6 以“三定结合”法分析多边贸易体制的运行

在多边贸易体制研究运行中，我采用定性、定量和定时三者结合方法。分析比较 GATT，WTO 与 IMF、WBG 的特点与作用，成员发展不平衡，中国加入 WTO 后跨越式发展的原因。

3.2.6.1 定性

对 GATT，WTO 的定性研究就是明确指出它们是什么样的国际经济组织。为此，首先指出它们的内在属性，认为它们是多边贸易体制的组织和法律基础，主要任务是推行贸易自由化。其次，进行归类。指出它们与 IMF、WBG 都是国际经济组织，同时指出它与 IMF、WBG 的不同点。第三，作出价值判断。指出缔约方、成员之间的关系。

在定性方法中，运用比较方法，把复杂的各种资料分类，研读，找出 GATT，WTO 发展中比较稳定的内在联系。在比较中，力求做到全方位比较，即横向比较、纵向比较和理论与事实的比较。

所谓横向比较就是把同时存在的另两个国际经济组织进行机构、功能、决策和作用比较，进而作出鉴别。

所谓纵向比较就是比较 GATT，WTO 在不同时间内的具体形态，显示出历史发展的阶段性、间断性、连续性、过程性和规律性。

所谓理论与事实比较就是将已有的多边贸易体制研究结果与新观察到的事实比较，判断其是否一致、符合，存在的差异；找出需要保留和改革的地方。

3.2.6.2 定量

它主要是指从 GATT，WTO 的运作中的数量变化进行分析、研究。其根据内容有三。第一，GATT 缔约方，WTO 成员的数量、负责实施管理的贸易协定与协议的数量和业绩，以一定的数量方式表现出来。以此确定它们的内在结构、力量对比、主次矛盾和发展趋向。第二，GATT，WTO 运作在总体上是服从于“合理规律”。为此，要把握 GATT，WTO 的运作过程，就必须对构成它们的缔约方或成员及其数量对比和这种对比的变化进行具体的统计、测量和比较分析。第三，由于它们的随机性和外部因素所构成的不确定性。为此要把握它们的发展规律，就要对产生各种不确定性进行定量研究。

统计分析是我研究 GATT，WTO 定量的基础。它主要是对它们公布的各种统计资料进行梳理和再加工，分出层次，再合为一个有机整体，进而归纳出它们的特点，予以恰当的解释，再上升到理论分析。同时以此检验原有定性结论的准确性，再进行深入思考、分析；如统计分析确是可靠，就要对原有定性结论进行修正。

在进行统计分析中，尽量做到以下几点。第一，客观全面。统计资料必须以 GATT，WTO 公布的原始资料为依据，不加进主观臆断。第二，区别化。各种统计的计算方法不同，不能含混使用。第三，再创造。必须从资料中寻找所要的变量。第三，条理化。在不失真的前提下尽可能条理化。第四，序列化。根据研究体系将统计分析列出层次和序列。第五，图像化。绘制统计表和统计图。

3.2.6.3 定时

GATT，WTO 与其他社会现象一样，所具有的本质规定和数量特征，都是在一定的具体的社会时间阶段中获得的。从时间方面考察它们，就是考察它们在时间推移过程中所发生的变化。

在对 GATT，WTO 中，定时表现在三个方面。

第一，时间定点。对多边贸易体制的定点时间是从 1947 年至今。从 GATT 年到 1995 年为多边贸易体制初始阶段，1995 至今为提升、停滞和改革阶段。由此，考察这段时间内，GATT，WTO 本身内部与外部变动的相关因素，体现了多边贸易体制发展过程的阶段性，防止离开这个时间点去研究多边贸易体制的状态。

第二，节点描述。它是指在上述大的时间定点阶段内对不同小的时间段进行分析，揭示各个小节点时间段内变化的持续性、顺序性、逆转性等特征。以 GATT 为基础的多边贸易体制的初始阶段中的小节点是通过八个多边贸易谈判回合构成的；以 WTO 为基础的多边贸易体制的运作是通过 11 次部长级会议体现出来的。通过这些小节点的分析和描述，可以表现出多边贸易体制建立和发展过程中的特点。

第三，演变阶段。多边贸易体制在时间中的存在不是静止的，而是运动的，而且这种运动不是简单的循环重复，而是在曲折中演进。在不平衡规律作用下，从 GATT 到 WTO 时期的多边贸易体制时起时伏。在 GATT 时期，8 个回合多边贸易谈判，有的成功，有的失败，有的无果而终。在 WTO 建立后的多哈回合多边贸易谈判中，曲曲折折，有失有得，出现失焦、分化和改革的状态。

3.2.6.4 此法收益

第一，初步确立了 GATT 与 WTO 关联与不同，知悉 WTO 内在的体系。2003 年以后，我在创建 WTO 概论课程和撰写的教材中，初步确立 WTO 的内在的体系。即：WTO 确立基础，WTO 与 GATT 的关联和不同，WTO 建立，WTO 宗旨、地位与职能，WTO 成员，WTO 运作机制，WTO 协定与协议，关税与关税减让谈判，特定商品贸易协议与特殊规定，非关税措施协议，公平竞争与补救措施协议，服务贸易总协定，与贸易有关的知识产权协定，贸易便利化协定，WTO 建立后的业绩。

第二，明晰了中国与 WTO 的关系。其中包括中国“入世”的原因、“入世”后权利享受与义务的平衡点，辩证认识权利与义务的转换，中国贸易争端加多的原因、焦点与应对，WTO 成员对中国的期望，中国在 WTO 地位的提高与作用的加强等。并作为《世界贸易组织概论》教材的最后一章。

第三，明晰中国作为发展中成员跨越式发展的原因。中国是以发展中国家身份进入WTO，并未充分享受到发展中成员的特殊和差别待遇。但中国入世后，出现跨越式发展，经贸发展速度远远超过许多发展中成员，成为第一大货物贸易国家，第二大经济体。其原因是内因为主，外因为辅。中国内因根源于优越的政治制度、社会主义市场经济体制等。因此可以充分享受权利，认真履行义务，恪守规则。

第四，认为在中国改革开放进程中，加入 WTO 具有里程碑的作用。1980 年中国成为 IMF，WBG 的成员国，它们对中国的经济发展起了一定的作用，推动中国加入 WTO 的进程。2001 年中国进入 WTO，成为第 143 个成员。到“入世”10 周年时，中国出现了跨越式的发展。我认为，就中国改革开放而言，IMF 和 WBG 起了助推作用，但加入 WTO 后，加大和深化中国改革开放的进程，改革开放不能逆转，具有里程碑的作用。

在对多边贸易体制研究中，这些研究方法并不是孤立地采用，而是综合和交叉地运用。

3.2.7 以“比较鉴别法”分析 WTO 的一些特点

所谓比较鉴别法，就是将同一事物的不同阶段、不同方面或不同事物的不同特点进行比较，辨别异同、高下、优劣等，从而加深对事物的认识。

我在对 WTO 的研究中，采用“比较鉴别法”分析 WTO 的一些特点，如 WTO 与 IMF、WBG 在中国改革开放中的地位，美国在 WTO 中的特殊地位原因，WTO 成员的地位与作用，中国与其他发展中成员在 WTO 地位变化的原因等，以此加深对 WTO 的一些认识。

第一，以 WTO 为基础的多边贸易体制强于以 GATT 为基础的多边贸易体制。

多边贸易体制是“为各国相互处理贸易关系时必须遵守的一系列国际规则的集合”。

WTO 诞生前，GATT 是协调、处理缔约方之间关税与贸易政策的主要多边协定。其宗旨是通过彼此削减关税及其他贸易壁垒，消除国际贸易上的歧视待遇，以充分利用世界资源，扩大商品生产和交换，保证充分就业，增加实际收入和有效需求，提高生活水平。

在 GATT 乌拉圭回合中达成建立 WTO 的协议。1995 年 WTO 运行，取代 GATT 成为多边贸易体制的基础。WTO 与 GATT 有内在的历史继承性。前者继承了后者的合理内核，但有升华；后者转化为 WTO 负责实施管理的多边货物贸易协定，不再具有“准国际贸易组织”的职能，不再成为多边贸易体制的组织和法律基础。

以 WTO 为基础的多边贸易体制更为完整，具有更强的可行性，更能持久，作用更多，影响力更强。

第二，在中国改革开放进程中，加入 WTO 具有里程碑的意义。

首先，WTO 作为国际经济组织，与 IMF 和 WBG 相比，有共性，又有特点。WTO 督责实施管理的协定与协议内容广泛，并随世界经贸发展，协定不断扩充；决策比较民主，不是以经济实力决定投票权；规则包容性较强，既有原则又有特殊条款；通过争端解决机制，保障 WTO 法规执行的有力和公正；具有开放性。经济和社会制度不同的国家与单独关税区可以加入。

其次，改革开放成为国策后，中国开始恢复在世界三大国际经济组织的成员和缔约方的地位。1980 年，中国成为 IMF、WBG 的成员国。到 2000 年的 20 年中，它们对中国的经济发展起了一定的作用，推动中国加入 WTO 的进程。2001 年，中国进入 WTO，成为第 143 个成员。到“入世”10 周年时，中国出现了跨越式的发展。我认为，就中国改革开放而言，IMF 和 WBG 起了助推作用；加入 WTO 后，加大和深化中国改革开放的进程，改革开放不能逆转，具有里程碑的意义。

第三，美国成为 WTO 中恣意妄为的成员。

第二次世界大战以后，美国成为世界最强大的国家。借此，美国成为多边贸易体制建立和发展的主导国家，在维护美国经贸利益前提下，美国扮演了蹩脚的创始、利己、实用主义严重的角色。

首先，美国曾使国际贸易组织胎死腹中。

第二次世界大战结束前，以美国为首的一些国家谋划战后世界经济的恢复和建设，从金融、投资和贸易三个方面重建国际经济秩序。

1944 年 7 月，在美国提议下召开了联合国货币与金融会议，分别成立了国际货币基金组织（International Monetery Fund，IMF）和国际复兴开发银行（International Bank for Reconstruction and Development，IBRD，简称为世界银行）；此后，倡导组建国际贸易组织（International Trade Organization，ITO），以促进国际贸易的发展。

1946 年 2 月，联合国经济及社会理事会成立了筹备委员会，着手筹建国际贸易组织。同年 10 月，在伦敦召开了第一次筹委会会议，讨论美国提出的《国际贸易组织宪章》草案，并决定成立宪章起草委员会对草案进行修改。

1947 年 11 月至 1948 年 3 月，在哈瓦那举行的联合国贸易和就业会议，审议并通过了《国际贸易组织宪章》，又称《哈瓦那宪章》（Havana Charter）。

《哈瓦那宪章》的目标是，建立一个全面处理国际贸易和经济合作事宜的国际组织。该宪章共 9 章和 1 个附件，主要内容有：宗旨与目标，就业和经济活动，经济发展与重建，一般商业政策，限制性贸易措施，政府间商品协定，国际贸易组织的建立，争端解决，一般规定等。

美国国会认为《哈瓦那宪章》中的一些规定，限制了美国的立法主权，不符合美国的利益。在国会压力下，1950 年，杜鲁门总统最终宣布不将《哈瓦那宪章》提交国会批准。受其影响，56 个《哈瓦那宪章》签字国，只有个别国家批准了《哈瓦那宪章》，建立国际贸易组织的计划因此失败。

1945 年在协商建立国际贸易组织时，美国就提议各参加国就多边关税减让条款进行商讨。美国认为，ITO 需要得到国会批准，而贸易协定由政府签署即可执行。故在磋商《哈瓦那宪章》的同时，就多边关税减让条约进行的谈判也在 1947 年日内瓦会议上全面展开。1947 年 11 月 15 日，美国联合英国、法国、比利时、荷兰、卢森堡、澳大利亚和加拿大，签署了《关贸总协定临时适用议定书》，同意从 1948 年 1 月 1 日起实施《关贸总协定》的条款。1948 年，又有 15 个国家签署该议定书，签署国达到 23 个。这 23 个国家成为《关贸总协定》创始缔约方。它们是：澳大利亚、比利时、巴西、缅甸、加拿大、锡兰（今斯里兰卡）、智利、中国、古巴、捷克斯洛伐克、法国、印度、黎巴嫩、卢森堡、荷兰、新西兰、挪威、巴基斯坦、南罗得西亚（今津巴布韦）、叙利亚、南非、英国和美国。各缔约方还同意，《哈瓦那宪章》批准生效后，以宪章的贸易规则部分取代《关贸总协定》的条款。

因美国国会阻挠，ITO 失败，故《关贸总协定》一直以临时适用的多边协定形式存在，肩负起某些国际贸易组织的职能，被称为“准国际贸易组织”。

其次，美国有条件接受 WTO 协定。

1995 年建立的 WTO 是由各个主权国家和单独关税区在平等、自愿、互惠、互利的基础上，通过谈判磋商，协调各方意志，达成共识，签订“一揽子”的多边的国际条约，要求所有成员共同遵守具有法律约束力的国际贸易行为规范和行动准则。对于享有国家经济主权的成员方来说，都是为了获得某些经济权益。而按照权利与义务对等和平衡的原则，在获得经济权益的同时，又必须承担相应的经济义务，接受某些约束。

这就意味着各成员方都同意对自己原先享有的经济主权，加以一定范围的让与和一定程度的自我限制。但是，由于成员方内部基本情况不同、利害得失不一甚至互相矛盾，因此在谈判中，要求在任何范围、何种程度上限制别的成员的经济主权，愿意在何种程范围、何种程度上让出或限制经济主权，就成为接受 WTO 规则的核心和焦点。作为政府层面在谈判达成后，还要由各成员立法机构审定，加以接受和拒绝。

WTO《关于争端解决机制规则与程序的谅解》（Understanding on Rules and Procedures Governing the Settlement of Disputes，DSU）是 WTO 不可分割的组成部分。1994 年 4 月 15 日，美国政府谈判代表在 WTO“一揽子”协定上签署后，交由美国国会审议批准。接着，美国国会两院针对《建立 WTO 协定》举行了一系列的听证会和全会。许多议员对之横加指责，认为批准接受该协定就是“违宪”行为，因为它“侵害了美国的主权”。其主要论据之一，就在于接受 DSU 后，势必会“毁损、剥夺美国的主权”。

在这场接受 WTO 协定与美国主权关系的辩论中，作为美国政府外贸国策的主要顾问之一的约翰·杰克逊（John H. Jackson）教授于 1994 年 3 月 23 日出席参议院财政委员会公听会发表证词，就上述争论作出解释和澄清。

他认为，WTO 和乌拉圭回合订立的各项条约不会自行贯彻在美国法律之中，因此，它们不能自动地变成美国法律的一部分。同理，WTO 专家小组争端解决程序作出的结论也不能自动地变成美国法律的一部分。相反，通常是经过美国国会正式立法，美国才必须履行各种国际义务或执行专家小组报告书作出的结论。一旦美国认为问题十分重要，以致明知自己的某些行为可能不符合自己承担的国际义务，却仍然有意违背有关的国际性规范准则（international norms），那么，根据美国的宪法体制，美国政府仍然享有如此行事的权力。这种权力能够成为事态发生严重错误时的重要抑制力量。当然，这种权力不宜轻易使用。

杰克逊教授的上述“证词”，表明美国经济主权与 WTO 的如下关系。第一，美国在参加缔结任何国际条约时，一贯把本国利益以及维护本国利益的美国“主权”和美国法律放在首要地位。第二，美国参加缔结的国际条约，其中所规定的各种国际行为规范和行为准则以及美国所承担的国际义务，通常都必须通过体现美国“主权”的主要机构，即美国国会加以审议、批准和立法，才能转变成为美国国内法律的一部分，才能在美国贯彻实施。第三，一旦美国认为有必要采取某种措施、行动来维护自己的重大利益，它就“有权”自由行动。

杰克逊教授论证的美国“主权”观念，即美国参加 WTO 后，依然“有权”不受多边协定的约束，继续选择其单边的政策和法律，以国内法抑制 WTO 协定。他的“主权”观念在美国国会内逐渐占据上风，确信美国加入 WTO 后，美国“主权”仍然牢牢掌握在自己手中，终于使美国众议院和参议院在 1994 年 11 月 29 日和 12 月 21 日分别以 288 票：146 票、76 票：24 票相继批准了《建立 WTO 协定》，为美国动用“301 条款”“201 条款”等埋下了伏笔。这些条款成为美国应对其他 WTO 成员和对中国挑起贸易争端的“武器”。

在美国与其他成员发生贸易争端，特别是美国成为“被告”时，如果经由 WTO 的 DSU 作出的结论或裁决，有利于美国，它就以“胜诉方”的身份，“信守”WTO 规则，表示赞同和接受；反之，结论或裁决不利于美国，它成为“败诉方”，美国虽然不能再在 WTO 的 DSU 程序及其“反向协商一致”约束下，单方面阻挠专家小组报告和 DSU 最后决定的达成、通过和执行，但会拖延实施 DSU 决定，并对实施或履行 DSU 决定的“胜诉方”加以抵制甚至报复。

最后，美国成为中国“复关”“入世”决定性谈判方，也是对中国“入世”发难最多的成员。

为与中国竞争，美国通过修改国内已有贸易法规，抵销中国出口商品竞争力。美国政府 2015 年 6 月颁布《贸易优惠扩大法》，2016 年颁布《贸易便利及贸易执法法》，授予美国商务部、美国国际贸易委员会、美国海关及边境保护署一系列用以抵制倾销和补贴的新措施。关键条款如下。

1. 商务部自由裁量权。一旦确定存在广泛适用的出口补贴或出现资助补贴的情况，或是价格、成本价值受制于反倾销税令，美国商务部可以不再进行调查，就直接无视价格或成本价值。

2. 强制提交生产成本数据。对美国承认中国市场经济地位或授予某个中国出口商以市场经济地位企业待遇时，中国企业除填写实质性问卷外，还要整理和提供物质和非物质的价格和成本数据材料。

3. 在反倾销和反补贴程序中加重对“不合作”企业的裁定。对在反倾销和反补贴程序中未充分合作的出口商，允许美国商务部最大限度适用反倾销/反补贴税率，对出口商裁定高额惩罚性税率。

4. 加严反倾销/反补贴中有关美国产业受到“实质损害”的定义，加多实质性损害的考量因素。

5. 在限制自愿应诉企业数量上，美国商务部被授予更大的自由裁量权。

6. 美国海关执行法强化了美国海关在反倾销/反补贴法律上的执行权。

中国“入世”后，美国成为与中国贸易争端最多的成员，并否定中国对 WTO 规则的恪守和切实履行承诺的义务，对中国发动贸易战。

第四，探究 WTO 成员的地位与作用。

截至2020年，WTO成员达到164个，占世界贸易比重98%。1995年WTO运行后，WTO成员均有发展，但发展很不平衡，出现以下态势。

1. WTO成员组成特点

WTO成员由两部分构成，一个是创始成员，一个是加入成员。加入WTO的程序，大体可分为四个阶段：提出申请与受理，对外贸易制度的审议和双边市场准入谈判，多边谈判和起草，加入文件表决和生效。任何成员都可以退出WTO。在WTO总干事收到书面退出通知之日的6个月期满后，退出生效。

按其经济发展程度，WTO成员可分为发达成员和发展中成员。截至2020年，世贸组织成员为164个，占世界贸易的98%。其中，发达成员为38个，其余均为发展中成员。

2. 发达成员地位与贸易的特点

发达成员所占世界贸易比重在60%以上。对外贸易发展速度较高，但不稳定；世界服务贸易比重高于货物贸易比重；对外贸易差额货物与服务呈反向变化；制成品、高科技产品占货物贸易的绝大比重；对外贸易对象主要是发达成员，自己成为区域贸易组织的主体；在世界贸易体制中处于主导地位。美国在WTO中地位超于其他发达成员，但其作用有所削弱。

3. 发展中成员地位与贸易的特点

发展中成员，在世界贸易中的比重接近40%。

发展中成员在WTO参与权、决策权谈判能力上处于弱势地位，还不能左右WTO。发展中成员多关注货物贸易上发达成员的市场准入，而在发达成员居于绝对优势的服务贸易、知识产权等领域处于守势。

在WTO协定与协议中，对发展中成员尤其是对最不发达成员的贸易发展给予密切的关注，表现为各种特殊和差别待遇。

得到特殊和差别待遇的发展中成员，将其变成现实并不一致。新兴的发展中成员通常都重视内因的强化和加实，为充分利用特殊和差别待遇创造了有利基础。而相当多的发展中成员多因国内政治不稳、冲突战乱不断、市场结构失衡、规则紊乱、人治强于法制、科技落后的制约等，在贸易谈判中，不能主动提出方案，只能提出诉求，处于被动接受和搭便车的地位，得到特殊和差别待遇与内因脱节，不能转化为自身经济发展的良好条件。

4. 中国“入世”后，出现跨越式发展

中国虽以发展中国家身份进入WTO，但并未充分享受到发展中成员的特殊和差别待遇，但中国入世后，出现跨越式发展，经贸发展速度远远超过许多发展中成员，成为第一大货物贸易国家、第二大经济体，综合国力增强，国际地位提高，成为WTO核心成员，作用加大。

其原因是中国有优越的政治制度、比较完善的社会主义市场经济体制、重视科学技术发展和创新等，因此，可以充分享受中国加入WTO后的权利，认真履行“入世”后义务，恪守规则，将外部得到的比较稳定的条件尽速转为国内发展的基础，使中国特色社会主义制度不断完善，加大拓展外部有利环境，为实现“一带一路”倡议创造了条件，构建了国内大循环为主体、国内国外双循环相互促进的新发展格局。

3.3 研究手段

3.3.1 持续跟踪

从20世纪70年代中期开始，我对GATT/WTO的研究，持续跟踪。

第一，排除各种干扰。由于研究方法的差异，对GATT/WTO认知的不同，中国“复关”和“入世”谈判的漫长和艰巨，中国学界、社会舆论对它们高度关注，纠结非议不断，有时甚至激烈，对研究产生压力。我不为所动，坚持长流水、不断线式的研究。

第二，保证研究时间。我在繁忙的教学、社会工作和国际贸易研究中，为GATT/WTO研究挤出和留出一定的时间。

第三，尽速获取资料。通过各种渠道，尽快获取GATT/WTO动态的材料。

第四，及时了解谈判情况。利用原有研究的交往关系，尽快与外贸部参加“复关”“入世”谈判者沟通交流，了解谈判的进程。

第五，研修期间关注。20世纪80年代初我在美国加州大学、90年代在香港中文大学进修和研修期间，挤出时间，了解GATT的运作动态。

第六，尽速了解合作、所在研究单位研究成果。1999年，我率领一个年轻教师团队与澳大利亚国立大学合作编著WTO培训教材期间，充分了解该大学有关的研究成果。2006年，前往我国台湾地区，在台湾政治大学研究海峡两岸WTO关系下的经贸关系时，专门到该大学国际经贸组织暨法律研究中心了解对WTO的研究成果。

第七，获取参会机会。我尽量争取参加国内和国外、境内和境外与GATT/WTO相关的学术会议，广泛交流、收集资料和了解舆情。

第八，坚持留记参会心得。每次我参加与GATT/WTO相关的会议后，都及时整理、留记参会的心得。

第九，通过著述表达研究心得。我一般先著文表述研究心得，继之撰写著作，提升研究所得，扩大社会认知。

3.3.2 关注媒体和研读报刊

在研究中，我一直把媒体作为研究的基础。改革开放以前，重视新闻联播，研读报刊；改革开放以后，加上坚持上网。

首先，重视媒体新闻联播。

改革开放以前，对国际经济大事、三大国际经济组织的情况的了解，主要来自中央人民广播电台，信息量很少。改革开放，媒体数量扩大，电视普及。早中晚都要收看中央电视台一台、二台、四台、十三台，CGTN国际经济新闻和评论。

其次，坚持上网。

随着改革开放的深入，从各种网站获取信息量加大。我获取国际经济组织的信息、动态、资料的网站主要是该组织本身的网站，国内一些主流媒体网站。主流媒体以外的网站，有三大国际经济组织：联合国贸易与贸易发展会议，凤凰网站。每天坚持上网。

再次，研读报刊。

改革开放以前，刊载国际经济新闻、国际经济组织动态的国内公开报刊主要是《人民日报》（海外版）、《大公报》（国际版），但信息量不大，而且经过改编。内部报刊主要是《参考消息》，信息量大，而且是原件，但一般人看不到。当时在学校，只有讲师以上的老师才能订阅。作为助教的我，只有向熟识的讲师以上职称的老师借阅，边看边记卡片，看后归还。

改革开放以后，有了《大参考》，但只能由单位订阅，不够级别的人不能订阅。当时学校国际贸易系资料室订阅一份《大参考》，但不能外借，只能在资料室看。每期我都坚持看，边看边做卡片。资料室还有一些英文杂志，如《经济学人》《新闻与世界报道》等，可以借阅，但定期归还。

随着改革开放的深入，这些限制都逐步取消了，获取及时信息的环境大为改善，信息量大增。

最后，加强辨别。

改革开放以后，获取国际经济组织信息较改革开放以前出现几大变化。一是媒体来源多；二是信息量大；三是评论增多；四是社会对“复关”“入世”的关注增多，如谈判动态、贸易争端、中国与美国经贸关系等；五是从专业向外延伸，引发社会高度关注，出现社会化。

由于新闻编辑、分析评论、关注人士等的视角、专业水平、表达能力、自我要求和目标的不同，出现信息混杂、真伪交汇、情理不清、引导失焦，稍有不慎，研究依据将出现误差、扭曲，误导读者，危害社会，决策乏实。为此，我采取如下办法，对信息进行筛选。

第一，首先明确信息来源。改革开放以后，通常以新华社新闻为主要依据，再找出新华社新闻的来源。其途径是看《参考消息》，它的新闻均有明确的来源，原话照登，以此对照播出的新闻、评论的基调。对国际各大新闻社新闻慎重辨析。

第二，以 5W2H，鉴别新闻可靠性。所谓 5W2H，就是什么（What）、为何（Why）、何时（When）、谁（Who）、地点（Where）、如何（How）、结果的量化（How much）。

第三，不以大字标题定性。由于立场不同，同一事件的大字标题含义差别很大。我通过 5W2H 办法，突破“标题党”设置的障碍和误导。

第四，以我研究心得对照判断。就 WTO 而言，有其专业用语和内涵。如发觉媒体、评论背离原意，任意泛化和扭曲，则加以剔除，不能成为我研究的依据。

第五，对命题式、演绎式、随意上纲的评论，我是一览而过，决定进一步研读的取舍。但是作为负面材料留存。

第六，将国内外踏实研究、真知灼见作者的著述，作为我研究时参考的首选。

3.3.3 广泛积累

3.3.3.1 尽速收集材料，购置图书

从研究生时期开始，我一直重视专业书籍的收集和研读。但改革开放前，收集专业资料书籍相当困难。第一，社会上有关三大国际经济组织的公开出版的原始资料没有。

20 世纪 70 年代初看到和借到的三大国际组织的资料，多来自临时借调时看到的内部资料。第二，通过学校内部资料室借阅的外国报刊。第三，通过老师从校外图书馆所借阅的不公开出借的相关 N 字打头的图书。

改革开放以后，借阅限制减少。但找到中意的专业资料、图书并不容易，需要下功夫寻找。为此，我采取以下办法。一是定期研读、摘录《大参考》。二是定期到图书馆浏览和借阅有关图书。中文图书加速阅读，作出笔记或者购买；凡是英文版本，我就用英文打字机全文打下留存。三是到学校图书馆新书编目室查看到馆新书。因为新书从编目到公开上架，一般要三个月，我就提前借出，迅速复印，快速还回，不耽误编目上架。如我校 WTO 研究院院长屠新泉原在图书馆担任新书编目员时，就通过他借阅复印了不少新书。四是找到原始文件或书籍。1974 年，我从外贸部国际组借阅有关三大组织的英文资料后，想找到 GATT 建立后的历史顺序文件，国际组没有，国家图书馆也没有。这为研究 GATT 发展史带来困难。

功夫不负有心人，1992 年 11 月，恰好我校 GATT 研究会与国家专家局联合举办国内首次“关贸总协定与中国”研讨会。GATT 总干事邓克尔的顾问施钟策应邀参会。他原是国民党政府参与 GATT 谈判代表的英文翻译，1950 年台湾当局非法“退出”GATT 后，他留在 GATT 总部任职，成为局长，邓克尔当时是他的部下。他退休后，成为邓克尔顾问，定居美国，但没有加入美国籍，支持中国进入 GATT。我们相识后，他赞许我对 GATT 的研究，我提出请他帮忙为我提供 GATT 建立后所有文件集。他作出肯定回答。他离开中国不久，我就接到他寄来的 30 多本 GATT 文件的集本，充实了我的研究资料基础。

与此同时，我收购图书。从到书店浏览选购，到网上订购中意的图书。

3.3.3.2 建立资料库

为进行持续、有序研究，我建立起自己的卡片柜和资料库。我将通过党委宣传部收集到的党和国家领导人的有关论述，国际经济组织的出版物，各种智库、学术组织的研究著述，受赠和自身订阅的报刊，我和助手下载的各种资料，自己购买和从学校图书馆借阅的图书进行编目，存入卡片柜。

3.3.4 研读资料图书

我的研读分为浏览、泛读和精读三个层次。通常，党和国家领导人的讲话、国际经济组织的出版物、我选中的智库研究成果和学者的著述列为精读范围，对其他读物进行浏览和泛读。在精读范围，我把党和国家领导人论述、国际组织文件、政府机构出版物列为首选。

3.3.5 边研边学

我从大学本科到研究生所学的专业是国际贸易，学到了贸易理论、政策和措施方面的知识。其中，GATT/WTO 所涉及的知识面向国际法学、自然科学、知识产权、服务贸易方面延伸。如 WTO 负责实施管理的贸易协定与协议有《服务贸易总协定》《与贸易有关的知识产权协定》《农业协议》《技术性贸易壁垒协议》等，它们涉及服务行业的具体做法、技术标准制定的技术内涵、知识产权等七大类别的专门知识，远远超出我原有的知识结构。我就抓紧时间进行恶补，学习这几方面的具体内容，向学校有关老师求教。

3.3.6 谋建组织

本人在独自研究的同时，开始关注对中国社会的认知，主动谋建有关 GATT/WTO 的学术研究组织。

3.3.6.1 对外经贸大学 GATT 研究会

1984 年，我被任命为国际贸易系副主任，主管教学与研究。1986 年，中国提出恢复在关贸总协定缔约方地位后，我被聘为外贸部国际司中国“复关”咨询专家。国内大学也开始关注 GATT 的研究，纷纷问询我校有无这方面的学术组织。

我由此向学校进言，由国际贸易系牵头成立对外经贸大学 GATT 研究会，报请外贸部批准。1991 年 5 月 20 日，在学校新建图书馆一层西大厅成立 GATT 研究会。校长孙维炎担任会长，我担任常务副会长。

成立大会由孙维炎校长主持。中国“复关”谈判代表团团长沈觉人邀请 GATT 总干事邓克尔亲临成立大会，然后请邓克尔为到会师生讲演。邓克尔认为，成立这个研究会十分重要，说明中国政府重视 GATT 的研究，有利于中国进入 GATT 后的工作。GATT 研究会成立后，编辑《GATT 动态》，在校内办 GATT 培训班，开始接待外国驻华使馆人员来访。

1992 年 11 月，我校 GATT 研究会与国家专家局在人民大会堂共同举办“关贸总协定与中国”国际研讨会和高级研讨班开幕式。

GATT 关贸总协定派出以副总干事侯赛因为首的众多官员和专家参加。刚刚担任国务院副总理的李岚清接见参会的国内外代表。

会后，在西郊友谊宾馆参加研讨会的国家大型企业高管近百名，由 GATT 专家介绍 GATT，中国官员介绍中国“复关”谈判情况，我主持了这次会议。这次研讨会引起国外媒体的高度关注。

对外经贸大学 GATT 研究会，于 1995 年开始编辑《WTO 动态》。1995 年 1 月，GATT 研究会更名为对外经贸大学 WTO 研究会，顾问为时任外经贸部部长吴仪，中国“入世”首席谈判代表龙永图为名誉会长，会长为对外经贸大学校长孙维炎，我担任常务副会长。

1996 年底，对外经贸大学 WTO 研究会与外经贸部国际司联合主办“世界贸易组织与中国经贸热点问题国际研讨会”。因在国内研究 GATT/WTO 方面处于前沿，享誉国内，成为教育部新成立的百所人文研究中心之一。

1996 年后，因受年龄规定限制，我不再担任 WTO 研究会主任，由张汉林接任，我成为学术主任。此后，WTO 研究中心（于 2000 年 1 月更名）成为对外经贸大学 WTO 研究院（2002 年 7 月），张汉林和屠新泉相继成为院长。

3.3.6.2 中国 WTO 研究会

因为对外经贸大学 WTO 研究中心不是国家级的社团组织，学术活动受到局限。2001 年底中国加入 WTO 后，中国社会对“入世”后的机遇和挑战高度关注，需要出现国家级的 WTO 研究会，进行广泛的社会宣讲，强化“入世”后的应对措施，开展国际性的交流。

2001 年经过谋划，我与中国“复关”第二任首席谈判代表佟志广（时任外贸部副部长）谋建中国 WTO 研究会。2004 年 3 月，经过民政部批准，成为全国性的社团组织。佟志广担任会长，我担任副会长（2011 年后为特聘副会长）。中国“复关”和“入世”谈判的首席谈判代表和主要谈判成员、中国驻日内瓦 WTO 代表均成为该会的顾问、后任会长、副会长。中国 WTO 研究会内专门成立外经贸咨询顾问委员会，外贸部卸任的司局级领导、驻外商务处参赞都成为该委员会的委员。

中国 WTO 研究会经常举办国内外重大学术研讨会、参加国际学术会议、举办贸易和产业政策发布会等，就涉外商务谈判进行研讨并建言，成为外贸部的智库之一。此外，参与国内大型专业会议活动，如厦门国际投资洽谈会、北京国际服务贸易交易会、上海进口博览会等。

该会还支持和协助地方（如深圳）成立地方 WTO 事务研究组织，进行合作研究等。我首先成为深圳世贸事务中心的谋建者并长期担任顾问，按时参加其举办的年会和高级研讨会。为加强与对外经贸大学合作，该会于 2012 年由校外迁入校内科研楼，与对外经贸大学 WTO 研究院密切合作。

2001 年，中国世界贸易组织研究会第三届理事会第二次会议，
前排从右至左依次为龙永图、佟志广、徐秉金，后排左二为作者

从左至右依次为孙振宇、作者、龙永图、郭莉、陈德铭、谷永江、沈觉人、俞晓松、张志刚、王受文、陈鹏

2013 年（从右至左）：俞建华、张志刚、俞晓松、孙振宇、施建军、陈德铭、龙永图、沈觉人、王玲、作者、谷永江、陈鹏、赵忠秀

2014 年：王成安（右一），陈鹏（右二），王受文（右三），作者（右四），施建军（右五），阿泽维多（右六），孙振宇（左三），赵忠秀（左二）

3.3.7 扩大团队

我在研究中，重视学科的建设与人才培养。（具体见 4 学科建设与人才培养）

3.3.8 走向社会

尽我本身所能，通过宣教、参会、交流和驳辩，扩大中国社会对中国“复关”与“入世”的理解，做好应对。（具体见 5 宣教与参会，6 交流，7 驳辩）

3.3.9 勤于笔耕

将研究心得及时著文，定期写出专著。从 1992 年到 2020 年，出版的具有代表性的著作 10 本，发表的文章 40 余篇。（具体见 8）

3.3.10 学会运用电脑笔耕

电脑普及前，自写的书稿，自己誊清，交付打印室，校对后刊印。电脑普及后，1997 年前因不会汉语拼音，书稿交由研究生录入，我审阅定稿刊印。1997 年后，我学会汉语拼音，掌握电脑使用，在电脑上自己书写、修改和传出我的书稿。

4

学科建设与人才培养

4.1 GATT 与 WTO 进入教学

1971 年外贸学院复校后，本人一直主讲国际贸易课程。在课程讲授中，在本人研究基础上，更新 GATT 讲授内容。

1983 年，在主编我校的《国际贸易》教材中，开始更新 GATT 的内容。

1989 年，在专著《国际贸易政策与措施概论》专门列出一章介绍 GATT。

1993 年，主编国家教委“财经类专业核心课程”《国际贸易》教材时，均专门列章介绍 GATT。在同期内我主编的其他《国际贸易》教材中，对 GATT 部分都作出修订。

在 1995 年以后主编的校内外各种《国际贸易》教材中，开始压缩 GATT 内容，加大 WTO 的全面、整体内容的介绍。

4.2 提出 WTO 学科建设框架

1994 年，我在香港中文大学研修期间，关注 WTO 对对外经贸大学学科建设的作用与影响。1994 年底，我研修结束回校后，向学校领导提出依照 1955 年运行的 WTO 框架，改革对外经贸大学学科建设的三项建议。

第一，将已有院系按 WTO 体系调整。1995 年运行的 WTO 确立基础是当代国际贸易发展的实际，代表国际贸易的发展方向。其负责实施管理的贸易协定与协议包括货物贸易、服务贸易、与贸易有关的知识产权、与贸易有关的国际投资学院等。根据 WTO 建立后对国际经贸人才的需要，对外经贸大学原有院系已显滞后，需要整合和调整，以凝聚学校优势，突出学校特色。建议学校将原有院系调整为货物贸易学院、服务贸易学院、知识产权学院、国际投资学院等，再进行系的学科建设。将校名改为世界贸易大学，则学校将成为紧跟 WTO 而特色突出的大学。

第二，修订原有教材的内容术语，将其与 WTO 通用的概念、术语一致起来。如已有与国际经贸关系密切的教材中，对倾销、补贴等术语都与帝国主义剥削掠夺落后国家贸易行为有关。而 WTO 协定中，以国内外差价确定倾销行为基础，不再含有发达国家以此歧视发展中国家的内容；补贴术语也存在类似情况。这些术语如不按照 WTO 纠正，将使我校学生在进行国际贸易过程中，出现行为失标，引起误解，造成被动和损失，不利于中国的对外开放。

第三，从我校经贸专业毕业的学生中，预留 20 人。由我校教师和部里参加“入世”谈判的人员，联合对其进行 WTO 知识培训，作为中国“入世”后的备用人才。

学校未接受我的建议，理由是：院系刚刚调整，再进行调整难度大；课程内容用语一致的修正要取得教师的合意和赞同，并不容易；“复关”未果，过早准备人才没有必要。

4.3 动议被否，另辟蹊径

向学校领导提出的 WTO 学科建设、调整重建院系的框架建言未被接受的同时，我在新建的国际经贸学院没有行政职位，失去了在原系就建言进行主动改革的基础。

1984 年，我从美国加州大学进修回校，担任国际贸易系副主任后，我在系内进行了以下一些改革：单独在国际贸易系开创“经贸研究与论文写作”课，提高本科学生分析和研究的能力；为提高本系学生中文书写的水平，专门设置书法课程，规定一个学分，在新生入学时，先测试中文书写，如中文字写不合格，则强行修学这门课；在本科主讲国际贸易中，创建大班研讨法，教学成绩突出，得到学校教务处的奖励；就管理学生上课作出改革等。

我去香港中文大学进修前，我校谋建校、院、系建制，国际贸易系与国际经济合作系合并成为国际经贸学院，已经任命新的院长。我从香港中文大学进修回校后，不再担任行政职务，成为普通教师，无权在院内主持改革。但我从正教授成为国际贸易博士生导师，可以继续从事国际贸易教学和 WTO 研究。

改革志向并未丧失，我就从自身力所能及的条件做起，从三个方面入手进行改革。第一，将我主讲的国际贸易课程与 WTO 内容紧密结合，强化主编的《国际贸易》教材中的 WTO 内容。第二，强化 WTO 研究，考虑撰写 WTO 教材和专著。第三，在我招收的国际贸易博士生培养方向中，把 WTO 作为一个方向。

1995 年后，经过我的申请，国际经贸学院列出由我主讲的 WTO 概论课程，此后，被学校列入全校正式课程，成为本科和硕士研究生学习的主课。一些硕士毕业生开始撰写有关 WTO 内容的毕业论文。

4.4 招收 WTO 方向博士生

随着中国“入世”谈判的进行，WTO 成为国内关注热点，培养 WTO 人才势在必行。国内一些大学关注 WTO 研究和人才培养，但因为不是国际贸易博士点，没有招收博士研究生的资格。

我招收 WTO 方向博士生的计划披露后，受到社会欢迎。我培带的硕士毕业生中，一些敏锐的学生纷纷争报 WTO 方向的博士生。由此，我成为国内第一位培带 WTO 方向的博士生导师。

此后，我培带出 20 余名 WTO 方向博士生。其中，刘光溪、张汉林、崔凡、赵玉焕、白树强、樊瑛、陈泰锋、崔鑫生、屠新泉、杨凤鸣、张斌涛等，都成为我 WTO 课题研究的主要成员，毕业后均成为 WTO 研究的后起之秀，成为所在单位、学校、研究机构以及中国 WTO 研究会的骨干和研究部的负责人。

4.5 为全国高校培训 WTO 教师

为提高全国高校财经类专业核心课程教学水平，国家教委决定从 1988 年 5 月委托国内 8 所高校，起草 10 门核心课程教学大纲。我校负责起早《国际贸易》教学大纲，经过遴选，我成为该大纲的起草者。

1989 年，大纲经过国家教委审批后，1990 年，国家教委授权对外经贸大学举办“全国国际贸易教师”培训班，时任国际贸易系副主任的我主持这个培训班，培训来自全国高校主讲国际贸易课的100多名教师。在培训讲座中，把GATT作为一个专题讲授。

1995年在外贸部同意下，我校与国家专家局联合举办国内首次“GATT与中国”国际会议。会后，举办有高等学校教师参加的培训班，GATT与WTO作为培训主要内容之一。

2009年5月中旬，中国高教出版社在江西省南昌市，组织“高校国际经济贸易专业教学、科研与人才培养研讨会”。我就为该出版社编著的《世界贸易组织教程》的内容、编著方法和使用进行讲授。

2017年，清华大学出版社启动“21世纪经济管理精品教材　国际贸易系列”项目。我为该出版社主编的《世界贸易组织概论》成为该系列教材之一。该书由屠新泉、杨凤鸣担任副主编，于2018年出版。

为使用该教材，清华大学出版社于2018年8月10日和2019年8月在大连和青岛举办“国际经济贸易专业教师研讨会”。我就该教材的编写、修订、更新、使用进行讲授。

4.6 创编WTO教材

4.6.1 创编缘由

2001年12月11日，我国成为世界贸易组织第143个成员。高等院校的学生了解、掌握世界贸易组织的知识已成为完善现代国际经贸知识的重要部分。但国内没有这方面的教材。

鉴于国际经贸人才培养的迫切需要，我于2001年后在我校创建WTO概论课程，边讲授，边思考教材的编著。我在多年GATT/WTO研究和教学基础上，与我培带的博士生——在北京理工大学从事WTO研究与教学的赵玉焕副教授一起，2003年合作编撰《世界贸易组织教程》教材。

4.6.2 创编特点

第一，教材层次定位。创建教材书名为《世界贸易组织教程》，属于原理性质，为一级整体性的教材。可在此教材基础上确立二级性教材，专论和细化货物、服务、知识产权、与贸易有关的投资等。

第二，确立WTO确立的基础。根据GATT到WTO的转变中，外部条件与内部要求的出现，将有节制的自由贸易理论、市场经济体制、经济全球化、可持续发展和国际贸易利益协调，作为WTO确立的五大基础。

第三，确立体系架构。根据辩证唯物主义和历史唯物主义方法，设立教材体系。按机构、成员，负责实施管理的贸易协定与协议，运作后的业绩、问题等顺次列出章节。

第四，密切联系中国。通过中国加入WTO过程、作用，验证WTO确立基础的科学性。

第五，力求全面平衡。概括 GATT 到 WTO 的演变，内容有机结合，用语专业规范，论述简明扼要。

第六，与时俱进。创建教材后，每三年修订一次，更新补充内容。

4.6.3 教材体例目录与要点

2003 年创建的教材体例成为后续此类教材的编著基础，随 WTO 发展调整、更新内容。以下为我担任主编，屠新泉、杨凤鸣担任副主编，2018 年由对外经济贸易大学出版社出版的《世界贸易组织（WTO）教程》（第三版）目录与要点。

4.6.3.1 教材体系目录

第一章　世界贸易组织确立基础
　第一节　有节制的自由贸易理论
　第二节　市场经济体制
　第三节　经济全球化
　第四节　可持续发展
　第五节　国际贸易利益协调
第二章　世界贸易组织建立
　第一节　1947 年《关税与贸易总协定》的临时生效
　第二节　乌拉圭回合与 WTO 建立
　第三节　WTO 多边贸易体制特色
第三章　世界贸易组织宗旨、地位与职能
　第一节　WTO 宗旨
　第二节　WTO 法律地位
　第三节　WTO 职能
　第四节　WTO 组织机构
　第五节　WTO 预算的特色与来源
第四章　世界贸易组织成员
　第一节　WTO 成员的资格与类别
　第二节　WTO 发达国家成员
　第三节　WTO 发展中国家成员
　第四节　WTO 加入成员
第五章　世界贸易组织运作机制
　第一节　WTO 决策机制
　第二节　WTO 争端解决机制
　第三节　WTO 贸易政策审议机制
　第四节　WTO 的谈判机制
　第五节　WTO 对外合作与沟通机制
第六章　世界贸易组织协定与协议
　第一节　WTO 协定与协议遵循的基本原则

第十二章　与贸易有关的知识产权协定

第一节　概述

第二节　与贸易有关知识产权的保护与获得

第三节　知识产权实施

第四节　争端解决、过渡与协定管理

第五节　TRIPs 的实施、修正与发展

第十三章　贸易便利化协定

第一节　《贸易便利化协定》的产生

第二节　TFA 有关货物规定的主要内容

第三节　TFA 有关成员待遇和组织机构的内容

第四节　TFA 生效实施的意义

第十四章　WTO 建立后的业绩

第一节　维护和加强多边贸易体制

第二节　通过有效机制，整合成员经贸关系

第三节　促进发展中国家成员和新成员的发展与改革

第四节　落实和拓展贸易规则

第五节　参与全球经济治理

第六节　发动多哈回合谈判

第十五章　中国与世界贸易组织

第一节　中国入世历程与法律文件的产生

第二节　中国入世后的权利、义务与履行

第三节　中国履行入世承诺产生的红利与红利的维护

第四节　中国维护和拓展红利的途径

4.6.3.2　教材基本观点

第一章　世界贸易组织确立基础

1. WTO 出现在 20 世纪 90 年代中期，并成为与国际货币基金组织和世界银行并列的世界三大世界经济组织。其存在和发展的基础来自有节制的自由贸易理论、市场经济体制、经济全球化、可持续发展和国际贸易利益的协调。

2. WTO 下有节制自由贸易理论的基点是李嘉图的比较优势学说。其特点是：把贸易自由化作为 WTO 的基本目标；与贸易有关的知识产权排除在 WTO 贸易自由化的范围；WTO 贸易自由化政策实施中，要结合可持续发展和防止发展中国家边缘化两大因素；WTO 允许自由贸易与正当保护贸易并存；贸易自由化政策要做到互惠互利，实现双赢。

3. WTO 追求贸易自由化的目标，根源于市场经济的要求与发展。《建立 WTO 协定》与 WTO 负责实施管理的贸易协定与协议，基本上反映市场经济体制的基本要求。这些贸易协定与协议的实施，又促进 WTO 成员市场经济的发展和完善。WTO 成员市场经济的发展与完善程度，直接关系到 WTO 贸易自由化推进的情况。

4. 推动 WTO 建立的动力之一来源于经济全球化，反过来，WTO 促进和发展经济全球化。而经济全球化中的矛盾和问题又影响 WTO 的进程和作用。

5. 可持续发展正式纳入以 WTO 为基础的多边贸易体制。主要表现在：WTO 协议序言承认保护环境和持续发展的必要性；WTO 实施管理的协议中，体现出可持续发展的要求；WTO 正式成立贸易与环境委员会。

6. WTO 对国际贸易利益协调的加强，主要体现在：WTO 成员国内与 WTO 贸易协定与协议的经贸法规要适应 WTO 的规范；WTO 负责实施管理的贸易协定与协议使国际贸易利益协调面扩展到整个世界经贸领域；WTO 提高基本原则的统一性；WTO 体系中的权利、义务规范趋于“量化”；对 WTO 中发达国家与发展中国家的贸易利益加强协调；WTO 重视与其他国际组织和非政府组织的合作与联系；监督、约束机制的加强。

第二章 世界贸易组织建立

1. WTO 诞生前，《1947 年关贸总协定》是协调、处理缔约方之间关税与贸易政策的主要多边协定。其宗旨是，通过彼此削减关税及其他贸易壁垒，消除国际贸易上的歧视待遇，以充分利用世界资源，扩大商品生产和交换，保证充分就业，增加实际收入和有效需求，提高生活水平。

2. 乌拉圭回合经过近 8 年谈判，取得了一系列重大成果：多边贸易体制的法律框架更加明确，争端解决机制更加有效与可靠；进一步降低关税，达成内容更广泛的货物贸易市场开放协议，改善了市场准入条件；就服务贸易和与贸易有关的知识产权达成协议；在农产品和纺织品服装贸易方面，加强了多边纪律约束；突出的成就是成立 WTO，取代临时性的《1947 年关贸总协定》。

3. WTO 和《1947 年关贸总协定》有着内在的历史继承性。WTO 继承了《1947 年关贸总协定》的合理内核。《1947 年关贸总协定》转化为《1994 年关贸总协定》，成为 WTO 负责实施管理的多边货物贸易协定，不再具有“准国际贸易组织”的职能，不再成为多边贸易体制的组织和法律基础。

4. 多边贸易体制是“为各国相互处理贸易关系时必须遵守的一系列国际规则的集合”。以 WTO 为基础的多边贸易体制更为完整；以 WTO 为基础的多边贸易体制具有更强的可行性；以 WTO 为基础的多边贸易体制更能持久；以 WTO 为基础的多边贸易体制影响力大于以《1947 年关贸总协定》为基础的多边贸易体制。

第三章 世界贸易组织的宗旨、地位与职能

1. WTO 的宗旨可归纳为：提高生活水平，保证充分就业；扩大货物、服务的生产和贸易；坚持走可持续发展之路；保证发展中国家成员贸易和经济的发展；建立更加完善的多边贸易体制。

2. WTO 具有国际法人资格，其成员应当赋予 WTO 在行使职能时必要的法定能力；WTO 每个成员方向 WTO 提供其履行职责时所必需的特权与豁免权；WTO 官员和各成员方的代表在其独立执行与 WTO 相关的职能时，也享有每个成员提供的必要的特权与豁免权；每个成员方给予 WTO 官员、成员方代表的特权与豁免权，等同于联合国大会

于 1947 年 11 月 21 日通过的特殊机构的特权与豁免公约所规定的特权与豁免权；WTO 可以缔结总部协议，与其他国际组织进行较密切的协商和合作。

3. 根据宗旨，WTO 的主要职能有：实施和管理协议；提供多边贸易谈判场所；解决成员方之间的贸易争端；审议各成员的贸易政策；与有关机构进行合作；提供技术支持和培训。

4. 根据宗旨和职能需要，WTO 建立比较健全的组织机构。它们是部长级会议、总理事会、理事会及下属委员会、各专门委员会、争端解决机构和贸易政策审议机构、总干事和秘书处。部长级会议是最高的决策机构。

第四章　世界贸易组织成员

1. WTO 成员由两部分构成，一是创始成员，一是加入成员。加入 WTO 的程序，大体可分为四个阶段：提出申请与受理，对外贸易制度的审议和双边市场准入谈判，多边谈判和起草，加入文件表决和生效。任何成员都可以退出 WTO。在 WTO 总干事收到书面退出通知之日的 6 个月期满后，退出生效。

2. 发达国家成员对外贸易的特点有：对外贸易发展速度较高，但不稳定；在世界贸易占据绝大比重，服务贸易高于货物贸易；对外贸易差额货物与服务呈反向变化；制成品占货物贸易的绝大比重；对外贸易主要在发达国家之间进行；对外贸易集中在少数发达国家；在世界贸易体制中处于主导地位。

3. 发展中国家成员在 WTO 参与权、决策权谈判能力上处于弱势地位，还不能左右 WTO。发展中国家成员通常关注货物贸易上发达国家的市场准入、取消纺织品上的限制等问题，而对发达国家居于绝对优势的服务贸易、知识产权等问题不热心，处于守势，希望发达国家成员给予更多的特殊待遇。在发展中国家成员中，大的发展中国家和经济发展迅速的发展中国家成员在 WTO 中的影响在加大。

4. 在 WTO 协定与协议中，对发展中国家尤其是对最不发达国家成员的贸易发展给予密切的关注，表现为各种特殊和差别待遇，内容涉及对总体利益的承认、减轻的义务、延长的实施期和技术援助等。

第五章　世界贸易组织运作机制

1. WTO 在进行决策时，主要遵循“协商一致”原则。只有在无法协商一致时才通过投票表决，表决有效票数有的是 2/3，有的是 3/4。票的分配是一员一票。

2. GATT 乌拉圭回合达成的《关于争端解决规则与程序的谅解》，是 WTO 关于争端解决的基本法律文件。与 GATT 相比，WTO 的争端解决机制程序明确，更具强制性和约束力。

3. WTO 成员集体对各成员的贸易政策及其对多边贸易体制的影响，定期进行全面审议。实施贸易政策审议机制的目的，是促使成员方提高贸易政策和措施的透明度，履行所作的承诺，更好地遵守 WTO 规则，从而有助于多边贸易体制平稳地运行。

4. WTO 所管辖的范围涉及国际经济贸易的各个方面，但 WTO 毕竟主要处理的是贸易或与贸易有关的问题，其他问题如果确实影响到世界贸易的正常发展，就需要与其他国际经济组织合作，它们包括 IMF 和 IBRD。此外，为决策体现国际公民要求，WTO 还与非政府组织合作。

第六章 世界贸易组织协定与协议

1. 在 WTO 负责实施管理的贸易协定与协议中，贯穿了 9 项基本原则，分别是：非歧视原则，贸易自由化原则，允许正当保护原则，稳定贸易发展原则，公平竞争原则，鼓励发展和经济改革原则，地区贸易原则，贸易补救原则，透明度原则。它们是 WTO 负责实施与管理的贸易协定与协议确立的基础。

2. WTO 原则通过 WTO 负责实施管理的贸易协定与协议，转化为具体的货物、服务贸易和与贸易有关的知识产权规则，使 WTO 原则更加具体化，以便于实施和操作。WTO 规则的特点可归纳为转化性、层次性、结合性、协调性、延伸性和介入性。

3. WTO 贸易协定的整体多由主体和附件两大部分构成，其中，主体一般包括协定序言、协定组成部分与条款三部分。WTO 贸易协议的整体多由正文与附件构成，其中，正文通常包括序言、构成部分和条款三部分。

第七章 关税减让谈判

1. 关税自古有之。关税可以增加国家财政收入，调节进出口贸易结构和贸易方向，维护贸易关系等。

2. 在关税设置时，因纳税对象不同、征税目的不一、税率优惠差异，出现了各种形式的关税。其中，影响较大的是进口关税以及普惠制下的关税和差别关税。

3. 各国征收关税的依据是海关税则和政府临时文件。海关税则变化的特点是：税号排序按协调制度进行；计税方法很多，因制成品在国际贸易中占绝大比重，故从价税成为各国尤其是发达国家主要的计税标准。因贸易对象关系不同，税则栏目向多栏发展。

4. 海关对进口商品估价是征税的基础。为使成员海关对进口商品估价规范化，在乌拉圭回合谈判中，达成了《海关估价协议》，减少海关因任意估价对国际贸易产生的负面作用。

5. 关税减让谈判成为 GATT 和 WTO 多边贸易谈判的重要内容之一。关税“减让”，具有三种含义。一是削减关税并约束减让后的税率，二是约束现行的关税水平，三是上限约束、低关税或零关税税率约束。在谈判中，确立了关税减让谈判的原则、基础和方法。

6. 经过乌拉圭回合多边关税减让谈判，WTO 各类型成员方的工业品的加权平均关税，均呈下降趋势。发达国家成员整体的工业制成品的加权平均关税，从乌拉圭回合之前的 6.3%下降到乌拉圭回合后的 3.8%；经济转型国家成员，整体从 8.6%下降到 6.0%；发展中国家成员关税下降后的关税水平，高于前两类国家。WTO 建立后，加入成员产品最终约束税率普遍高于创始成员。

7. 2001 年后，WTO 开始多哈回合谈判，关税减让谈判仍是主要内容之一，在农业和非农产品关税减让谈判上达成许多共识，但未结束。

第八章　特定领域产品贸易协议与规定

1.《农业协议》是属于逐步回归到贸易自由化的协议。其措施包括：逐步取消出口补贴，降低进口关税，并把进口非关税壁垒关税化；在国内支持上，保留绿箱和蓝箱，限制黄箱。WTO 成员对该协议执行良好。在执行《农业协议》的同时，又发起了接续谈判，有所进展，但尚未结束谈判。

2.《纺织品与服装协议》也是一个逐步回归到贸易自由化协议。其主要措施是，从 1995 年 1 月 1 日至 2004 年 12 月 31 日的 10 年内，纺织品和服装进口成员逐步取消纺织品与服装贸易上的数量限制。因其有时间约束，该协议的特点是阶段性。2005 年后，该协议执行完毕。但从 2005 年到 2008 年，又给最大的纺织品与服装出口大国的中国施加了三年"纺织品过渡性保障机制"。

3.《民用航空器贸易协议》是个诸边协议，其特点是接受该协议的 WTO 成员之间受到约束，不参加该协议的 WTO 成员不受其约束。随着民用航空事业的发展，接受《民用航空器贸易协议》的 WTO 成员在逐步增加。

4.《信息技术协议》（ITA）的宗旨是，通过削减信息技术产品关税，在全球范围内实现信息技术产品贸易的最大自由化，促进信息技术产业不断发展。协议的核心内容是，2000 年 1 月 1 日前，取消信息技术产品的关税及其他税费，一些发展中成员可以将其减税实施期延至 2005 年 1 月 1 日。非 WTO 成员也可以参加该协议，故称为展边协议。根据信息技术产品发展的要求，ITA 扩围磋商于 2012 年 5 月启动。2015 年 12 月 16 日，WTO 的 ITA 扩围谈判参加方在 WTO 肯尼亚内罗毕部长级会议上，宣布扩围谈判达成全面协议，并发表了《关于扩大信息技术产品贸易的部长声明》。中国作为世界最大的信息技术产品的生产和贸易成员，在推动该协议扩围谈判成功上起了决定性作用。

5.《政府采购协议》（GPA）是 WTO 的诸边协议，只适用于该协议的参加方。该协议作用日益受到 WTO 成员重视。自 2001 年起，经过 10 年谈判，42 个 GPA 参加方就协定新文本和各参加方扩大的覆盖范围达成一致，完成修改 GPA 的谈判。2011 年 12 月 15 日，WTO 政府采购委员会达成了《关于〈政府采购协议〉第 24 条第 7 款谈判成果的决定》。2014 年 4 月 6 日，GPA 新文本已正式生效，其地位和影响加大。中国于 2007 年开始进行加入谈判，因出价清单与要价清单存在较大差距，到目前，中国加入谈判仍在进行。

6. 为防止出口控制影响 WTO 成员贸易发展，WTO 对出口控制作出一些规定；为防止有国营贸易企业的 WTO 成员出现不公平贸易，GATT 1994 专门对国营贸易企业作出规定，允许在非歧视基础上，国营贸易企业进行商业活动。

第九章　非关税与投资措施协议

1.《实施卫生与植物卫生措施协议》宗旨是指导世界贸易组织各成员制定、采用和实施卫生与植物卫生措施，将这些措施对贸易的消极影响减少到最低限度，属于规范式协议。WTO 成员在设置措施时，如体现了本协议的要求，就是正当的非关税壁垒；反之，就是不正当的非关税壁垒。由于竞争的需要，发达国家成员在设置这些措施时，有时有意背离协议规定，构成变相的贸易保护，不利于国际贸易的发展。

2.《技术性贸易壁垒协议》的宗旨是，指导世界贸易组织成员制定、采用和实施正当的技术性措施，鼓励采用国际标准和合格评定程序，保证这些措施不构成不必要的国际贸易障碍。属于规范式协议。WTO 成员在设置措施时，如体现了本协议的要求，就是正当的非关税壁垒；反之，就是不正当的非关税壁垒。由于竞争的需要，发达国家成员在设置这些措施时，有时有意背离协议规定，构成变相的贸易保护，不利于国际贸易的发展。

3.《装运前检验协议》的宗旨是，确保成员方实施的装运前检验制度是非歧视和透明的，避免给贸易造成不必要的障碍。实施这项协议的主要是发展中国家成员，如实施得当，对发展中国家成员贸易发展有好处。

4.《原产地规则协议》的宗旨是，成员方以公正、透明、可预测和一致、中性的方式制定与实施原产地规则，使有关原产地规则的法律、法规和做法不对贸易造成不必要的障碍，以便利国际贸易的发展。属于规范式协议。

5.《进口许可程序协议》的宗旨是，保证进口许可程序的实施和管理的简化、透明、公平和公正，避免对产品进口造成障碍或限制。协议规定，作为限制进口的非关税壁垒，进口许可程序要逐步取消。属于统计需要的进口许可程序，可以保留。

6.《与贸易有关的投资措施协议》的宗旨是，防止某些投资措施可能产生的贸易限制和扭曲，便利国内外投资，为贸易自由深化创造条件。协议属于约束性质。协议实施有利于投资环境的改善，促进世界范围的投资自由化，加深国际贸易自由化的深度。

7. 上述协议在 WTO 运行后，一般都在执行，但力度不一，对成员的贸易发展起的作用不同。整体执行不平衡。其中，《与贸易有关的投资措施协议》的扩围难度较大。

第十章 公平竞争与补救措施协议

1. 倾销是企业不公平的对外贸易行为。受到倾销行为进口商品伤害的企业可以请求政府采取反倾销措施，维护公平竞争。WTO 负责实施管理的《关于实施 1994 年 GATT 第 6 条的协议》，又称《反倾销协议》。根据该协议，实施反倾销措施的基本要件为存在倾销、产生伤害、倾销与伤害之间存在因果关系。反倾销措施的基本程序有：申请人申请、进口方主管机构审查立案、反倾销调查、行政复审和司法审议。采取反倾销措施的措施有：临时征收、价格承诺和最终征收。反倾销税率不得高于倾销幅度。

2. 补贴是政府维护社会稳定的一种广泛行为。政府通过补贴扩大出口贸易属于不公平竞争行，如伤害进口国家同类产业，该产业可请求政府采取反补贴，以保护公平竞争。为此，在《补贴与反补贴措施协议》中对补贴进行了分类，即禁止性补贴、可诉补贴、不可诉补贴。对前二者可采取反补贴措施，其方法是征收反补贴税。

3.《保障措施协议》的目的是强化保障措施的正当运用，它不同于《反倾销协议》和《补贴与反补贴措施协议》，带有救济性质。该协议规定，WTO 成员方实施保障措施必须满足三个条件：第一，某项产品的进口激增；第二，进口激增是由于不可预见的情况和成员方履行世界贸易组织义务的结果；第三，进口激增对国内生产同类产品或直接竞争产品的产业，造成了严重损害或严重损害威胁。如果违背上述条件，则属于滥用。

4. WTO 成立后，WTO 成员加强对反倾销和反补贴措施的运用，历届部长级会议关注这两个协议的修正与完善，但相关谈判都未结束，尚未形成 WTO 成员普遍接受的协议修正文本。保障措施协议已正常化。

第十一章 《服务贸易总协定》

1. 随着世界各国产业结构的优化，国际货物贸易发展的需要和资本国际化的兴起，服务业和国际服务贸易得到迅速发展，但因各国对服务业的重视保护的过度，影响了国际服务贸易的发展。在服务业上具有竞争优势的发达国家积极关注国际服务贸易自由化，在他们的要求下，服务贸易自由化列入乌拉圭回合，经过艰苦谈判，最终达成《服务贸易总协定》（GATS），成为本轮回合重要的谈判成果。由此，服务贸易被正式纳入多边贸易体制的管辖范围。

2. GATS 界定的服务业为 12 个领域，确定了国际服务贸易的四种形式，规定 WTO 成员的一般义务和纪律。WTO 成员具体谈判成果表现在服务市场准入表上。

3. 鉴于发展中国家成员服务业发展比较落后，竞争能力不强，在 GATS 中给予其一些特殊和差别待遇，以有利于其服务业的发展。

4. GATS 促进了国际服务贸易的自由化，对 WTO 成员服务贸易的发展起了积极作用。为了加大 GATS 的作用，在执行 GATS 的同时，开始了服务贸易的新一轮谈判，并取得一些进展。

5. 为了摆脱多哈回合进展的缓慢，加强国际服务贸易的发展，由美国、欧盟、澳大利亚等 WTO 成员自主结成“服务业挚友”，开展《服务贸易协定》谈判。该协定目标是在 WTO 的 GATS 框架内、多哈议程之外，达成高质量的服务贸易协定。

第十二章 《与贸易有关的知识产权协定》

1. TRIPS 的产生，有其深刻的历史背景。随着科技的高速发展，智力成果成为国际市场竞争力的重要基础。竞争，国际贸易中的侵权、盗版和假冒层出不穷，严重影响了国际贸易中公平竞争和产权持有人的利益。统一和加强与贸易有关的知识产权制度的法律，成为国际社会特别是发达国家的关注焦点。在发达国家强烈要求下，乌拉圭回合将与贸易有关的知识产权列入多边谈判的议题，经过艰苦谈判，最终达成 TRIPS。

2. TRIPS 所指的知识产权，包括版权及相关权利、商标权、地理标识权、工业品外观设计权、专利权、集成电路布图设计权、未披露信息专有权等。TRIPS 确定了总则和基本原则，关于知识产权的效力、范围及使用标准，知识产权执法，知识产权的获得、维持及有关当事人之间的程序，争端的防止与解决，过渡性安排，机构安排和最后条款。

3. TRIPS 是 WTO 负责实施管理的多边贸易协定，为 WTO 成员确定了知识产权制度的底线。WTO 成员已多达 160 余个，其对所列与贸易有关的知识产权的保护程度大大超过国际上其他有关的各种知识产权协定，使与贸易有关的知识产权制度地位提高，作用大大加强，促进了国际贸易的发展。

4. WTO 运行后，WTO 成员在执行 TRIPS 的同时，谋求 TRIPS 的修正与发展，已成为多哈回合重要的谈判议题。谈判有所进展，但尚未达成共识。

第十三章 《贸易便利化协定》

1. WTO 建立后，关注 WTO 成员的贸易便利化，成为多哈回合的议题之一。但因多哈回合进展缓慢，决定以此议题为突破点。经过 WTO 成员共同努力，达成本协定，受到国际社会的欢迎，有助于多哈回合谈判的进展。本协定已纳入 WTO 议定书。

2. 为了促进 WTO 成员的贸易便利化，本协定作出的规定主要有：关于货物贸易法规透明度，其中包括关于贸易法规透明度，贸易法规信息的提前公布、评论与磋商；预裁定的效力与撤销条件；“申诉或审查程序”；关于增强公正性等。关于进出口收费和手续，包括进出口收费的一般纪律；贸易法规信息的提前公布、评论与磋商；货物的放行与清关；进出口手续；过境自由与海关合作等。

3. 为了帮助发展中成员尤其是最不发达成员实施本协定，对其作出特殊和差别待遇的规定。对其实施条款的类别可自主确定。在实施中，对各种类的延长、困难处理、条款之间的转换，适用《关于争端解决规则与程序的谅解》的宽限期，能力建设援助的提供等作出具体规定。

4. 本协定是 WTO 多边贸易协定，WTO 成员都要接受和实施，不能违背已有的 WTO 协定。

5. 本协定实施后，将对 WTO 成员和中国产生重要的影响，具体表现为：拓宽了 WTO 多边贸易规则；给全球经贸带来可观的收益；有助于中国从贸易大国走向贸易强国。

第十四章 WTO 建立后的业绩

1. WTO 建立后，到 2008 年，举行了六届部长级会议。在第四届部长级会议上接纳中国加入世界贸易组织，并成功地发动了多哈发展回合多边贸易谈判。决定从 2002 年起，到 2004 年底以前，举行多哈发展回合的多边贸易谈判。因为谈判议题众多，成员不断扩大，各主要谈判成员不愿过多让步，加上世界经济状况低迷和金融危机，使多哈发展回合结束日程一直到 2008 年底还未结束。

2. WTO 建立后，有许多建树，如成员不断扩大，推行贸易自由化，加强与贸易有关的知识产权制度，促进经济全球化，成为国际经济合作的典范，实施、细化和拓展协定与协议，对成员贸易政策监督制度化，化解贸易摩擦，改善贸易环境，促进发展中成员的贸易发展等。

3. WTO 在运行中，由于管辖范围不断加宽，成员利益协调难度加大，加上决策机制存在缺陷和区域主义的盛行，WTO 受到挑战。多哈发展回合进程缓慢，减弱了 WTO 权威性，影响了其形象。

第十五章 中国与世界贸易组织

1. 中国从“复关”到“入世”，谈判历时 15 年。经过漫长而艰巨的谈判，在中国与谈判方的共同努力下，最终达成“入世”协议。中国于 2001 年 12 月 11 日成为 WTO 第 143 个成员，中国对外开放进入新阶段。

2. 中国“入世”法律文件包括《马拉喀什建立 WTO 协定》、《中华人民共和国加入的决定》、《中华人民共和国加入议定书》及其附件、《中国加入工作组报告书》等。它们都成为 WTO 文件的组成部分。这些文件确定了中国"入世"后的权利与义务。权利与义务给中国带来空前的机遇和挑战。

3. 中国"入世"后，在享受权利的同时，积极认真履行义务，废除和修订相关法规，接受政策审议，社会主义市场经济体制不断完善，使国内外经济贸易环境不断改善。其结果，使中国的比较优势和竞争能力得到充分发挥，对外贸易高速发展，成为世界贸易大国；利用外资增加，外汇储备加多，综合国力提高，对世界经济贸易影响力和贡献率加大。

4. 中国"入世"后履行义务的良好表现，积极支持 WTO 多哈发展回合的各种举动受到 WTO 和成员赞誉。中国的社会制度、经济贸易实力和经济发展方式，使中国成为 WTO 中具有独特影响力的成员。从 WTO 发展的大局出发，根据中国对外开放的深化，中国在充分享受权利、认真履行义务的同时，加大在 WTO 中的作用，推动 WTO 改革，完善和加强多边贸易体制，使之在世界贸易的发展中起到更大的促进作用。

5. 中国"入世"后，在获得众多红利的同时，也面临国际和国内的众多挑战。为应对和化解这些挑战并把它们变成发展的机遇，中国应珍惜和敬畏 WTO 规则，一如既往地履行承诺和恪守 WTO 规则，深度掌握和运用 WTO 规则，提高各级政府的规则意识、出台法规的合规意识，加大对 WTO 人才的培养。

4.6.4 创建教材的效益

本教材出版后，被国内开设 WTO 课程的高等院校普遍采用，不断再版和修订。相继成为成人教育 WTO 学习教材。其选用者从对外经贸大学远程教育学院扩及其他高校远程学院和培训机构，在社会上出现很高的采用系数，多次重印，畅销不衰。

该教材被评为北京市优秀教材。2009 年，我主讲的"世界贸易组织概论"成为教育部全国网络教育精品课程。

5

办班、宣讲与参会

中国“复关”“入世”成为国家重大的经济外交活动，引发中国社会各个阶层的高度关注。国人日益需要知悉 GATT/WTO 的内容，中国“复关”“入世”的缘由、进入后的影响与作用。由于问题重大和专业性较强，需要通过办班、宣教与参会方式面向社会普及。

5.1 举办培训班

我通过主持学校 GATT 研究会和 WTO 研究会为社会举办培训班，宣讲“复关”和“入世”有关内容。这些培训班有的在校内进行，有的在校外进行。此外，还与俄罗斯莫斯科商业协会在北京举办培训班。

世界贸易组织第二期培训班开学典礼，台上左一为薛荣久

2005 年，WTO TRAINING GROUP MOSCOW（WTO 莫斯科培训集团）培训，前排左三为作者

5.2 宣讲

5.2.1 宣讲特点

5.2.1.1 对象遍及全国

包括国家计委、中央党校、国家行政学院、外交部、商务部干部管理学院、国家法官学院、中国海关学院；北京及京外各省市区党政机关、企业协会、高校研究组织等。

河北讲学，右为作者

5.2.1.2 首选边远、后进地区

我如同时接到沿海地区、经济比较发达地区和边远相对后进地区的宣讲邀请，关心我者多劝我年事已高，建议我先去沿海和经济比较发达地区，因为那里生活条件优越，后者则交通不甚方便，生活条件也差，比较艰辛。我认为边远、后进地区的干部和企业高管更应多了解“复关”“入世”的缘由，挣脱计划经济体制带来的思想束缚，逐步改变和提高思想境界。故我感谢对我身体关切的建议，反其道行之，首选边远、后进地区去宣讲，如新疆、西藏、内蒙古、甘肃、宁夏、青海、广西、海南等。

5.2.1.3 内容有所侧重

对中央机关宣讲，重点在于“复关”“入世”与中国的改革开放大局关系，需要解放思想，加强政府职能从计划经济管理向市场经济管理的转变；对企业宣讲，重点指出它们是中国“复关”“入世”后权利享受和履行义务的载体，要做好准备应对保护程度下降、竞争加剧的挑战，学会利用享受到的权利，履行开放市场的义务，与来华外企进行合作和竞争，具备扩大国外市场和“走出去”投资的本事；对边远、后进地区，讲清

2000 年 9 月，作者在西藏讲学后留影

“复关”“入世”后有助于利用外资、引进先进技术和发展经济经验，发挥后发和潜在的优势，活跃市场，促进经济的发展，从被动应对改变为主动迎战，化挑战为发展机遇。

5.2.1.4 不断丰富例证

在中国“入世”以前的宣讲中，政府官员、干部、企业高管喜欢听到具体的案例。但因国情不同，别国的例证难以引入。为此，我只能多讲 GATT/WTO 的基本原则和规则，展示中国面临的机遇和挑战。“入世”后，我积极查找中国企业利用中国享受到的权利、履行的义务，应对贸易争端的有价值案例。其中，我尤为赞赏华为充分利用“入世”后的机遇，以规则应对市场的不稳定，积极开拓国外市场，重视知识产权的开发与保护，成为中国企业的佼佼者。它成为我宣讲中的重要案例，并写入我的专著和教材中。

5.2.1.5 鼓励企业从畏惧转向“跨越”

我国“入世”前，农、畜、水等产品不断受到“绿色贸易壁垒”的困扰。国内媒体、一些学者上纲，认为是受到国外歧视，提出突破和反制的措施。但“入世”后，这些产品遇到的“绿色贸易壁垒”没有减少，反而增加。这些产品出口大省江苏省经贸委 2002 年后就此向我求解，希望我提出对策。

经过研究，我认为，外国为应对中国的竞争，“绿色贸易壁垒”有故意歧视的一面，但主要原因在于我们自己的产品存在问题。世界兴起“绿色贸易壁垒”的主要原因，是各国特别是发达国家迫于改善生态环境、保护国民健康的压力，对上述进口产品的质量和健康要求标准加多、加严。它对所有进口的产品都是如此对待。因此，WTO 对正当的“绿色贸易壁垒”持肯定态度。为防止歧视，WTO 将其规范化，确定实施科学的“绿色贸易壁垒”的标准。

长期以来，我国因经济不发达、环保意识淡薄、法规不完善、企业认证意识低下、产品标准要求过低、产品生产分散等，出现出口产品质量、标准不达标的情况。我认为，国内媒体不应鼓动企业抱怨，而应鼓励企业提高产品质量、加强适应能力、提高产品标准，从而“跨越”绿色壁垒。

为此，我提出要辩证认识“绿色贸易壁垒”，建立与国际和发达国家同样的产品质量标准体系，认真研究 WTO《实施卫生与植物卫生措施协议》，分析遇到的“绿色贸易壁垒”的内容，积极开展 ISO 14000 国际认证，政府会同行业协会鼓励受阻企业采取“跨越”措施应对。当然，对违背 WTO 协议，故意为难中国的“绿色贸易壁垒”，要据理力争，上诉 WTO。

我的文章《如何跨越绿色贸易壁垒》在《江苏对外经贸论坛》2002 年第 5 期发表后，

新加坡媒体来电赞赏我的观点。

5.2.2 宣讲趣事

宣讲中的趣事很多，仅举几例。

5.2.2.1 胡锦涛同志突然来访

1988 年 5 月下旬，我应邀为贵州省高层次干部外向型经济研讨班（第一阶段）授课，我附带介绍了中国 1986 年申请恢复在 GATT 缔约方地位谈判的情况。该班由贵州省委、外经贸部中国国际经济技术交流中心、中共中央组织部干部教育局联合举办。讲课地点在贵阳市党校。我住在党校西边相邻的森林公园内的专家楼。

贵州省委省政府很重视这个研讨班，专门成立了由省委副书记兼组织部部长龙志毅为首的领导小组。我和中共中央组织部的来新时处长和外经贸部中国国际技术交流中心的杨根娣参加了开班式。

龙书记在开班讲话中特地指出，这个班是在（时任）省委书记胡锦涛指示下举办的。他正在北京开会，不能前来给学员讲话，特要龙书记代为祝贺。

开班式后，我开始讲授国际贸易课，顺便介绍中国 1986 年申请恢复在 GATT 缔约方地位的谈判情况。

讲课开始后的第三天下午四点多，我在备课时发觉，往日寂静的窗外楼下出现了一些年轻人，他们精干，行动敏捷，在专家楼附近巡游。晚饭后，我看完中央电视台《新闻联播》后不久，听到院内有汽车的声音。一会儿，住在隔壁的来处长敲门告我，胡锦涛书记前来看望我。我感到突然，愣神后，赶忙开门迎他进来。

我们握手之后，他说，下午刚从北京开会回来，特来看望为研讨班讲课的老师。他穿着一件土褐色的夹克衫，带有知识分子的气质，平易近人。

我们坐下来交谈。他说，近几年来，贵州省发生了很大的变化，国民经济保持了较高的增长速度，这是省委坚决贯彻中央改革开放的总方针的结果。但贵州省仍是一个比较贫困落后的省份，商品经济不发达，交通、信息闭塞，资金不足，人才匮乏。贵州省领导既不能在机遇面前迟疑犹豫、悲观消极，也不能脱离实际、急于求成。

为此，省委提出三个“两个发展战略”，即扩大两个开放（对外开放和对内开放），面向两个市场（国内市场和国际市场），抓好两个输出（商品输出和劳务输出）。要实现这个战略，培养人才、组织队伍是关键。贵州省需要多渠道、多层次培训外经贸人才。通过培训去实践，经过实践再培训，组成一支专职与兼职相结合的精干的外经外贸队伍；通过开展对外贸易和对外经济合作，促进和发展贵州的经济建设。这个研讨班，在省里是第一次举办，需要摸索办班经验。他希望我们老师讲课后，多待几天，到贵阳市以外地区看看，多提建议，帮助省委改进工作。

后来，他看看表，说不早了，老师明天还要讲课。告别前，他说贵州生活条件较差，希望我们多多保重，对我们前来讲课，再次表示谢意。离开前，来处长提议我们一起合影，我和来处长站在他两边。但他说，你是老师，我们是学生，谦虚地非要我站在他和来处长中间合影。

此后几天，省长、省委副书记、省人大常委会主任、省政协主席等相继来访。

接我讲课的老师还有叶彩文、石玉川、王绍熙、邱年祝、陈孔明、郭毅敏等。研讨班结束后，我和其他老师的讲稿被外经贸部中国国际经济技术交流中心、中共中央组织部干部教育局、贵州省干部智力开发中心编辑成书，以《通向国际市场》为书名，于1988年12月由中共中央党校出版社和贵州人民出版社联合出版。时任外经贸部部长的陈慕华题写书名，时任贵州省委书记的胡锦涛作序。该书出版后，深受好评，获得1989年全国优秀图书奖。

1988年，作者为贵州省高层次干部外向型经济研讨班授课

5.2.2.2 温州乡镇企业将成为先锋

1996年3月下旬，我到浙江温州市外贸学校授课，讲授国际贸易、介绍GATT/WTO内容。课余，到桥头纽扣大市场参观，走访生产纽扣的乡镇企业。

走访后，温州电视台记者进行采访，问我对温州乡镇企业的看法。我认为，温州乡镇企业走在中国市场经济的前面，是中国企业发展的先锋。电视台记者惊奇地看着我，欲言又止，好像有所顾忌。我又讲了参观乡镇企业纽扣加工的兴奋感受，气氛有些活跃。她道出了刚才采访态度的缘由。

3月中旬，国家计委来人考察温州经济发展情况后，接受她的采访。被采访者直言，温州乡镇企业擅长假冒伪劣皮鞋的生产，低价销售，给全国乡镇企业带来负面影响，没起好作用。“薛教授，你竟敢说乡镇企业是中国企业发展的先锋？”她有些惊奇。我说，温州乡镇企业假冒伪劣是在中国扭曲的市场发展过程中出现的，但不应以此定性，相信这是一个探索市场开拓的短期行为，不是长久之计。因为我看了乡镇企业市场的纽扣，价格很低，但产品新颖，并非假冒伪劣。她见我对纽扣大市场如此赞誉，给我讲起了温州纽扣大市场的兴起。

改革开放以后，两位弹棉花的温州老乡在武汉市一个墙角搭棚，准备弹棉絮的场地。清扫墙角时，见到两个口袋，里面都是废弃的各种纽扣，原来墙里面是个纽扣工厂。

他们到工厂传达室，问两个口袋是怎么回事，方告，是大扫除后扔掉的。两人回来商量后，买来小塑料袋，每袋装入同类数目不等的纽扣，然后到市内就近的百货公司门前叫卖。很快，纽扣销售一空，他们得到来武汉后的第一桶金。

两人回来商量，可否到厂里买些成批的纽扣，按照此法售出。他们找到厂里，厂里领导说，纽扣卖不出去，经营不好，如果他们多买可以低价。他们买来两袋纽扣，装入小塑料袋，每袋 10 个，又到百货公司前面叫卖，又快速卖出。此后，卖出的速度减慢。

他俩又想，带上此厂纽扣样品，到其他城市推销。他们找到纽扣厂领导，表明此意。领导正为纽扣销售不畅犯愁——没人愿意外出推销，故欣然同意他们带着厂里的纽扣样品，到其他城市推销。

由于他们能说会道且纽扣价格便宜，推销很成功，他们拿到推销后厂里给的酬劳。他们又想起如果自产自销，赚钱会更多。于是，他们回到温州，办起纽扣乡镇企业，从厂里请来技师，带来最新样品，借助当地低廉的工资，生产的纽扣售价低又新颖，还是小包装，很快打开了市场。

他们扩大生产的同时，在桥头市场摆起货摊搞批发。又带动乡镇企业生产纽扣，价廉物美的温州纽扣开始盛名全国，温州纽扣行业由此兴起。

我见到的桥头纽扣市场足有四个足球场大，纽扣种类繁多，琳琅满目，价格低廉，场内操着外地口音的客户众多。我顺便也买来一些，带回北京，送给亲戚朋友。

这两位弹棉花的温州老乡告别旧业，专事生产纽扣并不断发展，成为温州纽扣产业的著名企业家。

我对温州乡镇企业的鼓励表态在电视台播出后，反响良好。温州市政府要我为该市经贸干部培训班讲课。后来又聘我为政府经贸发展的顾问，在人民大会堂一个会议室给我授予聘书。

1996 年，在温州市开放型经济工作会上讲话，左二为作者

5.2.2.3 浙江女企业家的逆向思维

1997 年，我应邀到浙江省诸暨市，为浙江女企业家协会作中国“入世”谈判报告。协会会长向我介绍，进入协会的上百名会员都是资产上千万的企业家。午饭时，见到的女企业家多在 30 岁左右，都很干练，谈吐不凡。

我与她们交谈，问她们的经营理念。她们笑着说：“听你的口音，不是标准的北京话，有些唐山口音。”我说是 1949 年从河北迁安到北京上学，又一直在北京教书。

她们又问：“在北京见到过这么多女企业家吗？”我说，没有。我问她们事业成功的原因。她们有些戏谑地说，她们发财致富的根本原因是思考国家政策变化、经营理念与北方企业家不同。“你们北方的企业家受计划经济思想约束，国家让你们干什么，企业家就干什么，听话，不敢越雷池一步。我们这些女企业家的经营理念，是国家没有规定我们干什么，我们就干什么，没有条条框框，在市场开拓方面先走一步，商机多，竞争者少。当然，风险也多！”为求企业发展、减少风险，她们密切关注和研究国家的经济发展政策，从中寻找商机。

她们的话让我深思，我深受启发，联想起温州弹棉絮老乡成为纽扣企业家的趣事，感到南方企业家比北方企业家脑子灵活，具有逆向思维。

此后，我在回校讲授经贸研究与论文写作课程时，把顺向思维与逆向思维结合在一起，作为一种研究思维方式推出，并顺便讲出这个趣事。

5.2.2.4 为甘肃干部培训班空口讲课

1998 年 4 月底，我应甘肃省经贸厅邀请，前往兰州为省经贸厅干部、经贸企业高管培训班作中国加入 WTO 报告。在北京首都国际机场，我为行动便捷，将讲稿等装入拉杆行李箱，准备随我进入机舱。

在排队等候安检时，工作人员告我的拉杆箱超长，必须托运。我只好再办托运手续，带着机票、身份证只身登机。

晚 8 时多，飞机抵达兰州机场，我前往托运行李箱转台取我的拉杆箱。等到最后，也未见到我的拉杆箱。我急告接机者此事，他们进场帮我进行查找，也没有；又与机场联系，告知该班机已回飞北京。

我只好与接机者前往市内接待宾馆。到达宾馆后，接待领导知道此事，急告上级寻求解决办法。上级与北京机场联系，查问此事。近午夜，北京机场告知，该拉杆箱漏装，根本没有装到飞机上，仍留在北京机场。

他们问“明日上午能否由其他来兰州的班机带来”，告“当天只有与今天来兰州的同一个航班”。因此，该拉杆箱只有“明天晚上由同一班机带到兰州”。

经贸委领导与我商量，可否改在后天进行讲课。我告他们，后天将去西宁为青海省经贸干部讲课，日程已经定下，讲课通知已经发出，不好更改。最后，我决定照讲不误，希望他们准备一个大黑板和粉笔。他们见我态度毅然，答应下来。

这种事，我是第一次碰到。我要换的衣物以及讲稿、眼镜、刮胡刀等都在拉杆箱内。午夜，我洗漱以后，无内衣可换，就卧床休息。第二天上午，穿来时的服装上课。

讲课教室位于黄河南岸的高原上。讲桌上没有讲稿、眼镜，只有水杯。主持人经贸委张副主任致辞，特别讲了拉杆箱托运未到的憾事。听课者带着惊奇，鼓掌欢迎我按时讲课。我就空口开讲，边讲边在黑板上写出大小题目。听课者有些惊喜，神情专注。

讲后不久，天昏暗起来。只见窗外宽阔的黄河滩内，从西而东，滚滚黄沙漫天而来，吞没黄河大桥。霎时，我们的教室外被黄浑的沙暴包围，教室周围景色隐没，教室内非常昏暗，只好开灯。

我的讲课，被迫暂停。听课的干部很镇静，他们说习以为常，每年春天都要出现几次沙尘暴。

半个小时后，沙尘暴离去。教室内桌上、地上，我的衣服上，留下稀疏的沙尘粒。我的嘴内出现异物，感到不畅，嗓子有些发痒。北京的春天，有时也有沙尘暴，但比起兰州的沙尘暴可谓“小巫见大巫”。

讲座受到听众欢迎，夸我 60 来岁，站着空口不打蹦地讲这么长时间，真有功夫。他们说，以往有的老师讲课是照着屏幕上讲。我笑着告诉他们，有些年轻老师问我讲好课的真经，我说，没有电脑、不打屏幕、不看讲稿、空口能讲随选的一堂课，才是真正掌握了课程，这也是老师的基本功之一。

5.2.2.5 突发事件后，中美“入世”谈判预断

1999 年 5 月 16 日，我应邀到中央党校，为地方党校校长班讲解“入世”谈判进展。讲完，一些校长要我谈谈中国加入 WTO 与美国谈判的前景。

这是个敏感的话题。因为 5 月 8 日，以美国为首的北约用导弹炸了中国驻南斯拉夫大使馆，炸死了几位使馆人员和新闻记者，中国社会各界反应强烈，本来要举行的中美政府就中国加入 WTO 谈判相应中断。

回答校长提问时，我认为它会严重影响中国“入世”与美国的谈判。但我分析，8 月份以后，可能出现转机。此话一出，提问的校长马上回应说：“薛教授，你太乐观了。昨天下午，中央党校教务长传达了江泽民总书记的讲话，说中国‘入世’谈了 13 年，现在进不去，我们还可以再等 13 年!”

我反问这位校长，江总书记有没有讲中国不再加入 WTO？他说，传达中没有这么说。我接着说，江总书记的话，说明中国对加入 WTO 是非常执着，现在进不去，我们还可以再等 13 年。那么，在此以前，如果有机会的话，中国是不是一定要再等 13 年呢？我认为，不会。因为第三代中央领导集体，在邓小平理论指导下，经过锤炼，已具有驾驭国际问题的能力，将会创造各种条件，排除因突发事件对中国“入世”谈判进程构成的干扰。

我认为，在中国加入 WTO 问题上，中国和美国的战略利益将有利于突发事件的早日解决。8 月中旬以后，亚太经济合作组织要在新西兰奥克兰举行会议，中国国家主席江泽民和美国总统克林顿都要参加这次会议。而中国和美国从各自的战略出发，都把 1999 年作为中国加入 WTO 谈判的“战略”年。双方领导人都会抓住这次与会机会，妥善处理突发事件，为早日恢复中美双边加入 WTO 创造条件。如果这次机会丢掉，会使中美关系更加恶化，谈判时间再次拉长，但这是双方都有顾忌的。

因此，我判断，这次会议后，轰炸中国驻南斯拉夫大使馆的严重事件会得到基本解决，中国加入 WTO 的双边谈判可能会重新启动。

时值 5 月 8 日后的一个星期，而且中央党校教务长的传达言犹在耳，我的回答只是

一家之言而已，判断是否有理，只好由实践来检验了。

1999 年 8 月底，在亚太经济合作组织于新西兰奥克兰举行的会议上，中美两国领导人晤面。鉴于美国在炸大使馆后，克林顿总统声称是“误炸”，连续道歉并作出赔偿的允诺，突发事件基本得到解决，中美双方决定重启双边“入世”谈判。

这条新闻在中央电视台播出后，我就接到 5 月 16 日就此事件提问的地方党校校长的电话，说争论有了结果，对我的判断表示钦佩，并邀请我为他们党校的学员讲中国加入 WTO 谈判的专题讲座。此后，要我讲中国“入世”谈判的地方党校空前增多。

5.2.2.6 “入世”不是“狼来了”

2001 年 5 月 8 日，中联部在南京举办“世界华商大会”，国务院总理朱镕基到会讲话。中央电视台为配合此次盛会，制作特别节目——“世界华商论坛”。

论坛邀请境内外的 12 位著名企业家和研究华商的专家学者，作为论坛主要嘉宾。前者有柳传志、尹明善、刘永好、李宁等，后者包括我和来自香港的梁振英以及科技大学的李教授等。我们坐在主台的两边。主台下的参会台上，坐满来自清华大学、北京大学、中国人民大学、北方交通大学（今北京交通大学）和我校的学生。

论坛采取问答和评论的形式。被邀请的华商精英各展风采，动情地讲述他们的创业故事。在电视台主持人把话题引向“新世纪下华商面临的机遇和挑战”时，自然离不开中国加入 WTO 后的机遇和挑战。主持人在导语中，认为中国加入 WTO 是“狼来了”，中国企业家要学会“与狼共舞”。一些企业家就此激情表态，然后，主持人要我们进行点评。

轮到我评论时，我认为，中国加入 WTO，不是“狼来了”，而是中国大发展的机遇来了。对中国企业来说，不是“狼来了”，而是竞争和合作的伙伴来了！我的理由如下。

第一，WTO 本身不是“狼”，而是发展世界贸易的国际经济组织。第二，中国加入 WTO 后，对外开放加大，市场经济体制会进一步发展和完善，将力促中国的经济发展。第三，中国加入 WTO 后，更多的外资来到中国，带来先进的技术、管理经验。它们与中国本土企业既竞争又合作。如果把它们比作“狼”，那是打狼的问题，因为狼的本性不会改变。第四，把中国加入 WTO 说是“狼来了”，会带来误解。它会贬低 WTO 的作用，扭曲中国加入 WTO 的意义，使中国企业失去与外来企业之间建立正常竞争与合作的基础。因此，我反对把中国加入 WTO 认为是“狼来了”的表述。

主持人愣神后，表示赞同我的观点。论坛结束，柳传志跑来跟我说，他赞同我的看法。过去，他也认为中国加入 WTO 是“狼来了”，有抵触和畏惧的心理。经我“点拨”，他豁然开朗，改变了原来的看法。

5.2.2.7 主动请缨赴西藏为高级班讲课

2000 年 8 月 31 日，学校开学。我前往学校博学楼办公室，在电梯恰遇国际经贸学院院长林桂军。他请我到他办公室交谈，说外经贸部 9 月初有个去西藏自治区讲 WTO 的任务，问我是否有意去。我当即表示，愿意去。理由是我一直向往去西藏，且正在为参加 10 月份在四川成都举行的“中国西部论坛”撰写《中国加入 WTO 与中国西部大开发战略》的文章。借此机会，也可收集一些实际材料。

林院长担心我年事已高，可能出现高原反应，身体吃不消；说有次他开会见到社科院的董辅礽教授，董告他不久前去了西藏，出现高原反应，得了感冒，转成肺气肿，还住了医院。

我表示，经过 1976 年唐山大地震的洗礼，无所谓了。9 月初，我还要与董教授去新疆乌鲁木齐参加乌洽会，借机向他求教到西藏后的保健方法。然后我们一起去南疆考察，也可借机锻炼对高原反应的适应能力。

林院长见我十分坚定、信心十足，当即打电话给校办主任刘园，告知我的态度。她马上转告外经贸部，外经贸部相关负责人非常高兴我能前往。

事后，刘园告我，部里希望我去，但考虑我年事已高、不能勉强，就托林桂军采用透露消息的方法，看我态度再定。

这样，我就参加了外经贸部赴藏讲学团。参加该讲学团的还有我校的老师范黎波、王智慧和苏号朋。讲学团里，我成为年龄最高的成员。

2000 年 9 月 3 日，在外经贸部带队者谷军处长率领下，我们讲学团离京到成都，从成都转机到西藏拉萨贡嘎机场。

飞机上，谷军交我一份“进藏注意事项”。第一，进藏前切勿感冒，如已感冒，要治愈后方能进藏。第二，进藏前一天，要注意休息，勿疲劳过度。第三，进藏前和进藏过程中服用“红景天胶囊”，以增加高原缺氧抵抗力。第四，在藏工作过程中，适当放慢工作节奏，行走和说话速度放慢一些。第五，进藏头三天，出现头疼、胸闷、睡眠不足、不思饮食、体温略升高、心跳加快等均属正常现象，注意多饮水或适当饮用一点去疼片、复方丹参滴丸即可。第六，进藏头三天，切勿洗澡，以免感冒或因缺氧造成不适。第七，不管感觉冷热如何，均适当多穿一点衣服。第八，如感觉心脏不适，请尽快找大夫诊治。

在贡嘎机场下飞机后，我有些头脑发胀，走路出现轻飘飘的感觉。在机场接待室，我们接受自治区外经贸厅薛副局长等献上的雪白哈达，坐上三菱越野车，服下“红景天胶囊”，前往拉萨。

我们抵达拉萨，住进新世纪宾馆。我头有点晕，走路发飘。第一次进藏，我有些激动，就独自到附近新华书店选购有关介绍拉萨旅游景区的书籍，到布达拉宫前广场游览、留影。

前三天，我与同来的部里和学校年轻人相比，高原反应较轻，自我感觉不错。但还是遇到了身体不适的麻烦。

9 月 16 日下午，游完大昭寺，转游八廓街；近 7 时，逐渐感到腹内不适，急与随行的藏族平罗布大夫赶回宾馆，连续腹泻。诊断后，他说，可能午餐食品油腻过多，不适应引起。

根据以往的经验，我采取饥饿疗法，不吃晚饭。晚间，又泻了几次，还有点发烧。在大夫精心看护下，腹泻停止，吃了药。近凌晨 4 时，病情好转，睡到天明。17 日上午，与大家一起游览罗布林卡（拉萨的颐和园），一天三顿饭吃素食。18 日，按预定计划，为西藏自治区外经贸企业党政干部第一把手，整天作了包括 WTO 内容的国际经贸讲演。

19 日，我离开拉萨，乘飞机经成都前往山东省青岛市，参加由中联部举办的“2000 年世界华人论坛”。在论坛上，我做了中国“入世”前景展望的讲演。

论坛中，我结识了在美的华人著名学者赵寿生教授、国际知名人士陈香梅女士。当

2000 年，西藏授课后作者游八廓街

他们知道我从西藏赶来参加此次论坛，要我谈谈在西藏的见闻。

我畅谈了参观西藏博物馆、游览山南班禅最初宫殿——雍布拉康、著名的昌珠寺以及拉萨的布达拉宫、大昭寺、小昭寺和拉萨市区的感受，体会到藏族佛教文化的博大精深、西藏与内地关系的源远流长、西藏经济发展的巨大变化等。他们听后为之动容，表达了会后前往西藏游览的兴趣。

5.2.2.8 为义乌小商品市场振奋

2001 年 10 月中旬，我接到义乌市政府邀请函，要我参加“第七届中国小商品博览会高层产业论坛”，让我主讲的题目是“中国小商品市场如何应对‘入世’”。

从北京飞往萧山机场的飞机上，见到乘客中，有许多来自中东国家的人。经过交谈，知道他们是前往义务采购小商品的商人。他们说，义乌小商品多，适用，价格便宜。

抵达萧山机场，乘论坛主办者车来到义乌。在宾馆下榻后，我向会议接待者提出先到小商品市场观览，使翌日发言更有针对性。他们接受我的要求，当即派车前往小商品市场。路上街道比较整洁，行人衣着比较时髦。接待者讲述了义乌小商品市场的发展历史，我知道义乌小商品市场从“鸡毛换糖”到“世界超市”的艰辛历程。

因时间有限，我只好走马观花地观览了一些小商品市场的摊位。摊主多是 30 岁左右的男女，显现出精干、充满朝气的神态。我在市场熙熙攘攘的人群里穿梭，见到不少面色黝黑的中东国家商人，眼花缭乱地品赏琳琅满目的小商品。我为售货者的和蔼、快速、麻利的交易方式惊叹。我是大开眼界，为之赞叹，还顺便买了十条领带。回到宾馆，晚饭后寻找有关书籍浏览，了解义务小商品市场的情况。

在翌日上午“第七届中国小商品博览会高层产业论坛”上，我谈了观感。我认为小商品市场品类多，与日常生活密切，可近前观赏或触摸，价格低廉，现场议价，交易方式灵活，富有吸引力和竞争力，有利于中国乡镇企业的发展。中国“入世”后，对外开放加大，发展机遇更多，市场可能从发展中国家向发达国家扩展。

在会上，我也提出进一步发展建议：整修摊位，重视商品质量和规范；加大商品的书面介绍；为采购小商品的顾客开座谈会，听取他们的意见和希望；组建商会，到国外了解市场情况，加强市场规范营销行为，构建产业群；有条件的销售商，学会一些外语，掌握电子商务等。

在会上，我也了解到义乌市商品销售者和制造者的一些新鲜事，如农村小商品制造者为专事经营小商品，将自己的土地出租或雇人耕种。随着小商品市场的发展，义乌市水资源出现短缺，政府就从河流上游购买计划以外的用水等。

5.2.2.9 从论坛主讲中认识华为

华为技术有限公司通过中国 WTO 研究会，邀我 6 月 23 日前往深圳，参与该公司举办的“2017 年贸易品牌论坛”。

论坛主办单位是华为技术有限公司贸易便利化及市场准入部；支持单位是深圳市公平贸易促进署。论坛主题是“拥抱 2017——贸易便利化、贸易规则化，助力华为全球化发展”。要我主讲的题目是“用贸易规则的确定性来应对贸易风险和不确定性”。

2017 年 6 月 22 日下午，我与中国 WTO 研究会研究部副主任杨凤鸣等前往深圳。6 月 23 日晨 8 时，我们乘车前往华为总部，参加 9 点开始的论坛。我就主讲题目进行了系统的论述。

论坛前后，我通过亲眼观察，初步认识了华为。

进入华为总部大院，见到迎面黄色的座碑，上刻八个大字：大胜基德，小胜靠智。院内建筑十分典雅，与周围繁茂的林木花草绿地、池塘交相辉映。

在华为 F1 展厅，见到展品的介绍、标语几乎都是英文，展品都是最新推出的产品。我知道，华为已走在中国和世界同行业的前沿。

午饭就餐前，我去洗手间，发现内部摆着鲜花、各种化妆品、供吸烟者使用的大号火柴盒。饭后，我向接待者胡正国索要体现华为经营理念的著述。

晚宴后，他送来几本书：黄卫伟主编的《以客户为中心——华为公司业务管理纲要》，2016 年 7 月由中信出集团出版；田涛、吴春波著《下一个倒下的会不会是华为——故事、哲学与华为的兴衰逻辑》，2015 年 12 月由中信出版集团出版；《华为有限公司 2015 年度报告》等。

6 月 24 日 5 时多起床后，我急速阅读这几本书，摘取了以下内容。

华为是谁?

华为是全球领先的信息和通信技术（ICT）解决方案供应商，专注于 ICT 领域，坚持稳健经营、持续创新、开放合作，在信息运营商、企业、终端和云计算等领域构筑了端到端的解决方案优势，为运营商客户、企业客户和消费者提供有竞争力的 ICT 解决方案、产品和服务，并致力于能使未来信息社会、构建更美好的全联接世界。目前，华为有 17 万多名员工，业务遍及全球 170 多个国家和地区，服务全世界三分之一以上的人口。

华为坚持什么?

华为十几万人，28 年坚持聚焦在主航道，抵制一切诱惑；坚持不走捷径，拒绝机会主义，踏踏实实，长期投入，厚积薄发；坚持以客户为中心，以奋斗者为本，长期艰苦奋斗，自我批判。

华为总裁任正非的警句：

抓主要矛盾，要加强对共性化的东西的归纳和规范。

要用“欧美砖”来建一座万里长城。
坚定不移地把西方公司科学的管理体系在华为落地。
开放、妥协的关键是如何掌握好灰度。
用规则的确定来应对市场的不确定。
不断地总结经验、有所发现、有所创造，有所前进。
以邻为鉴：华为不能在舒服中死去。
开放是一门思想艺术。
萧规曹随：保守是个好东西。

论坛结束后参观华为展厅合影，前排左六为作者

5.3 参加会议

这里的会议是指与多边贸易体制相关的学术会议，不是行政、评选和事务性会议。

参会是我进行研究的一个重要方法和手段。我从事 GATT/WTO 研究中，参加过众多的境内外、国内外的学术会议。这些学术会议，少数是由国际组织或中央和地方政府举办，多数是由学术团体、企业组织、高校和出版社举办。有的会议是单独、偶尔举行，并非常态；有的会议是例会，隔时定期举行。参会时，我的身份不一，有时是主讲之一，有时作为听众。

5.3.1 参会目的

第一，了解国内外学术界对 GATT/WTO 研究的情况。

第二，了解参会者对中国进入 GATT/WTO 的态度、纠结和期待。

第三，了解参会者对中国与 WTO 成员贸易争端原因的分析、化解的建议。

第四，分享参会者的研究成果和著述。

第五，获取会议资料。

5.3.2 参会措施

第一，做好会前准备。为此，我首先要了解会议的举办方、背景、主题，谁来参加会议，主讲者是谁。如果我是讲者之一，务要做好准备。

第二，全程参加会议。保证从始至终参加会议。如果本人是主讲者之一，绝不未讲完就离开会场。

第三，认真听取发言，边听边记。

第四，如有交流机会，争取发言交流。

第五，物色会后进一步深入交流的对象。

第六，会后认真研读会议的全面速记。

第七，会后及时写出参会心得、笔记或相关文章。

5.3.3 参会类型

5.3.3.1 国际学术会议

20 世纪 90 年代后，我相继参加了与中国“复关”“入世”有关的国内、国际和境外学术会议。国外有美国（纽约）、日本（东京）、韩国（首尔）、比利时（布鲁塞尔）、瑞士（日内瓦），越南（河内）等的学术会议；中国与中国台北作为 WTO 成员的经贸投资关系的学术会议；在北京、天津、上海、青岛、深圳、长沙、杭州、广州等举行的会议，如青岛的“2000 年世界华人论坛”，北京的 APEC（亚太经合组织）电子商务高层论坛等。

5.3.3.2 内部会议

外交部、商务部、国务院关税委员会、中国汽车协会、北京市经贸委以及中南海小型会议等。

5.3.3.2.1 中国国际经济关系研究会会议

我是中国国际经济关系学会常务理事，该组织的会议我都要参加。

中国国际经济关系学会成立于 1979 年 7 月，是中国唯一从事国际经济关系研究的全国性学术团体，全国政协原副主席陈元曾担任学会会长，原国务委员兼中国人民银行行长陈慕华、原国务院国际问题研究中心总干事宦乡，海协会原会长汪道涵曾担任名誉会长。学会的主管单位是中国人民银行。学会由我国从事世界经济、对外贸易、国际金融、国际经济合作研究的官员、学者、知名人士、知名教授和机构团体组成，就国际经济关系及其相关领域的历史、现状及发展趋势，开展学术理论研究、交流研究成果、提出政策性建议并组织对外学术交流，以推动本学科的研究工作。

该会有年会和定期例会，WTO 是其研究内容之一。该会在 2006 年学术年会上，专门研讨“WTO 过渡期后的中国对外经济关系”。

5.3.3.2.2 中国 WTO 研究会会议

从 2001 年中国 WTO 研究会成立起，我就一直担任副会长、特聘副会长，一直坚持参加其各种重要会议。

中国 WTO 研究会举行的会议，通常有四类：一是接待 WTO 总干事、知名专家和学者来会进行讲演和交流的会议，二是商务部等内外领导通报重要会议内容的会议，三是少数人参加的专项研究对策的会议，四是 WTO 研究会内顾问委员会会议。这些会议我都要参加，但有所不同。前二者一般是先见面，再听会和交流。后两种会，一般我都要发言，然后进行充分交流。

孙振宇会长（右）为作者颁发聘书

2017 年 4 月，从左至右依次为宫和平、霍建国、陈鹏、张向晨、作者、孙振宇、王成安、尚明

2018 年 5 月，易小准副总干事（左四）到访 WTO 研究会，左一为霍建国，左二为孙振宇，左三为作者，右二为陈鹏，右一为王成安

5.3.4 重要会议留记

我参加国内外有关 WTO 问题的会议众多，值得留记的会议如后。

5.3.4.1 1997 年香港："中国投资策略研讨会"—— 香港工商界关心中国"入世"

前　言

我于 1997 年 12 月 19 日应邀在香港参加"中国投资策略研讨会"。研讨会由瑞安经管中心和香港科技大学筹办，700 多名来自香港、内地和海外的学术界与商界人士出席了研讨会。

与会者围绕中国的国企改革、金融改革、经济发展、中国与 WTO、投资中国策略和中国的经理人才资源管理进行研讨。被研讨会邀请的讲演者有 20 位。其中，来自内地的有三位，除我，还有全国人大常委会委员董辅礽教授、南京大学教授赵曙明和北京大学教授林毅夫，其余都是香港本地和欧美知名的政府人士、学者和企业家。香港对研讨会十分重视，新闻媒体进行了大量报道。研讨会在香港会议展览中心举行，香港特首董建华率高官出席研讨会并与主讲者合影。

会后，我归纳出研讨会对香港与内地经贸"热点"问题的思考与建议。

第一，中国在党的十五大以后，形成了新的改革开放格局，对香港到内地投资提供更多机遇的同时，也提出了新的挑战。其机遇来自：香港在内地对海外资金和技术需求不断扩大中，其国际金融中心地位的作用可以得到充分发挥、巩固和加强；内地经济持续高速的发展带来对外贸易的较快增长，使香港国际航运和空运中心地位得到巩固；随着内地逐步形成统一开放、有序竞争的市场体系和内地投资软环境向国际标准的迈进，对于熟悉市场经济运作、有意到内地投资的香港投资者是良好的机遇；内地逐步形成七个跨省市区的经济区域，在推动和加快资金和技术向中西部地区引进的情况下，香港在资金、管理经验、海外市场信息和市场网络方面的优势可以大大弥补这些地区的不足。其挑战来自：国家对进入内地的资金，提出要有更多高科技含量的要求；国家产业结构将从低级产业转向中高级产业，从以劳动密集型为主转向以资本密集型和技术密集型为主；随着内地开放水平的提高和逐步对海外投资者实行国民待遇，使以原借助税收和优惠政策提高资金回报率的港商受到挑战。

第二，东南亚地区的金融风暴和亚洲几个国家货币大幅度的贬值将不可避免地对香港和内地的出口产生负面影响，但影响的程度在 1998 年内估计不会太大。其理由是：在未来的几个月内，货币大幅度贬值国家的很多企业将被迫降低成本和减少债务以图生存。在一段时间内，这些国家利率将维持高企，资金供应紧张；香港和内地的产品构成与这些亚洲国家的产品构成之间存在一定的差异，因而，有些产品（如电子和电机产品）将面临更激烈的竞争，但其他产品（如纺织品和服装、钟表、玩具等）受到的影响则较小；香港和内地较坚挺的货币也将使进口货物价格降低，有利于物价的稳定，减少消费者的开支；但是，香港在亚洲几个国家货币大幅贬值下要恢复原本的竞争力，估计需时 18 个月或更长的时间。

第三，亚洲金融风暴对中国有启示作用。它包括：经济发展不能单单追求速度，更要重视体制改革；避免过分投资，形成泡沫经济；注意流通账户的平衡，不要出现太大的赤字；银行是经济的吸震器，必须有完善的银行体系、实力雄厚和管理完善的银行；要适当利用外资。就此，对内地提出如下建议。

1. 中国有必要考虑政府、银行及企业间的相互关系。发达国家的经济特点是政府、银行及企业之间是相对独立的。银行授信的考虑以商业角度为主。韩国和泰国则不然，因而成为导致金融风暴的根源之一。中国的银行改革最重要的内容之一是国企改革。银行不少的贷款是给予国企的，但其中不少贷款变成了呆坏账，这对银行的稳定性很有影响；日后要逐渐减少政府对银行授信的指引，政策性贷款不应由商业银行负责；应鼓励成立地区性的商业银行，以促进竞争。

2. 适当的利用外资。外资对发展经济是很有效的工具，但要认识其两面性；要小心处理外债。外债包括国家借款，亦包括企业在国内及国外分支机构的借款，监管和报告时要一并考虑。在开放市场时，要充分考虑金融、产品及劳工三个市场之间的配套。在对外开放时，产品和劳工市场的开放可快于金融市场。政府对衍生金融工具要加强监管。中国今后吸收外资仍应以直接投资为主，但对房地产的投资速度要注意。在人民币全面自由兑换前，应完全解决金融机构监管制度现代化、专业银行商业化、国企改革状况等，并有一段时期验证金融政策独立及有效性。

3. 国内金融改革，可尽量利用香港“一国两制”的优势。内地机构可通过与香港方面的交流、研究、互访，吸取香港在银行、证券、经营和监管方面的经验。在吸引外资方面，除了直接投资，还可透过在香港上市，吸收资金。但随着更多内地公司在香港上市，资金主要用于内地，而大部分投资者为国外机构投资者。在香港上市之 H 股是否应以港元挂牌及对港币汇率会否构成压力，应认真研究。

4. 目前，使内地房地产市场健康发展的关键是明晰土地产权关系，实行房地产权登记制。

第四，中国加入 WTO 为期不远（预计为 1998 年），香港工商界应做好充分准备。

1. 中国“入世”后，将享有与世界 130 多个国家和地区进行公平竞争和免受歧视双边贸易的权利，使中国在全球自由贸易中的参与程度提高，与世界不同国家和地区在各种经济领域中的合作与竞争加强。

2. 中国“入世”为香港带来许多利益。届时，香港的每年贸易额会上升两成；同时，亦会提供 12 万个有关的就业机会，香港在内地工作的人士将在现在 10 万人的基础上继续增加；可利用加入世界贸易组织的有利条件，推动香港产业升级。

3. 中国“入世”对香港构成的挑战。中国加入世界贸易组织后，对本地商人及外资将一视同仁，使港商面临激烈的竞争。届时，香港工业界借助内地的优势将随之下降。

4. 香港的对策。香港厂家应转向内销市场；联合内地及海外投资者，作跨地式合作（中国提供人力、土地，海外合作者供给有关技术，港方提供资金）以赢取市场。迅速发展高科技、高增值的产品。为此，要加强相关方面的专业教育、推动工厂大学概念和成立科技园。香港高官和贸发局在 1998 年内将前往日美欧，做拓宽市场活动。贸发局在岛内外“八大主题”方面进行推广，包括香港的金融中心、娱乐产品发行中心、基建配套安排中心、设计及市务推广中心、专利授权及采购中心、通信枢纽及后勤服务中心等。该局将举办 40 多个展览及考察来推广这些主题。

第五，按党的“十五大”精神，准予非国有企业改制上市。中共十五大提出“非公有制经济是社会主义市场经济的重要组成部分”，“多种所有制经济共同发展”。按照这种精神，对限制非公有制企业改组为股份有限公司并限制其股票上市的政策就必须进行相应的调整。应该说，让非公有制企业改组成股份有限公司并让其股票上市，不仅对发展市场经济有好处，而且对发展证券市场也有好处。因为内地已有一批规模较大、经营状况良好的民营企业，其运作符合市场经济的规范，改组成股份有限公司并且上市，将一方面增强证券市场的竞争，另一方面也可推动由国有企业改组而成的上市公司的进一

1997 年 12 月，作者在香港“中国投资策略研讨会”上演讲

会后合影，左一为董辅礽，左二为作者，左三为董建华，右一为林毅夫

步改革。因为有些国有企业改组为上市公司后，其内部管理体制并没有根本变化，甚至连“政企不分”的问题也没有解决。如果有更多的民营企业改组为上市公司，在市场竞争作用下，情况将会改变。此外，为了保证证券市场的健康发展，目前制定和实施《证券法》是非常必要和迫切的。

5.3.4.2 1999 年美国哥伦比亚大学国际会议：关注中国“入世”后的深层次问题

为配合朱镕基总理 1999 年 4 月访问美国，就中国加入 WTO 进行双边谈判，美国哥伦比亚大学于 1999 年 4 月 9 日举行“中国加入 WTO：对美国、日本和世界的影响”的国际学术研讨会。

我和其他 19 位来自美国、中国、日本和韩国的研究 WTO 的学者、专家、教授被邀请在研讨会上发言。其中，有国际著名的国际经济、政治教授巴格瓦蒂（Jagdish Bhagwati），国际知名的国际法教授杰克逊（John Jackson）等。参加研讨会的听众有 100 多人，他们来自世界各国和地区的学术界、企业界和研究机构，中国驻联合国代表团也派人参加了会议。这次会议令我难忘，触动很大。

那还是 1998 年底，美国哥伦比亚大学来人，邀我参加此次会议。我提交了《中国加入 WTO：现状与前景》的英文书写的论文。1999 年 3 月底，我奉命带领我校和上海外贸学院四位年轻教师前往澳大利亚首都堪培拉，与澳大利亚国际大学共同编著 WTO 培训教材。我通过中国驻澳大利亚大使馆与哥伦比亚大学联系参会事宜。

4 月 7 日，中国驻澳大利亚大使馆派车送我前往机场。在车上，大使馆小刘交我前一天收到的会议电传，告我会议日程，并要我在会上就“中国现行的社会政治观念与 WTO 基本规则的关系”问题进行演讲。小刘特意指出，演讲重点是“中国现行的社会政治价值观念与 WTO 的基本原则，是冲突的还是吻合的”。

对这个主讲题目，我真的有些犯难。在以往的研究中，我一直把 WTO 与中国经贸的发展作为重点，从未触及中国现行的社会政治价值观念与 WTO 基本原则的相互联系。

从悉尼到纽约的飞机上，我冥思苦想，想理出个头绪；同时，也想与参加会议的被邀请的中国其他人士换换题目。

到了纽约，在饭店下榻后，应邀晚上到哥伦比亚大学国际知名教授巴格瓦蒂家里参加家宴。在家宴上，研讨会主持人、哥伦比亚大学法学院院长杰·思诺女士特意告我，被邀参会的还有中国“入世”首席谈判代表龙永图和中国证监会的高西庆教授。不巧，前者正随朱镕基总理在美国进行中国加入 WTO 的双边谈判，不能前来参会；后者因病住院，也来不了。故从中国来参加研讨会的，就剩我一个。她还强调我讲的题目不变，因为很多人关注这个问题。我想换人和改变演讲主题的想法落空，可谓是逼上梁山。

回到饭店，我静下心来，加上时差未倒过来，借助平时对中国社会政治等问题的关注，加以深思。第二天早晨，总算理出个头绪，写出 20 分钟的英文发言细纲。

在研讨会上，从以下方面论述我的题目。第一，改革开放以前，中国社会和政治价值观念是以阶级斗争为纲；改革开放以来，中国社会和政治价值观念转向发展经济。就此而言，中国正在形成新的社会和政治价值观念。第二，不可否认，中国原有的社会和政治价值观念与 WTO 基本原则是有不吻合的地方，目前正在就此改革，但它们不是中国社会和政治价值观念的主流。第三，在经济发展上，根据中国的历史教训，1992 年春，中国改革开放总设计师邓小平先生提出中国建立社会主义市场经济体制的理论，并为中共十四大接受。搞计划经济，中国有一套办法；搞市场经济，中国可是个新手。第四，为了建立和发展市场经济，中国国内加大改革力度；对外扩大开放度，向已有的市场经济国家学习和借鉴。而 WTO 的基本原则体现了市场经济的真谛。中国加入 WTO，给了中国学习市场经济发展的机会。以此而言，希望关心中国经济发展的国家推动中国加入 WTO，而不要设置障碍。第五，在新的社会和政治观念形成中，中国一方面要虚心向市场经济发达国家学习理念、法律和规则等。另一方面，还要把中国几千年来良好的社会价值观念继承并发扬光大，克服现有市场经济的弊端，形成更高层次的社会和政治价值观念。第六，中国正在形成的更高层次的社会和政治价值观念，将涵容 WTO 规则而不是排斥市场经济规则，二者不会冲突和抵触。第七，中国加入 WTO，将会加速中国新型的社会和政治价值观念的形成，提升世界已有的社会和政治价值观念。

我的论述，得到与会者的肯定和掌声。会议主持者杰·思诺女士总结时说，我的讲演消除了误解，他们将努力推动中国加入 WTO 的谈判获得成功。

研讨会中间休息时，中国驻联合国代表团几位成员从后排过来向我表示祝贺，并坦言相告“开始，一听要讲这个题目，他们捏了一把汗”。讲后，认为讲得成功，把中国社会和政治价值观念的形成与中国加入 WTO 结合得好，在一定程度上消除了误解；同时，也讲出了中国形成的社会和政治价值观念的特色。

这次被“逼”改变发言题目以后，使我对中国加入 WTO 的意义有了深层次的认知。回国后，把这次会议作了综述，向中国政府有关方面提出“入世”决策研究的十一条建议，并撰写出《“入世”在中国社会主义市场经济文化形成与发展中的作用》的论文。中国主管文化的部门要我与他们进行交流，并刊出该文。

会后，我写出如下的感受与建议。

第一，在中国加入 WTO 问题上，国际学术界研究的重点已转向中国加入 WTO 以后的作用与影响问题，开始研究“入世”后的中国。

第二，对中国“入世”后的研究重点是：经济贸易政治体制与 WTO 相容与相斥；寻找影响中国“入世”和全面履行义务的关键；发达成员以何种办法与措施抑制与约束“入世”后的中国。

第三，WTO 中的发达成员，如美国、日本等，将把“入世”后的中国作为一个主要的竞争对手。因此，中国“入世”后，将会在 WTO 范围内与主要发达成员展开新的竞争。

第四，在对 WTO 研究中，应把法律与贸易密切地结合在一起。

我对中国“入世”决策与研究的建议。

第一，中国决策层和企业应再加强对中国“入世”必要性的认识。在 21 世纪初叶，中国面临知识经济和经济全球化的双重挑战。加入 WTO，深入参与国际分工，可以分享知识经济和经济全球化带来的效率收益，它意味着为中国经济发展提供了巨大的机遇，但同时也面临经济调整和市场波动的风险。诚然，它是中国经济发展的必然过程，是大势所趋。

第二，国内对 WTO 的研究重点，应从“入世”的利弊讨论，转向“入世”后机遇的利用与挑战的对策研究。

第三，对 WTO 的研究，从以部门研究为主，转向独立研究机构、学术团体研究为主，克服部门研究中的主观成分。其前提是加强 WTO 和对外谈判有关信息的透明度。建议成立全国性的面向社会的 WTO 信息库。

第四，对我国“入世”的机遇与挑战，加强定量方面的研究。

第五，在国务院层次上，成立涉及 WTO 协议与协定内容的审查组，对将出台的规定内容进行审查，删除与 WTO 有关规定抵触的部分，以免授人以柄。

1999 年，作者就“中国加入 WTO：对美国、日本和世界的影响”发表演讲

第六，在短期内，迅速整理出 WTO 已有协议与协定中对企业有用的保护措施。我国现有的法规与 WTO 相关法规的抵触部分，尽速予以修订。

第七，由外经贸部牵头，会同有关 WTO 的研究学术团体，编写《世界贸易组织知识读本》，举办 WTO 的讲座和培训班，分别向领导干部、企业经理等普及 WTO 方面的知识。

第八，以 WTO 研究方面的学术团体为主，有计划地举行精干的国际研讨会，就一些问题进行专门和深入的研讨。

第九，把 WTO 方面的内容纳入对外经贸教育的课程体系。

第十，鼓励对 WTO 有研究和教育能力的高校，定向培养少量的专家型 WTO 方面的人才，以解决中国“入世”后对此方面人才的需求。

第十一，在国内媒体中，要实事求是地宣讲 WTO 和中国“入世”后的机遇与挑战，不要一面倒。

5.3.4.3 2001 年山东省“加入 WTO 前景与应对”大会

应山东省政府邀请，中国 WTO 研究会与山东省政府联合举办“中国‘入世’前景与应对”大会。会议于 2001 年 8 月 31 日举行一天。以省委书记吴官正为首的党政领导和地区级领导干部以及企业高管人员出席大会。中国 WTO 研究会会长佟志广，研究会高级顾问、中国“入世”首席谈判代表龙永图等参与大会。大会由山东省委宣传部部长主持。

上午的会上，佟志广会长比较全面地介绍了 WTO 与中国的关系，龙永图顾问介绍了中国加入 WTO 的谈判进程，预言年内有望加入 WTO 并简要介绍了中国加入 WTO 后的权利、义务及中国的应对。下午，我和吴家煌、樊纲等，分别就 WTO 几个大的贸易协定作了介绍。

中国在加入 WTO 前，就省级来讲，山东是第一个举办这种会议的大省，表明了山东省党政领导的预见性、对中国加入 WTO 的重视。对会议反映很好，参会者表现出勇于应对、充分利用机遇、化解挑战的信心，从而促进了中国加入 WTO 后，山东省经济的全面发展。

5.3.4.4 2005 年内蒙古呼和浩特，中国文化企业论坛

2005 年 9 月 18 日，我应邀参加第二届“中国企业文化论坛”。论坛在内蒙古呼和浩特市举行。该论坛由中国文化部、中国企业家协会和内蒙古自治区政府联合举办，来自全国的企业家专门就“入世”后的中国企业文化发展进行研讨。在会上，我专门就中国加入 WTO 与中国市场经济文化的形成发表讲演。

5.3.4.5 2005 年 WTO 香港部长级会议：WTO 任重道远

前　言

我以中国非政府组织（中国 WTO 研究会）代表身份，参加了 2005 年 12 月 13 日到 18 日 WTO 在我国香港举办的第六届部长级会议。会议在香港会议展览中心举行。参加会议的有 11 000 多人，包括 149 个成员的 5 800 余名政府代表团团员、3 000 余名传媒工作者和 2 000 余名非政府组织代表。

1995 年，作者参加第二届“中国企业文化论坛”

参会期间，我两次目睹了会场内和会场外抗议 WTO 的示威，又抓紧时间参与了在香港展览中心举行的“香港贸易及发展研讨会”。19 日下午，在深圳参加“香港会议后的多哈回合：前景与影响”国际研讨会。会上，刚参加完香港会议的商务部副部长易小准、中国常驻 WTO 代表孙振宇大使、WTO 副总干事，以及欧盟、加拿大、南非、印度、乌拉圭、芬兰等驻 WTO 代表，畅谈香港会议的收获与体会。

来之不易的《香港部长宣言》

从 12 月 13 日到 18 日，经过 6 天的 450 次会议和艰苦而密集的磋商和谈判，18 日晚上，WTO 第六届部长级会议在香港会议展览中心落下帷幕。会议通过了《香港部长宣言》。宣言表明，会议在农业、非农业和发展等议题上取得了新的进展，从而为 2006 年结束多哈回合谈判奠定了重要的基础。

根据宣言，2013 年为取消农业出口补贴的最后期限。这被公认为是这次香港会议的一个最重要的突破。

宣言对“双免”问题作出明确的规定：发达成员在 2008 年以前，对来自最不发达成员至少 97% 税目的产品实行免关税、免配额的待遇；并在 2010 年之前，对全部产品给予“双免”待遇。

在棉花问题上，宣言要求发达成员在 2006 年取消棉花出口补贴，发达成员对棉花提供“双免”待遇，从实施期开始即执行。宣言还指出，棉花的国内支持削减的时间和力度要大于整体农业国内支持的削减时间和力度。

在非农业谈判方面，宣言同意采用多个系数的瑞士公式。它同时还规定，发展中成员的特殊和差别待遇是谈判模式的组成部分。

WTO 总干事拉米在闭幕会上指出，香港会议的成功使四年前启动的多哈回合谈判重新回到正确的轨道。他说：“我们本来期望这次会议能完成多哈回合的 55%，结果是我们完成了 60%。”拉米的讲话道出了多哈回合启动后的曲折艰辛，也表达了他作为 WTO 新总干事 3 个多月有所作为的欣喜之情。

在 2001 年 11 月于卡塔尔首都多哈举行的 WTO 第四次部长级会议上，决定从 2002 年 1 月 1 日开始，到 2004 年底举行一轮多边贸易谈判。因发动地在多哈，故名为多哈回合。本轮谈判确定了 8 个谈判领域，即农业、非农产品市场准入、服务、知识产权、规则、争端解决、贸易与环境、贸易和发展问题。后又细分为如下问题的谈判：农业，棉花，非农产品市场准入，服务，规则，与贸易有关的知识产权，环境，贸易便利化，争端解决谅解，特殊和差别待遇，执行，与贸易有关的知识产权及公共健康，小经济体，贸易、债务和金融，贸易与技术转移，电子商务，最不发达国家，整合架构，技术合作，商品问题，一致性，贸易援助等。启动后，谈判进程十分曲折。

农业谈判是多哈回合最核心的内容，是解决其他议题的关键，也是发展中成员和发达成员相互和内部分歧和争论最大的问题。由于各方立场差距大，农业谈判不断陷入僵局并影响到其他议题的谈判，成为谈判中的“瓶颈”。

2003 年 WTO 第五届部长级会议（坎昆会议）时，在农业问题上，发展中成员与发达成员分歧严重，双方相持不下，会议无果而终。但决定把整个回合谈判结束时间延到 2006 年底，并决定 2005 年 12 月在香港举行第六届部长级会议。2004 年 7 月，简化谈判议题，达成框架协议。此后，谈判又陷于停顿。2005 年，在中国大连举行小型部长级会议，希望达成“协议初稿”，但希望落空。

多哈回合启动后，历时四年谈判的挫折使 WTO 蒙羞，令世人对其作为产生了怀疑。因此，2005 年 12 月在香港举行的 WTO 第六届部长级会议的成败，成为全球关注的焦点。

从 2005 年 10 月起，各主要谈判方就香港会议达成主要议题的“全面模式”开始谈判，但分歧依旧。11 月 9 日，在日内瓦召开各成员大使会议，分析了谈判的形势，针对分歧大、时间紧的现实，调整了香港会议的目标，从“全面模式”转变为达成一些“早期收获”，如给最不发达成员免关税和免配额的待遇以及下一步谈判的时间表。拉米指出这样做的初衷：“如果我们将这次部长级会议的预期目标设定得过高，则落空的可能性也就越大，并有可能葬送我们已经取得的成果。”在香港会议上，新任总干事的务实和干练再次受到考验。

12 月 13 日下午 3 时，WTO 第六届部长级会议在香港会议展览中心开幕。中国香港特别行政区行政长官曾荫权首先致辞，对会议召开表示祝贺。在会议主席、香港特区工商及科技局局长曾俊华发言之后，拉米第三个登台发言。当他正要对 WTO 的过去、现在和未来做全面介绍时，坐在后面非政府组织区域内的几十名非政府组织人士突地站了起来，高举反对 WTO 的标语，喊出“打倒 WTO”的口号。面对此景，拉米用略带自嘲的口吻说：“场内当然也包括场外，这些人用声音有时甚至是愤怒，在提醒着我们：WTO 至少还不是世界上最受欢迎的组织。”为了证明这一点，他甚至还透露了家底：WTO 在 2006 年的经费预算为 1.4 亿美元。他说，这个数字是国际足联费用的 1/5，是一个非政府组织费用的 1/10。

其实，真正令拉米头疼的不是示威、不是经费，而是眼下如何使香港会议取得实质性进展，从而保证 2006 年能够结束多哈回合的谈判。

在致辞最后，他期盼所有与会代表以开放的心情、大胆的姿态和勇敢的行动进行谈判。他甚至还引用了一句中国成语“不入虎穴，焉得虎子”，来鼓励与会者。

因此，与声势浩大的会议相比，会议取得的成果是有限的，但具有特殊的意义。它不仅给与会代表以慰藉，给多哈回合带来曙光，也对多边贸易体制产生更多的信心。如果多哈回合谈判失败，受到伤害的将是所有 WTO 成员。

世界银行预测，成功的谈判，到 2015 年将使全球贸易收入增加 5 200 亿美元。其中，超过 60%（约 3 500 亿美元）会流向发展中国家，可以帮助 1 440 万人脱贫。国际货币基金组织分析，多哈回合的成功有助于恢复市场的信心，创造新的出口机会，强化多边贸易体制。WTO 自己分析，发达国家开放市场可以为发展中国家带来显著的增长：如果发达国家将他们在农业、制造业和服务业的贸易壁垒降低 1/3，可以带动世界经济增长 6 130 亿美元。仅仅是取消关税和非关税壁垒，就可以为发展中国家创造 3 760 亿美元的收入；其中，服务业为 820 亿美元，制造业 1 620 亿美元，农业 320 亿美元。

为使多哈回合在 2006 年底结束，人们寄希望于 WTO 所有成员按《香港部长宣言》要求，在 2006 年 4 月 30 日前拿出取消农业出口补贴和瑞士公式的模式，7 月 30 日前拿出确切的承诺日程表，切实推动多哈回合走向成功的终点。

香港特别行政区政府功不可没

WTO 香港会议是香港回归以来最大的一次国际性会议。香港特区政府为了举办好这次会议，拨款 2.5 亿港元，对会议做了精心的安排。

在香港特别行政区政府新闻处设计的发给市民的《认识香港部长级会议》小册子里，首先介绍了自由贸易与你、WTO、香港与 WTO、香港部长级会议的内容等。其次，介绍了政府的筹备工作，包括设立香港部长级会议统筹办事处、负责策划及统筹会议的详细安排、务求使会议成功举行等；成立委员会及工作小组，监督及开展筹备工作，包括汲取其他地方举行大型国际会议的经验、为会议的保安进行仔细筹划、制订特别交通及运输安排、制订全面的应变计划、方便非政府组织举行各类活动、与非政府组织就 WTO 谈判事宜保持对话、知会传媒有关政府的筹备工作和 WTO 持续进行的多边谈判、加深公众对 WTO 认识，以及自由贸易对香港经济的重要性的认识，告知公众有关会议期间实施的各种安排，包括上学、保安及交通等。再次，对禁区的范围、时间和准许作出安排，并用图表示出来。最后，对游行示威区及其他公众活动和特别交通作出安排。

因为宣传得力，这次会议得到香港企业界和市民的大力支持。会议谈判代表团专用车、新闻中心和非政府组织的电脑等设备、贵宾礼品及所有工作人员的服装等，均由不同的公司赞助。因会议举行和示威游行给周围和沿路店铺带来的损失和不便，都得到了业主和市民的理解和谅解。

香港特别行政区政府为大会提供的服务非常周到。为了做好大会接待服务工作，除招募 400 多名志愿者外，更借调 700 多名公务员到大会服务。大会除为政府谈判代表团准备完善的谈判会议室和新闻发布室外，还专门设有新闻中心，为各种媒体提供房间；备有各种资料展览厅，入内可拿到各种资料；有供非政府组织活动的会议室和电脑室；

各层备有巨大的电视屏幕，列出当日的会议安排和活动；还设有餐饮室和休息室等。

作为主办地区，香港为落实“香港部长宣言”草稿花费了很大精力。一段时间里，欧盟和美国在关键的农产品出口补贴取消年限问题上寸步不让，而发展中成员又对服务业提出超出框架的四项修订，使谈判陷入僵局。对此，本次会议主席，香港特别行政区政府工商及科技局局长曾俊华努力“把有关成员的部长留下，继续谈判”。可以说，会场设施、住宿、交通等安排都使与会者切身感受到香港的先进和人性化，特别是对贫国、富国一视同仁的态度，保障了和平有序的会谈气氛。作为东道主，他们还特别重视弱小成员的意见，除了为贫穷成员提供每日千元津贴外，还把特别行政区政府所有驻海外经济贸易办事处（旧金山和纽约除外）的负责人召回香港，招待相熟的代表团。香港周到、细致、尽心的服务，得到与会者的赞誉。曾经参加 WTO 坎昆会议的南非代表指出：“香港人亲切又有礼貌，使与会者有宾至如归之感，而且英语普及率很高，沟通上没什么困难。”

为了保证会议万无一失地进行，会议采取了相当严格的安保措施，近万人的参会者，每人都必须身戴有照片的标牌，通过严格的检查才能进入会议区。按照规定，我们非政府组织代表和记者只准在会展中心的旧翼区域活动，各成员方的部长和代表团进行谈判的会展中心新翼区域，则属“闲人止步”的禁区。会场外，安保措施更加严密。会展中心周围 20 多条公共交通线路改道，附近的湾仔轮渡暂停服务，会展中心旁的几家银行及附近学校均停业停课。从我们居住的华润公司木棉花公寓到会展中心，要经过四重关卡。一个是有人看守的铁栅门，一个是验明身份标牌的关卡，一个是区分代表团和非代表团身份牌的关卡，一个是对人和所带物品进行安全检查的关卡。为防止游行示威者通过跳海等方式从海上、路上冲击会展中心，警方飞虎队的“水鬼队”在会展中心海面布防，驾驶橡皮快艇频繁在海面巡逻，每隔数小时便潜入海底“检查”，以便及时清除可疑物。直升机来回盘旋或停在空中指挥。为了保证大会安全，香港警方抽调 1/3 警力，约 9 000 名警察维持治安。他们身穿防弹衣，头戴钢盔和防毒面具，脚蹬皮靴，耳朵里插着通信设备，防弹衣口袋里有手枪、警棍、军刀、胡椒粉等。因安保工作得力，使会议没有因示威而影响进程，也没有发生场内场外重大伤亡或打砸商店的恶性事件，为大会营造了一个和平安全、不受干扰的谈判环境。

在大会闭幕的新闻公报中特别指出：“许多代表团感谢香港为谈判提供的出色设备、良好的组织和安全环境。他们说，未来的部长级会议将难于达到香港的水平。”

我们遇到的香港人为成功举办这次会议而自豪。香港舆论认为，香港承办这次 WTO 部长级会议实为明智之举。香港通过成功举办这次会议，向世人展现了国际大都市的风采和力量；向世界显示，香港作为亚洲国际都会是实至名归的，为香港的未来发展积累了丰厚的无形资产。

中国积极建设性的作用呈现

WTO 香港会议的成功，与中国在会议期间所做的大量工作是分不开的。中国政府十分重视这次会议，会前做了大量的准备，还派出由各部委和全国人大组成的 115 人代表团参加。

可容纳万人开会的大会堂内，主席台下面，隔开两个区域。前面区域是政府代表团、国际组织和 WTO 秘书处的座椅，座位背面列有他们的名字；后面区域是非政府组织和新闻媒体座椅。两大部分参会者从不同门道进出。讲台之外的其余空间供参会人员走动和交谈，媒体记者可以在其中游动和采访，显得十分自由和开放。

12 月 14 日下午，在大会现场，我们听取了中国代表团的发言。发言的前半部分，就多哈回合谈判中的一些重大议题，表明了中国的立场。其要点是：中国支持多哈回合达成平衡的协议，但所谓平衡，不是发达国家各自在谈判中有得有失的自我平衡，而必须是有助于发展中国家成员的全面平衡；农业是多哈回合谈判的核心；发达国家和发展中国家都面临压力，但富国和穷国的压力是不同的，应立即给予最不发达国家免关税、免配额的待遇，应给予最不发达国家“特殊产品”和“特殊保障机制”的待遇；力争在香港会议期间就棉花等问题作为阶段性成果达成共识；中国坚决反对对发展中国家进行分类；坚定支持取消发达成员的各种形式的出口补贴，并定出 2010 年的时间表以体现诚意；坚定地支持实质性地大幅度削减发达国家扭曲贸易的国内支持；在“非农”谈判中，中国支持双系数瑞士公式，但两个系数之间应有足够的差距；中国是反倾销措施被滥用的最大受害者，支持进一步澄清和改进反倾销等规则方面的现有纪律。

发言的后半部分，是中国介绍加入 WTO 后对多边贸易体制的贡献，提出中国的希望。其要点有：中国为了加入 WTO，谈判了 15 年，而且作出了广泛承诺，为多边贸易体制作出了巨大贡献；中国工业品的关税由加入前的 42.9%降到了当年的 9%，尤其是农产品关税由 54.5%降到了 15.3%，而当时世界农产品关税的平均水平是 62%；在 WTO 历史上，从来没有哪一个成员在如此短的时间内作出如此巨大的削减，包括发达成员；中国的服务贸易也开放了 100 个部门和分部门，已接近发达国家的程度；中国仍然是一个地地道道的发展中国家，希望在多哈谈判中，中国作为新成员的特殊关注必须得到有效解决；对沙特阿拉伯和汤加加入世界贸易组织表示热烈欢迎，并敦促有关成员尽快完成与俄罗斯、越南、白俄罗斯和哈萨克斯坦等国的谈判。

发言最后指出：希望有关各方拿出更大的政治诚意，显示必要的灵活性，积极推动多哈发展回合谈判进程，力争在香港会议上取得实质性成果。对中国的发言，与会者报以热烈的掌声。坐在我旁边的一位来自拉美的非政府组织代表指出，中国的发言有建设性，代表了发展中国家的心声。

除去在大会发言，中国还参加了大会举行的全部 7 次有 30 多个 WTO 主要成员参加的“绿屋会议”，与 21 位成员的部长进行了双边会谈，并参加了数十场高官会议和协商组的磋商。中国代表团积极与各成员进行沟通，阐述中国的立场和主张，为推动谈判取得进展作出了不懈的努力。

值得一提的是，在 12 月 18 日就《香港部长宣言》提交部长级大会表决前，古巴和委内瑞拉代表团长，对宣言内有关非农产品市场准入和服务贸易内容不满，表示拒绝接受宣言。按照 WTO 规则，宣言只有被参会的所有成员通过，才能有效。委、古的态度将影响宣言通过，导致会议失败。中国代表团赶紧与他们交换意见，进行磋商。最后，他们改变了立场，由拒绝接受转变为保留意见，使宣言获得通过。这再次显示了中国在 WTO 谈判中独具的建设性作用。此外，中方的一些重点关注问题和意见在《香港部长宣言》中也得到部分体现。中国的谈判技巧，赢得了总干事拉米的赞赏。他说，谈判是中国古老而悠久的魅力智慧。

在 12 月 19 日下午于深圳举行的“香港会议后的多哈回合：前景与影响”国际研讨会上，发言者一致赞赏中国在香港会议上的表现和建设性的作用，对中国加入 WTO 后的斐然成绩予以肯定。WTO 副总干事鲁弗斯·耶克萨说，尽管来深圳之前已有七天七夜没有睡好觉，但是当他踏进深圳，就感觉自己充满了活力。他认为，中国已成为世界市场的一个重要参与者，而且也是 WTO 的一个重要参与者。中国的发展很大程度上源于其参与了 WTO 这样一个基于规则的世界贸易体系。欧盟驻 WTO 代表卡罗·特洛伊在讲演中说，WTO 现在已经深入中国的人心。中国加入 WTO 是进入很多新机会的关口，它帮助中国获得了更多的机会，也面临更多的挑战。“我们这次来深圳已经见证了这一点。25 年前，深圳还是一个边陲小镇。但是现在，已经是一个蓬勃发展的大城市。它跟我们在瑞士的工作和生活环境已经接近。”

广泛深入、富有启示的学术研讨

为了配合第六届 WTO 部长级会议的召开，“国际贸易与可持续发展中心”（International Centre for Trade and Sustainable Development）和香港大学联合在香港展览中心举办了“香港贸易及发展研讨会”。研讨大会在展览中心一层大厅举行，分题研讨在展览中心四层会议室举行。

研讨大会共举办了五次。研讨的题目有“亚洲自由贸易协定：特点和发展内容，加强全球贸易的构建”“公平贸易的焦点”“前瞻：多边贸易体制中出现的问题”“贸易与发展：法律平台”。这些大会研讨多在上午 10 时前结束，其余时间、下午和晚上举办分题小型研讨会。研讨的题目有“农业补贴和全球贸易”“经济和环境问题”“可持续消费，贸易和环境”“多哈发展议题对贫困影响的评估”“可持续发展中的服务贸易：发展中国家的选择”“根源探询：多哈回合的协议制订”“从探索到生物技术：贸易和食品安全标准”“农产品贸易：世界贸易组织起什么作用？”“非农产品市场准入与工业发展竞赛和大公司利益”“把南方与贸易和环境重点结合起来”“全球化与食品贸易和农产品世界贸易组织规则”“在多哈谈判中推动发展中国家利益”“香港公平贸易”“贸易援助：南方构建生产能力”“公平贸易和 WTO：加工和生产方法”“公平贸易和公司社会责任”“南南在 WTO 问题中的合作：我们坚持的方向和如何前进？”“农业进步的选择：发展中国家处于何种状况？”“对主要建议的评估”“扩大亚洲内部市场：创造消费愿望”“产品多样化：旅游中的公平贸易”“渔业和贸易：开发推动可持续发展的机会”“贸易引导脱贫：乡村声音”“公平贸易政策制订的教训”“公平贸易的趋势：机会和挑战”“连接当地需要到全球贸易规则”“人类发展中的贸易和健康核心”“区域主义盛行：贸易一体化对和平和环境的影响”“环境产品谈判：主要问题和跨香港的管理”“推动发展第一：WTO 需要空间政策”“亚洲纺织品和服装后配额时代的贸易：一年评估”“小国在多哈谈判中面临的挑战”“中国与 WTO：影响和互动”“向可持续发展能源的过渡——多边贸易体制的问题”“贸易便利化和发展：可做和不能做的问题”“趋向一个公共服务总协定”“登上龙坛：WTO 与中国”“贸易，援助和安全：贸易化，援助化或煽动？”“通过电子教育构建能力：菲律宾和中国 WTO 的书面规划”“公平贸易和青年运动”“信息和公共参与的进入”“对服务贸易谈判成功的谋划”“WTO 中的争端解决”“南方区域协定中的理性——香港会议前后”“人权和 WTO：开发促进食品权的贸易规则”“服务贸易中的法律问题”“区域主义和多边主义：拉丁美洲的经验”“小生产者怎么办？”“为小生产者在国际和国内市场上解决市场准入壁垒的政策改革议题”“在全球化时代重思国际投资法：为可持续发展设计国际投资协定的模式”“WTO 法律体系中的系统化问题”“WTO 市场进入和拓宽的挑战：南亚案例研究”“全球农产品市场的竞争问题和 WTO：谁的议程？”“技术援助和能力建设中的新方向：从全盘援助到智慧授权”。

这些研讨会的主讲人由研讨会举办者在会前约定，其中有 WTO 负责人，如时任 WTO 总干事拉米和卸任的原 WTO 总干事，还有政府谈判代表、国际知名学者、消费者集团、农民组织、工会、政府间组织、非政府组织、私营部门和媒体等。

与我国相关的小型研讨会有“中国和 WTO：影响和互动”和“登上龙坛：WTO 和中国”。前者为中国 WTO 网组织。发言的有农业经济研究中心、云南农业社会科学院、《环境日报》、山西妇女协会和《贵州日报》的研究者和记者。后者为中国贸易、环境和发展公民社会网组织，武汉大学一些教授、学者就中国加入 WTO 作了释义。除个别人外，均以中文发言和交流。

我参与了所有大型的研讨会。因为时间交叉关系，我只参与了部分小型研讨会，但给我以深刻的感触。

第一，对 WTO 和多哈回合的研讨向纵深发展，涉及的范围包括亚洲自由贸易协定、加强全球贸易的构建、公平贸易、贸易与发展和 WTO 中的法律平台等。有的问题有相当的深度。

第二、研讨会发言者代表全面，包括政府代表团官员、国际知名学者、消费者集团、农民组织、工会、政府间组织、非政府组织、私营部门和媒体等，做到了几个方面的结合。

第三，我国参与会议者有所进步，但存在甚多差距。十分可喜，在这次研讨会上听到中国学者、农民和新闻界的发言；遗憾的是发言面窄，而且是用中文讲述和交流的，效果并不理想。要想扩大国际学术交流，中国的教授、学者必须熟练掌握英、美等国的通用语言，如英文。

对 WTO 受到示威反对的探究

在参会期间，我感受到 WTO 并不受到世人的整体欢迎。一是目睹了会场内和会场外反对 WTO 的示威，二是从会场资料室看到的书面材料。

12 月 13 日下午 3 时，WTO 第六届部长级会议在香港会议展览中心开幕。在 WTO 总干事拉米发言不久，坐在后面非政府组织区域内的几十名非政府组织人士一边高举反对 WTO 的标语，一边喊“打倒 WTO”的口号抗议。因受会场保卫人员的阻拦，他们不能接近大会讲台，后在一位秃顶白发学者型老者的带领下，到大厅外通道处示威。他们肤色不同，老中青兼有，穿着比较讲究，高举的白色标语牌上写着“WTO 扼杀我们工作”“WTO 扼杀农民”“WTO 扼杀我们的投资”“拒绝 WTO”等，并接受众多媒体的采访。

在会场外，我目睹韩国农民的抗议游行示威。12 月 17 日，从晚 6 点到 8 点，在我们住所（华润公司木棉花公寓）近处的湾仔道与菲林明道交叉口处，出现了来自韩国农民的示威活动。

这里距离会场不到 100 米，交叉路口有几排防暴警察堵在通往会场的马路上。他们身着绿色警装，头戴钢盔、面罩，手持透明胶盾，身挎枪支。一个背高音喇叭的女警官站在高凳子上喊话，在强烈的探照灯光照射下，绿色警盔泛着闪闪寒光。天上一架嘎嘎作响的直升机停在空中。与之对峙者是上千人的韩国农民示威队伍。他们情绪激昂，手持彩旗，高喊口号。

晚 7 时许，示威者开始冲击警察防线，抢夺盾牌。警察喷射白色的胡椒粉末回击，头排示威者被迫掩脸后退。第二排又上来冲击，一些塑料瓶和写着“抗议世贸”的示威牌子从示威队伍中飞出来，场面非常混乱。示威者与警察反复几次冲击、几次抗阻后，停顿下来。这时，警察不断增援，各种警车、消防车、救护车呼啸来到；一些警察开始装子弹；一些便衣者神色严肃地命令我们这些围观者快速离开，气氛分外紧张。

我们回到住处，收看示威现场电视直播。我们离开后，随着示威活动的越轨，香港保安局局长李少光在会场举行记者招待会，宣布示威已变成骚乱，为保证大会安全，决定应对行动升级。电视上随之播出的升级行动是向示威者施放水炮、发射催泪弹，装甲车也在警察队伍后面出现。最后，终于把示威者控制住，香港警务处处长李明逵命令警察对被围困的近千名示威者采取拘捕行动。18 日晨，我们去会场，路过告士大道和菲林明道过街桥时，发现被拘捕的示威者垂头丧气，间隔、整齐地坐在马路上，四周不远处是防暴警察的包围圈。

在会场的资料台上，我也见到一些非议 WTO 的宣传材料和文章。

在“香港民间监察世贸联盟”图文结合的材料上，给 WTO 列出的罪名有“自由贸易维护富人利益”“WTO 促进经济是谎言！”“WTO 外判化、私营化剥削工人！”“WTO 把劳工保障、环保标准、人权视作‘贸易障碍’！”“停止 WTO 官商勾结全球化！”“反对 WTO 官商勾结！”“我要平等、公义社会”。

一个名为“2005 年争取正义和自主人民巡回车队”的组织，在宣传材料中提出：“2005 年争取正义和自主的亚洲人民巡回车队，抗议 WTO 在香港召开部长级会议。我们要求：贸易公平，反对在 WTO 香港部长级会议上达成交易，无条件取消债务，人民的利益高于所有谈判，结束贫困，普及公共医疗服务，包括治疗艾滋病和其他疾病，确保人民生活、安全和尊严，工作和生计的权利。”

在“国际农民运动”散发的“抗议 WTO”的材料中提出：“人民食品主权第一！终止多哈回合！赶走 WTO！WTO10 年足矣！关闭 WTO！”

“同情世界农民”组织指出：“WTO 是当今动物保护面临的最大威胁！”

“WTO 木制品谈判协会”指出：“木材贸易进一步自由化，将摧毁日本和全世界的林业资源！”

在“全球化国际论坛”散发的“使少数人富起来的改革”论文中引出中国所谓“新

左派”。对中国加入 WTO 最根本性的攻击是：“中国为加入 WTO 所作的努力，是中国的官僚和买办利益集团为巩固其自身的地位而采取的策略。”

2005 年，作者在香港参加 WTO 第六届部长级会议

这些非议和示威给我如下的启迪。

第一，WTO 的宗旨、目标、原则、协定和协议，建立后的活动，本国和地区参与 WTO 后的效果，并非为世人和国人所充分了解，出现被妖魔化和理想化的倾向。在一定程度上，使得 WTO 蒙受不白之冤。因此，WTO 本身和 WTO 成员的一个重要任务是向世人和本国或地区民众做好宣传，提高透明度，加深理解，减少误解。

第二，农业问题已成为困扰 WTO 多哈回合能否取得成功的最重要的问题。会场内，农业问题成为持久谈判的焦点；会场外，也使韩国农民成为香港 WTO 抗议示威队伍的基础和核心。它在提醒我们，WTO 成员务要正确处理好农民问题。当然，也不能因此而延误整个谈判。我国重视“三农”问题的解决实在是高明之举，也是在为 WTO 作出贡献。

第三，法理规则显示威力。香港特别行政区政府以明确的法理应对示威活动。开始，对韩国农民等外来示威者的权利给予充分尊重，但当他们出现越轨、过激行动威胁到 WTO 部长级会议安全和顺利召开时，香港特别行政区政府根据法规升级抗暴行动，保证大会的顺利进行，表现了一个法治社会的尊严。

5.3.4.6 2011 年日内瓦“‘入世’十年：中国与全球贸易治理”会议

2011 年 6 月 29 日，我随中国 WTO 研究会会长孙振宇在日内瓦参加“‘入世’十年：中国与全球贸易治理”的学术会议。它由中国 WTO 研究会与可持续发展研究中心（ICTSO）联合举办。参会者近 40 人，有中国驻日内瓦 WTO 大使级官员，来自国内的中介组织官员、学者，其他国家驻日内瓦的外交官、智库研究者。会议开了一天。会议开始后，发言按照桌上的排位顺序进行。

我的发言是“中国在世界贸易组织如何安身立命”。其他发言者在发言中，都是肯定中国加入 WTO 的积极和建设性作用，也提出一些改进希望。

在轮到美国驻日内瓦副代表庞克（Michael Punke）发言时，他在简单表达肯定语言后，就大谈中国加入 WTO 后存在的不足，如信息不透明、通报不足、知识产权侵权盗版严重，国有企业竞争不公平、补贴界限不清、倾销众多等。他坐在我旁边，他发言后，我希望他拿出具体的证据来。他听后，竟说这是它们发达国家成员的共识，不需要证据。

2011 年 6 月，作者在日内瓦参加"'入世'十年：中国与全球贸易治理"会议上发言

他的发言让我意识到，中国加入世界贸易组织十年后，美国将在这些问题上对中国发难，纠缠不休。

5.3.4.7 2011 年商务部"中国加入世界贸易组织十周年行业座谈会"

2011 年 10 月 26 日，我应邀在重庆参加"中国加入世界贸易组织十周年行业座谈会"。该会经（时任）国务院副总理王岐山指示，由商务部主持，重庆市承办。商务部以高虎城部长为首的主要领导参加会议，由俞建华副部长主持会议。

2011 年 6 月，作者（左一）在日内瓦参加"'入世'十年：中国与全球贸易治理"会后留影

参加会议发言者有 20 位，都是境内国企的高管，来自实体经济、金融、保险、信息等行业。每位发言时间约束在 20 分钟以内。

发言者总体认为，中国加入 WTO 后，都有所发展，原来的冲击担心大为减轻，但希望对外开放不要过急，对行业加强区分，在高科技部门加强保护。有的高管讲得很原

2011 年 10 月，作者在重庆参加商务部“中国加入世界贸易组织十周年行业座谈会”

则，有的讲得很具体。后者，引发我的兴趣。因为我们在校研究，多是通过书面资料，接触企业实际很少。有的发言者望着主席台，似有顾虑，进言不足。

下午，高管接着发言。然后，由我们这些被邀请参会的四位专家发言。由于临时发言，对中国企业的具体情况不明，我就先谈了在日内瓦参会的感受。然后从大的方面论述中国加入WTO后，加大了改革开放，不能逆转，与世界贸易组织成员争端将进入细化。希望中国企业加深对具体协定与协议的研究，关注WTO成员尤其是美国对中国在WTO对中国政策审议中关注的问题。

最后，部长作出会议总结。总的是中国加入 WTO 后，利大于弊，中国企业应充分利用机遇并找出存在的差距，也希望企业向商务部多提出建议。会后，我向会议主持者建议，应关注中小企业对加入 WTO 的反映，听听合资企业的意见。部里再召开类似的会议，我希望参加。

5.3.4.8 2018 年中南海应对美国加征关税会议

导　言

我应邀参加了 2018 年 3 月 23 日上午的小型内部座谈会，就前日美国总统特朗普即将签署的对华 600 亿美元加征惩罚关税行动进行反制，提出建言。我的发言要点留记如下。

对特朗普总统此举必须认真对待

第一，签署发生在中国两会刚刚结束，表明特朗普经过对华一年多考量后下的决心，可能是他的对华战略，从前总统接触战略转向单边施压的战略，求得“美国优先”。

第二，他在落实美国总统 2018 年贸易政策议程。该议程指出美国贸易政策有五个基点，即支持美国的国家安全；增强美国经济；谈判更好的贸易协议；加强美国贸易法律的执行；改革多边贸易体制。他认为现有的多边贸易体制有利于中国，贸易争端解决机制对中国过分温和，他要纠正这种状况。

第三，他认为美国对中国大量的贸易逆差来自不公平贸易。为此他要通过国内立法，利用 301 维护知识产权条款，弱化 WTO 争端解决机制；要以公平贸易政策取代自由贸易政策。

第四，他已把中国作为竞争对手，对中国采取两边夹击战略，一是通过国内法对中国采取单边压制，对来自中国的商品设置高关税，借口中国侵犯美国知识产权加征惩罚性关税，对中国对美投资加强安全审查。二是异化和弱化多边贸易体制，非议 WTO 贸易争端机制，阻碍大法官的任命，以削弱中国运用 WTO 规则的基石。

事关中国面临的整个国际经贸环境，中国必须严重对待。

应对措施建议

中国对特朗普的上述举措在战略上要有理、有利、有节反制应对；通过协商解决贸易摩擦。在战术上采取三种举措。

第一，在无法通过沟通解决贸易摩擦的前提下，中国对从美进口的商品同金额，施加与美同等税率，并宣告其中止以美中止为中止。触痛美国，进行沟通谈判。在舆论对应上，加强说理性，摈弃批判式。

第二，充分利用 WTO，加大在 WTO 中作为。

1. 揭露美国单边做法违背 WTO 规则，在 WTO 规则上采取实用主义。
2. 批驳美国对 WTO 争端机制的非议和污蔑。
3. 中国主动加大对 WTO 成员的市场开放。如整体关税较大幅度下调，扩大服务业开放，尽早加入政府采购协议等。
4. 支持欧盟“B 计划”的谋划。现在欧盟认为，华盛顿对美国摧毁 WTO 贸易争端解决机制的尝试将导致 WTO 的消亡。对此，欧盟制定两个计划，通过“A 计划”，试图通过与美国谈判维持 WTO 现状。通过“B 计划”谋划在美国没有参与的情况下完整保留 WTO 上诉机构。

第三，依据政策审议重点，进行针对性的改革。

从 2006 年开始，中国已接受 6 次政策审议，参加审议的 WTO 成员对中国关注和质疑的重点问题重复出现，它们包括：中国宏观经济和贸易政策措施体制缺乏透明度；产业政策明显有保护国内产业的目的；出台独有的国家标准；对出口原材料限制加强；自主创新产品的标准缺乏共识；政府采购市场进一步封闭；知识产权保护执法效率不高；有选择性地利用外资；质疑地方政府采取了禁止性补贴等。中国应加强对这些问题的自查，加以针对性的改革。

5.3.4.9 2020 年国经中心“WTO 现代化改革”课题研讨会

我以专家身份，应邀参加中国国际经济交流中心 2020 年 8 月 21 日举行的“WTO 现代化改革”课题研讨会。此会值得留记。

第一，会议形式新颖。此会在抗疫期间举行，采用应对疫情出现的“云端”会议形式。会议地点在交流中心会议室，我们发言专家通过腾讯会议 APP，见到会议主持者和课题组负责人。我对着助手杨凤鸣博士带来的笔记本讲话，通过屏幕见到其他发言专家的图像，听取他们的发言，再回答课题组负责人的提问。

第二，课题出自高端。“WTO 现代化改革”课题负责人是中国国际经济交流中心副理事长魏建国、中国国际贸易促进委员会原会长姜增伟，课题组组长是中国国际交流中心首席研究员张燕生。

第三，中期成果令我深思。8 月 18 日晚，杨凤鸣送来该课题的中期成果（12 万多字），19、20 日我阅读后，该项目的立题、体系、论证、语言令我震惊。我深感国内在 WTO 研究中，缺乏马克思主义方法论的指导，空乏议论多于扎实的研究，让我不安和忧虑，迫使我写出《对课题“WTO 现代化改革”读后的思考与建议》，并以此在研讨会上发言。

5.3.5 参会受益

第一，比较深入了解多边贸易体制在发展、演变中的态势，参与成员在其中的地位与作用。各成员在参与 WTO 活动中的谈判战略、策略和技巧。

第二，发现参会者中官员、学者和中介组织者表达的方式；学者应该具备的品质和应克服的缺陷。

第三，评估我的研究成果，加强研究的信心，明确持续研究的方向。

第四，发现研究中存在的差距，启发研究的思路和做法。

第五，提高我的思考、敏感和及时反应能力。

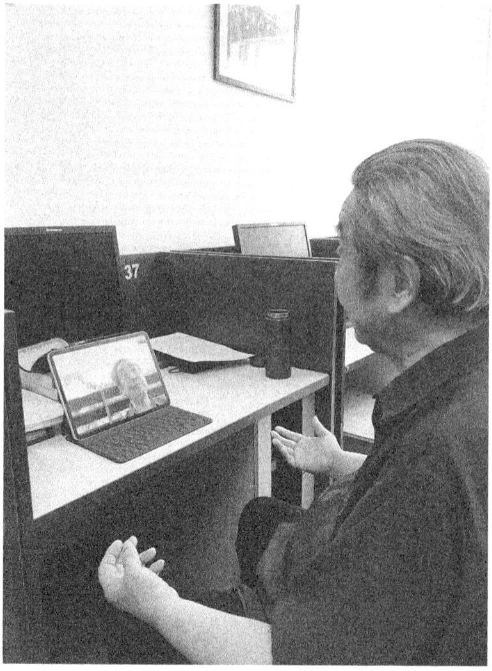

2020 年 8 月，作者参加视频会议

第六，寻求研究的智者、可以交流的对象和可结交的学术朋友。

6

WTO 与海峡两岸

2001 年 11 月在卡塔尔首都多哈 WTO 部长级会议上，中国和中国台湾（以中国台北名义）相继成为 WTO 成员。两岸作为 WTO 成员如何发展经贸关系，成为两岸政界、企业界、学术界关注的问题。

2006 年，我偕夫人王秋莲去台湾政治大学专事研究这个课题。研究期间与此后，通过政治大学国际关系研究中心研究员陈德昇和同在该大学任教的胡联国教授，与台湾“中华研究院”及其他知名大学教授、学者、企业家等进行了比较广泛的学术交流和走访。

陈德昇教授是台湾政治大学国际关系研究中心研究员，政治大学“中国区域经济发展暨治理论坛”执行长，台北市两岸经贸文教交流协会理事长，台湾地区电机电子同业公会大陆经贸委员会顾问。由于他的卓识和推荐，我的选题中选。

胡联国教授是我于 1982—1983 年在美国加州大学洛杉矶分校作为访问学者进修时，同班听课认识的，知道他来自台湾，在该校攻读经济学博士。课间休息时我们交谈，比较投缘，成为朋友，假日里还到他家吃过饭。从美国回来后，我们未再联系。20 世纪 90 年代初，他到北京参加学术会议，我们相遇，开始联系。恰好，他回到台湾后，也在政治大学任教，担任“中华国际经贸研究学会”理事长。

此后，应胡联国教授邀请，我偕夫人王秋莲、博士后杨凤鸣于 2012 年 5 月 24 日到 6 月 2 日前往台湾，走访了七所大学和部分研究机构，为五所大学进行学术讲演，参加一所大学的论坛，与一些学界和企业界人士交谈。

这些校院为台湾政治大学、台北商业技术学院、实践大学、台中教育大学、暨南国际大学、侨光技术学院、逢甲大学、台南成功大学。我为其中五所大学做了五场学术讲演，内容包括 ECFA 的签署、实施、效益与愿景，中国入世后十年的挑战与应对，中国国际贸易学科的发展。听众包括学生、教师、研究人员与企业界人士。我参加了实践大学的“2012 全球化经贸论坛”。通过讲演与论坛，向与会者介绍了祖国大陆加入 WTO 后取得的巨大成就与今后发展方向，ECFA 对两岸经贸关系正常化、制度化、机制化的重要性，加速后续谈判的迫切性，两岸携手研究国际贸易学科的发展机遇与面临的挑战。

2007 年我撰写《近视台湾》，由人民出版社出版，内容有海峡两岸经贸关系历史、两岸作为 WTO 成员出现的经贸关系特点及改善和扩大途径的建议，还有参访游记。

2012 年 5 月 20 日，我和杨凤鸣博士后应邀参加台湾实践大学举办的“2012 年全球化经贸论坛”。2013 年 1 月 19 日，应胡联国教授邀请，我与中国 WTO 研究会外委会委员王晖、办公室主任王进军、博士后杨凤鸣赴台参加“亚太区域整合与经济发展国际研讨会”。这些活动结束后，我都以散文、游记为文体撰文，分别载入《耕耘》《心仪》和《乐为》文集。

2014 年以后，我未去台湾。以下内容都是 2006 年到 2014 年我到台湾研究、学术交流和参访后的留记。

2013 年 1 月，亚太区域整合与经济发展国际研讨会合影留念，
前排左二为胡联国，左五为作者，右二为李庆华，右六为王晖

6.1 “WTO 平台上海峡两岸经贸关系构建”课题研究

应台湾政治大学国际关系研究中心邀请，我偕夫人于 2006 年 11 月 1 日到 12 月 20 日，就中选的台湾“陆委会”“WTO 平台上两岸经贸关系构建”课题，到该中心进行研究。在研究中，除研读政治大学国际关系研究中心的相关著述成果，还与有关研究人员进行探讨；走访了“中华经济研究院”，与知名学者于宗先院士和刘大年、温丽祺研究员交谈；参与中国国民党荣誉主席连战为董事长的政策研究基金会的座谈；与云林大学、东华大学、中山大学和台湾大学的学者进行了交流。在上述基础上，撰写出我的课题，其主要内容如下。

6.1.1 海峡两岸成员关系出现僵局

在 2001 年 11 月于多哈举行的 WTO 第四届部长级会议上，中国和中国台湾（以中国台北名义）先后被接纳为 WTO 成员。但作为 WTO 成员的两岸关系很不正常。台湾当局主张将两岸经贸关系和“三通”问题纳入 WTO 框架下去处理，并组成 FTA 活动。大陆则坚持在 WTO 下，两岸经济贸易方面的问题，属中国内部事务，应在“一个中国”原则下磋商解决，不须通过 WTO，抵制其与其他 WTO 成员组成 FTA 的活动。

与此同时，台湾当局对大陆在 WTO 中的活动处处设防，通过在野党（国民党）间接推动两岸经贸关系。整体而言，大陆在 WTO 内，与台湾当局的关系陷入僵局且处于被动地位，长此以往，对大陆弊多利少。

第一，大陆做法为台湾当局对大陆实行“三不通”政策找到借口。

第二，阻止不住台湾当局利用 WTO 成员身份对大陆进行反倾销等活动。

第三，阻止不住台湾当局利用 WTO 成员身份组织 FTA 活动。因为 WTO 规则中没有不允许作为成员的单独关税区不能组织 FTA 活动的条款，且台湾当局早已参加 APEC。

第四，通过在野党推动两岸经贸发展使台湾当局占了便宜。因为在野党没有公权力，在野党与大陆谈判的结果，只有台湾当局确认后，才能实施。

第五，随着两岸经济贸易事务的加多，在台湾当局坚持按 WTO 成员身份与大陆处理经济贸易关系时，大陆如回避，不能阻止台湾单方面采取措施。

6.1.2 如何摆脱僵局，变被动为主动

第一，转变思维。双方不能回避或绕过 WTO 处理涉及与之相关的经贸关系，因为双方都是 WTO 成员。WTO 是世界多边贸易组织，不是政治组织，回避是被动的办法。

第二，解决途径。在明确其以中国台北身份加入的前提下，确认它作为 WTO 成员，应享受的权利与应尽的义务。

大陆可在 WTO 内发表“两岸作为 WTO 成员关系的声明”。声明可包括如下内容。

1. 作为 WTO 成员，两岸关系确立的法律基础。

（1）GATT 总理事会 1992 年 9 月就台湾成为观察员身份的三点声明。第一，要依照联合国大会 2758 号决议案，承认“一个中国”原则。第二，台湾观察员的名称是“台湾、澎湖、金门、马祖单独关税区”，简称中国台北。第三，两岸加入 GATT，中国在前，中国台北在后。

（2）两岸在加入 WTO 时，均未对对方引用“互不适用条款”。

（3）WTO 文件中赋予成员的权利与义务。

2. 作为 WTO 成员，依据上述法律基础，双方关系应确立如下的原则。

（1）中国是以主权国家身份加入 WTO，而中国台北是以单独关税区身份加入 WTO，虽然双方都是 WTO 成员，但主体身份不同。

（2）作为 WTO 成员的中国台北，在 WTO 活动中，应以“中国台北”身份出现，不能以“中华民国”或“台湾政府”名义活动。

（3）按照 WTO 规则，作为成员的“中国台北”应全面落实承担的义务，对大陆要实行“三通”。对大陆解除各种不符合 WTO 规则的做法。

（4）在上述原则下，中国承认和尊重中国台北作为 WTO 成员的权利。

（5）如果作为 WTO 成员的中国台北违反上述原则，作为 WTO 成员的中国将从维护 WTO 规则出发，作出相应的反应。

第三，通过论坛与声明等宣传表明祖国大陆的立场。

1. 倡议举行两岸学术论坛，破除台湾当局和学术界的自我安慰行为。

为了提升其作为 WTO 成员的所谓“国际地位”，台湾当局和学术界有意把 WTO 宣传成为所谓“世界经济联合国”，“两岸同时加入 WTO”等。通过论坛等从法理上明确台湾当局作为 WTO 中国台北成员的身份和地位。

2. 倡议海峡两岸以 WTO 成员身份进行谈判，明确两岸作为 WTO 成员的关系构架。

此件作为课题交给中国政府的有关机构和台湾地区“陆委会”。

6.2 ECFA 的达成、实施、效益与愿景

2012 年 5 月 20 日，我和杨凤鸣博士应邀参加台湾实践大学举办的“2012 年全球化经贸论坛”。我就海峡两岸《ECFA 的达成、实施、效益与愿景》论文要点加以宣读。原文如下。

前　言

2010 年 6 月 29 日，大陆海协会与台湾海基会领导人在重庆签署了《海峡两岸经济合作框架协议》（以下简称框架协议，英文全称 Cross-Straits Economic Cooperation Framework Agreement，ECFA），同年 9 月 12 日正式生效。自 2011 年 1 月 1 日 ECFA 早期收获计划实施以来，两岸经贸合作制度化有序发展，两岸经贸关系日益密切。ECFA 开启了两岸经济一体化进程，两岸进入制度化合作的轨道。

一、ECFA 演变进程

（一）酝酿阶段

1980 年初，香港学者黄枝连提出，要在两岸暨香港、澳门建立“中国人共同体”。20 世纪 80 年代中后期，“中国人共同体”成为海内外华人华侨讨论的焦点。1992 年 1 月，厦门大学台湾研究所倡议，由台湾、香港、广东、海南和福建共同建立华南经济协作区，这是大陆研究机构首次公开提出建立两岸暨香港、广东、海南和福建经济合作机制。

1994 年，在世界银行及国际货币基金组织的研究报告中，把中国及其台湾、香港地区视为一个整体的分析单元且称为“华人经济区”。

2000 年 11 月 12 日，中国国民党副主席萧万长在台北举行的“迎接 21 世纪——全球华人团结自强论坛”上，第一次提出两岸共同市场的构想，并在 2001 年 3 月 26 日，发起筹组的、资金规模达到新台币 1 亿元的“两岸共同市场基金会”成立。

2002 年 1 月 24 日，国务院副总理钱其琛在纪念江泽民主席关于祖国统一的重要讲话发表七周年座谈会上明确指出，在区域经济一体化不断突出的今天，应将两岸经济关系推升到一个新的水平。对此，台湾各界人士积极回应，表达了相同的愿望。

2003 年 11 月，中国商务部国际司处长李强表示，希望和台湾建立类似内地和香港建立的 CEPA 的安排。同年 11 月 12 日，国台办发言人李维一也表示，愿以 CEPA 的模式，促进两岸经济的进一步合作。但随后，台湾“陆委会”发言人陈明通表示，“CEPA 是‘一国两制’下的产物，不适用两岸之间的关系”。台湾当局认为，这是大

陆对台湾以商围政的新攻势。两岸签订“类似 CEPA 协议”的政治内涵被台湾当局无限夸大，导致其经济内涵被完全遮蔽。

2005 年 5 月 12 日，在“胡宋会”后发表的《会谈公报》中，提出了建立“两岸自由贸易区”的构想。随后，亲民党在同年 9 月 15 日的“两岸民间精英论坛”中，提出了以金门、马祖、澎湖作为“自由贸易特区”试办点的主张。

2008 年，海峡两岸关系实现历史性转折后，台湾方面提出希望签署《海峡两岸经济合作框架协议》。

2008 年 12 月 31 日，胡锦涛主席在纪念《告台湾同胞书》发表 30 周年座谈会上发表重要讲话，再次就此议题明确提出：两岸可以签订《海峡两岸经济合作框架协议》，建立具有两岸特色的经济合作机制，以最大限度实现优势互补、互惠互利。

（二）谈判阶段

2010 年 1 月 26 日，《海峡两岸经济合作框架协议》第一次海峡两岸关系协会和财团法人海峡交流基金会专家工作协商在北京举行。海峡两岸就《海峡两岸经济合作框架协议》的名称、基本结构、建立协商工作机制等问题交换了意见。在随后的 5 个月里（2010 年 2 月—2010 年 6 月），海峡两岸关系协会和财团法人海峡交流基金会又分别在台湾桃园县和北京举行了两次专家工作协商，逐渐敲定《海峡两岸经济合作框架协议》文本构成、早期收获计划等重要内容。

2010 年 4 月 25 日，马英九与民进党主席蔡英文就签订两岸经济合作框架协议（ECFA）进行电视辩论。马英九表示，签署 ECFA 对台湾有利。商签 ECFA 是两岸间特殊的经济合作安排，是一个经济协议。商签该协议是为了适应两岸推进经济往来正常化、制度化、机制化的客观需要，是为了实现两岸经济的互利共赢。

（三）两岸参与协商的机构

两岸负责协商的相关主管机关，台湾除“海、陆”两会外，也包括经济管理机构暨所属“国贸局”“工业局”等部门，财政管理机构、金融监管机构、农业管理机构等；大陆方面则除海协会、国台办外，还包括商务部、发改委、工信部、财政部、海关总署、质检总局、广电总局、银监会、证监会、农业部等。

两岸各议题主管机关的官员分为六组，即“协议文本”“货品贸易早期收获”“服务贸易早期收获”“临时原产地规则”“双方防卫措施”“服务提供者定义”，密集往返两岸，总共进行了 18 次的业务沟通、3 次正式协商以及多次双方主管机关间的联系协调，超过 780 人次参与。

（四）签订及实施阶段

2010 年 6 月 29 日，海峡两岸关系协会和财团法人海峡交流基金会领导人第五次会谈在重庆举行。海峡两岸关系协会会长陈云林和财团法人海峡交流基金会董事长江丙坤分别在《海峡两岸经济合作框架协议》和《海峡两岸知识产权保护协议》上签字，随后互换文本。

ECFA 的签订标志着海峡两岸经济合作从此开启新篇章。2010 年 9 月 11 日，海峡两岸关系协会和财团法人海峡交流基金会完成换文程序，同意《海峡两岸经济合作框架协议》和《海峡两岸知识产权保护合作协议》于 2010 年 9 月 12 日实施。

（五）ECFA 架构

ECFA 包括序言和 5 章 16 条及 5 个附件。5 章分别是：总则、贸易与投资、经济合作、早期收获、其他。16 条依次为：目标、合作措施、货物贸易、服务贸易、投资、经济合作、货物贸易早期收获、例外、争端解决、机构安排、文书格式、附件，以及后续协议、修正、生效、终止。5 个附件依次为：货物贸易早期收获产品清单及降税安排、适用于货物贸易早期收获产品的临时性原产地规则、适用于货物贸易早期收获产品的双方保障措施、服务贸易早期收获部门及开放措施、适用于服务贸易早期收获部门及开放措施的服务提供者定义。它们基本涵盖了两岸间的主要经济活动。

二、ECFA 特点、内容与属性

（一）ECFA 特点

ECFA 与其他区域经济合作协议相比，具有以下几个特点：

第一，ECFA 是具有鲜明的两岸特色的经济合作协议。双方既着眼于两岸全局利益，又着眼于两岸发展的需要，充分考虑了彼此关切，在搁置争议、求同存异、务实协商、合理安排的基础上，达成了一个规模大、覆盖面广的早期收获计划，使得两岸人民得以享受贸易自由化带来的利益。

第二，ECFA 是开放、渐进的经济合作协议。框架协议规定，两岸将在框架协议生效后继续商签货物贸易、服务贸易、投资等多个单项协议，逐步推进两岸间的进一步开放，最大限度实现两岸经济优势互补、互利双赢。

第三，ECFA 是全面、综合的经济合作协议。框架协议的内容涵盖了两岸间的主要经济活动，确定了未来两岸经济合作的基本结构和发展规划。框架协议既关注协议签署后带来的即时的经济效益，更关注海峡两岸经济的长远发展，关注海峡两岸人民的利益。ECFA 不仅可以降低两岸的关税、促进商品贸易的增长，而且是双方经贸关系走向正常化的契机。ECFA 的签署将为两岸经贸合作搭建制度化的平台，并建立具有两岸特色的经济合作机制，对增进双方的贸易与投资关系、扩大经济合作领域都将发挥积极有效的作用。

第四，ECFA 以先易后难的程序实施。为此，框架文本单独列出早期收获计划和后续商谈的安排。先就货物减免税和服务开放作出早期收获安排，然后陆续推进单项协议的协商。它们包括货物贸易、服务贸易、投资保障、争端解决，知识产权保护与合作、金融合作、贸易促进及贸易便利化、海关合作、电子商务合作，研究双方产业合作领域等问题。

（二）ECFA 文本的简要内容

1. ECFA 签署的原则与目标。框架协议序言指出原则有二。第一，“平等互惠、循序渐进”。第二，“本着世界贸易组织（WTO）基本原则，考量双方的经济条件，逐步减少或消除彼此间的贸易与投资障碍，创造公平的贸易与投资环境”。其目标是“加强和增进双方之间的经济、贸易和投资合作；促进双方货物和服务贸易进一步自由化，逐步建立公平、透明、便利的投资及其保障机制；扩大经济合作领域，建立合作机制”。

2. ECFA 的主体架构。ECFA 是架构协议，将来再逐项协商后续相关协议，逐步充实内容，其内容概要除前述“序言”及第一章“总则”外，其余内容概述如下。

第二章“贸易与投资”，包含货物贸易、服务贸易与投资，主要内容是针对未来所需要继续推动的个别协议，例如货物贸易协议、服务贸易协议与投资协议等，订出协商范围与主要事项，并对后续协议协商之起迄时间定为“生效后 6 个月内展开协商并尽速完成”。

第三章“经济合作”，涵盖智慧财产权保护、金融合作、贸易便捷化、海关合作、电子商务合作、中小企业合作及双方经贸团体互设办事机构等。对于现阶段尚未纳入两岸经济协议的合作事项，未来如通过双方同意，也可以纳入两岸经济协议的范围。

第四章“早期收获”，规定双方可以在现阶段提早享有降税与服务业开放利益的项目。没有纳入早期收获范围的货品降税与服务业开放，将会在未来的后续协议，再通过协商来决定开放的程度与方式。为降低大陆的早期收获项目对台湾产业可能之冲击，将同时规定早期收获降税与服务业开放的相关临时性配套措施、临时性贸易救济规则（如反倾销、防卫措施）以及临时性原产地规则，以避免其他国家“搭便车”，享有两岸经济协议利益。

第五章“其他”，主要规定落实两岸经济协议内容的相关配套安排，主要内容有例外条款、争端解决机制、机构安排（双方成立“两岸经济合作委员会”）、生效及终止条款等。

“两岸经济合作委员会”并非常设机构。其成立之目的，包括：第一，完成为落实本协议目标所必需的磋商；第二，监督并评估本协议的执行；第三，解释本协议的规定；第四，通报重要经贸资讯；第五，根据本协议第十条规定，解决任何关于本协议解释、实施和适用的争端。委员会可根据需要设立工作小组，处理特定领域中与本协议相关的事宜并接受委员会监督；委员会每半年召开一次例会，必要时经双方同意可召开临时会议；与本协议相关的业务事宜由双方业务主管部门制定联络人负责联络。

此外，ECFA 还包括五项附件：第一，“货物贸易早期收获产品清单及降税安排”；第二，“适用于货品贸易早期收获产品的临时原产地规则”；第三，“适用于货物贸易早期收获产品的双方保障措施”；第四，“服务贸易早期收获部门及开放措施”；第五，“适用于服务贸易早期收获部门及开放措施的服务提供者定义”。

3. 属性。ECFA 是广义的自由贸易协定（FTA）。根据 ECFA 签署的原则及目标来看，ECFA 与其他 WTO 会员签署的自由贸易协议（FTA）并无不同，随着 ECFA 相关协议逐步完成签署，就会展现 FTA 的实质内涵。

三、ECFA 签署后的各方反应

（一）两岸民众欢迎

据台湾“陆委会”的民意调查显示，高达近八成（79.3%）的台湾民众支持通过两岸制度化的协商来处理两岸交流问题，不赞成者为 15.9%。六成以上（61.1%）的民众满意 ECFA 协商成果，不满意者达 30.0%，8.9%表示没意见。

对于ECFA的效益,有62.6%的民众认为有助于与其他国家洽签FTA;并有59.2%的民众认为对台湾经济长期发展有好的影响，20.8%认为有不好的影响。

大多数民意肯定签署ECFA协议维护了台湾的利益（66.8%），同时没有矮化台湾的所谓“主权”益（58.9%）。

对ECFA，祖国大陆民众普遍持欢迎和支持的态度。

（二）国际社会肯定

欧洲联盟最高外交代表艾希顿（Catherine Ashton）对两岸签署ECFA表示欢迎，并称赞海峡两岸致力寻求“务实的解决方案以及和平发展关系”。欧洲联盟认为，两岸扩展经济关系，可能也有益于欧盟发展在东亚地区原已重大的贸易与投资关系。

WTO总干事拉米表示:“ECFA助台湾融入全球经济，是台湾达成整体贸易目标的重大作为，可改善两岸关系，确保岛内产业竞争力进一步整合到世界经济中，并可吸引外资”。

WTO秘书处的《台湾贸易政策检讨报告》也指出,“ECFA可改善两岸关系，因此可能打开台湾与主要区域内重要贸易伙伴签订更多FTA的道路。如此，台湾可以因应亚洲各国正在发展中的FTA浪潮所形成的竞争压力与挑战”。

美国国务院例行简报会上，发言人杜盖德（Gordon Duguid）表示:“新的协议代表两岸增加对话及互动，美国欢迎。”他并指出:“两岸关系近来不断改善，我们感到鼓舞；我们也希望这样的关系能够继续扩大与开展。”

两岸签署ECFA之后，新加坡政府通过外交部正式表达欢迎，认为签署ECFA将进一步增强两岸的经济合作，同时也有助促进区域经济整合。新加坡国务资政吴作栋评论ECFA将对两岸经济关系，甚至未来的政治关系都是很好的发展。

针对ECFA，日本政府发表评论表示，日本期待台湾问题能经由两岸当事者以直接对话方式和平解决。在此观点下，日本对此次成果表示欢迎，同时也密切注意今后状况之进展，包括该协议对日本经济之影响。

美国在台湾地区的商会会长、台湾康宁公司总经理余智敦（Alan T. Eusden）指出，以两岸签署智慧财产权保护合作协议为例，势必可以吸引更多外商把更多产品及技术带来台湾，而ECFA将对本地外商带来极大好处，不仅降低台湾被边缘化的风险，且使得跨国企业以全新角度看待台湾商机。

（三）世界各大媒体称许ECFA

日本《读卖新闻》:ECFA带动亚洲经济加强合作，有助于半个世纪以来两岸经济进一步的合作。

新加坡《海峡时报》:超越经济意义的历史性经济合作协定，为两岸和解创造积极氛围，不仅加强两岸经济联结，更是两岸和平的基础。

英国《金融时报》:有助开展与美国、日本及欧元区之经济协议，期望其能与美、日、欧盟洽签FTA。

美国有线电视新闻网CNN:将使两岸经贸交流空前密切，并使政治紧张关系得到缓和。

美国《华尔街日报》:台湾有机会成为亚太地区重要商业中心之一。

美国《华盛顿邮报》与法新社：截至目前，是减缓两岸紧张情势最有效的工具。

四、ECFA早期收获计划实施、效益与进展

（一）ECFA早期收获计划的主要内容

1. 货物贸易方面。大陆对539项（2009年税号）原产于台湾的产品实施降税，包括农产品、化工产品、机械产品、电子产品、汽车零部件、纺织产品、轻工产品、冶金产品、仪器仪表产品及医疗产品等十类。台湾对267项（2009年税号）原产于大陆的产品实施降税，包括化工产品、机械产品、纺织品及其他产品等四类。双方将在早期收获计划实施后不超过两年的时间内，分三步对早期产品实现零关税。

2. 服务贸易方面。大陆方面承诺，对会计、计算机及其相关服务、研究和开发、会议、专业设计、进口电影配额、医院、民用航空器维修，以及银行、证券、保险等11个服务行业，对台实施更加开放的政策措施。具体开放措施包含19项内容。台湾方面承诺，对研究与开发、会议、展览、特制品设计、进口电影配额、经纪商、运动及其他娱乐、航空电脑定位系统以及银行等9个服务行业，对大陆进一步开放。

（二）货物贸易早期收获执行情况

1. 大陆自台湾的进口情况

依据大陆海关统计，2011年，大陆自台湾货物进口总额为1 248.95亿美元，较2010年同期增长8%。早期收获货物的进口额约为198.53亿美元，其中，41.21亿美元已适用优惠关税，获减免关税约1.23亿美元。2012年1月至3月，大陆自台湾进口货物总额为277.5亿美元。早期收获货物的进口额约为49.6亿美元，其中，17.7亿美元已适用优惠关税，获减免关税约1.05亿美元，受惠进口额及关税优惠金额较2011年同期分别增长158%和421%。从2011年1月到2012年3月，共获减免关税约2.3亿美元。依照目前速度增长，2012年关税减免的总额有望在第二季度初超越2011年的全年水平。

2012年，框架协议早期收获清单产品进入第二阶段降税，94.5%的早期收获产品关税降为零。

2. 大陆签发原产地证书情况

依据大陆统计，大陆出口到台湾的框架协议原产地证明书，2011年累计核发24 000件，总金额约为15.1亿美元；2012年1至3月，累积核发6 944件，总金额约为3.72亿美元。

3. 台湾自大陆进口货物情况

依据台湾海关统计，2011年台湾自大陆进口货物约为435.97亿美元，较2010年同期增长21.89%，早期收获清单货物进口值约为48.63亿美元，较2010年同期增长23.71%，其中，10.36亿美元亿适用优惠关税，关税减免约2 276万美元。2012年1月至3月，台湾自大陆进口货物值约为96.28亿美元，早期收获清单货物进口值约为11.01亿美元，其中，2.92亿美元已适用优惠关税，关税减免约为1 080万美元，受惠进口额及关税优惠金额较2011年同期分别增长133.6亿美元和298.82亿美元。2011年1月至2012年3月，已使用的框架协议优惠关税进口额累计共为13.28亿美元，减免关税约3 356万美元。

4. 台湾签发原产地证书情况

据台湾统计，台湾出口至大陆的框架协议原产地证明书，2011 年核发 38 263 件，总金额约为 51.68 亿美元。2012 年 1 月至 3 月，累计核发框架协议原产地证明书 12 482 件，总金额约为 22.15 亿美元。

（三）服务贸易早期收获执行情况

自框架协议早期收获实施至 2012 年月底，据大陆方面统计，在非金融领域，有 6 家台湾会计师事务所申请获得有效期一年的“临时执行审计业务许可证”，131 家台湾企业获准设立独资或合资企业，合同金额 6.04 亿美元。核准引进 8 部台湾影片，其中，5 部已在大陆影院公映。金融领域涉及 19 家台湾金融机构，包括 3 家台湾银行经批准正在筹建分行，1 家台资银行获准对大陆台资企业经营人民币业务，13 家合资金融机构获得合格境外机构投资者资格，2 家台湾保险公司通过整合或战略合并设立子公司。

据台湾方面统计，框架协议项下，同期核准大陆资本赴台投资 43 件，投资或增资金额 1.08 亿美元。其中，中国银行台北分行、交通银行台北分行已分别完成登记手续，申请汇入计约 9 148 万美元作为营运资金，有待台方核定营业许可。共核准引进 20 部大陆影片，其中，16 部已在台湾上映。

（四）ECFA 早期收获产生的初步效应

1. 促进了两岸贸易投资的健康发展

改变了以往企业自发运作、无序竞争的局面。货物贸易早收的实施，加速了两岸贸易自由化、便利化进程，加快了两岸在货物通关、检验检疫及海关编码等方面的制度化以及相关标准的一体化发展，推动资源在两岸产业链的合理配置；服务业扩大开放，推动两岸加快市场体系建设、不断拓展开放的广度及深度，消除及减少两岸企业投资经营障碍，为两岸服务业发展拓展了新空间，为两岸经贸合作发展提供了新的增长点。

2. 持台湾经济贸易的快速增长

2011 年，台湾工业生产指数为 129.71，创近年来新高；ECFA 早收效应也推动台湾出口贸易发展。2011 年，台湾出口贸易额 3 082.57 亿美元，同比增长 12.3%，再创历史新高。看好 ECFA 早收关税减免、生产要素流动加快以及两岸直接“三通”等诸多优势，外商对台湾投资出现较快增长。

2011 年，外商对台湾投资 95.32 亿美元，较上年同期增长 30%；投资及贸易发展为岛内创造了更多就业机会。2011 年，增加就业 23 938 人。2011 年 12 月，岛内失业率降至 4.18%，为 2009 年以来的最低点。尽管受到欧美债务危机及世界经济降速等因素影响，2011 年，台湾经济增长率仍保持了 4.04%的增速，与其他国家和地区相比，成绩突出。2012 年第一季度，台湾对外招商投资金额为 24.26 亿美元，台商回台投资案共 20 件，投资金额约合新台币 145 亿元。

3. 支持台湾传统产业及中小企业发展

早期收获计划减税产品多集中于传统产业，降税提升了产品竞争力，推动传统产业再度兴起。据台湾方面统计，台湾的机械、纺织、运输工具等早收产品降税后，对大陆出口成长率均高于降税前，尤其是台湾具有竞争优势的工具机、玻璃、玻璃纤维、橡胶轮胎及农渔业对大陆出口更是快速增长。早期收获计划也有力地支持了台湾中小企业发展。据台湾方面统计，早期收获计划货物出口厂商中有 80%是中小企业。其中，有 50.7% 在过去三年没有对大陆出口过早收清单范围内的产品。据台“陆委会”估计，早期收获计划可能受益的中小企业达 22.7 万家，这些企业一年对大陆出口金额可增加 886 亿元新台币，相关的 42.6 万就业人员因此受惠。

4. 台湾已成为全球投资的新亮点

美国商业环境风险评估公司（BERI）2011 年第 3 次（12 月）的《投资环境风险评估报告》指出，由于受到欧债风暴及美国经济衰退影响，大部分国家和地区评分均略微下降，中国台湾的投资环境评比（POR）总分为 73 分，与挪威并列全球第 3 名。在列入评比的全球 50 个主要国家和地区中，仅次于新加坡、瑞士，在亚洲地区排名第 2 名。

（五）组织机构逐步健全

在 2011 年 11 月“两岸经济合作委员会”第二次例会上，已就两岸经贸团体互设办事处达成共识。办事处设立后，将对赴大陆投资的台商、来台投资的陆商以及两岸间的贸易活动都有帮助。目前，台湾方面已确定由外贸协会以“台湾贸易中心”的名义在北京、上海设立办事处，大陆方面也将相应设立类似的机构。ECFA 后续协商持续进行，在投保协议、争端解决、货物贸易、服务贸易及海关合作协议方面都取得进展，预计在第八次“江陈会谈”，有望签署投保协议和海关合作协议。

五、存在的问题与愿景

（一）存在的问题

1. 后续协商进展不快，影响 ECFA 效益的充分体现

因涵盖面窄、执行效益受限，双方迄今未完成货物和服务早期收获清单。在后续协商部分，目前接近完成的仅有投资保障协议及海关合作协议。预计在今年 6 月第 8 次“江陈会谈”签署。

2. 大陆未得到 WTO 成员的正常待遇

根据框架协议精神，两岸双方应相互给予不能低于 WTO 成员的待遇，但台方迄今尚未给予大陆 WTO 成员的同等待遇。在货物贸易方面，仍有 38%的农产品和 14%的工业品被列为敏感项目，不准自大陆进口。服务业未对大陆企业开放投资比重更接近 50%，已开放的行业相关限制也远多于外商。台商赴大陆投资早已获得等同外资的 WTO 待遇，但大部分的大陆企业仍受台湾各种限制无法赴岛内投资。大陆对台湾的开放高于在 WTO 中的承诺。

3. 误导民众全面了解 ECFA

在 ECFA 协商过程中，台方主管机关及从业者心态多是希望大陆单方面“让利”，高层基于选举考虑，也极力避免碰触敏感问题，以致媒体和民众多数对 ECFA 的认知片面。认为框架协议就是便利台商进入大陆市场，从对岸取得经济利益，并未了解作为广义自贸区的 ECFA，也应相应进一步对大陆开放市场，要从“让利”转变为“互利”阶段。

4. ECFA 后续商谈进入深水区

随着早期收获实施的完成，ECFA 后续谈判“由易渐难”进入深层次领域。未来会有越来越多的难题和障碍，必然涉及更多相关利益人的实际利益调整，协商难度加大。

（二）愿景

1. 尽快实现两岸领导人的期盼

2012 年 3 月 14 日，国务院总理温家宝与中外记者见面并回答记者提问时说：“我首先考虑的是，要加快 ECFA 的后续谈判。在加强两岸经贸交往当中特别要照顾台湾中小企业、特色产业和基层群众的利益，尤其是中南部群众的利益。”

国务院台办主任王毅为祝贺全国台湾同胞投资企业联合会成立五周年举行招待会，在致辞中提出进一步推动两岸经济合作的考虑。一是努力加快框架协议后续协商。目前，双方已就投资保障和促进协议基本达成一致，大陆方面已开始为在两会第八次会谈时签署协议进行具体准备。海关合作协议的商谈已接近尾声，完成协商后也将提交两会签署。二是着力深化两岸金融合作。建立两岸货币清算机制，是今年两岸金融合作的重点内容之一。目前，两岸主管部门沟通通畅，已基本形成共识，有望早日取得实质成果。三是继续鼓励大陆企业赴台投资。四是大力推进两岸产业合作。两岸产业合作尤其是新兴产业合作，是两岸经济合作面向未来的重点推动方向，有助于发挥两岸各自优势，有助于培育民族自主创业，有助于两岸携手参与国际竞争。

在国务院领导下，大陆各主管部门和各地区会支持和落实 ECFA 的后续协商。

台湾地区领导人马英九早在 2010 年 7 月 1 日记者会指出，《两岸经济合作架构协议》的签订，对台湾、大陆、亚太地区乃至全世界，都有非常重要的意义。这项协议“跨出三大步”。第一，台湾突破经济孤立的一大步：让台湾走出经济被边缘化的威胁；第二，两岸经贸走向互惠合作的一大步：可以在制度化的架构下，为台湾创造更多商机和增加更多就业机会；第三，是加速亚洲经济整合的一大步。今后，台湾的价值会受到亚太地区与国际社会更大的重视，台湾很可能成为各国企业进军大陆市场的跳板。

鉴于台湾当局在后续协商“且战且走，缺乏通盘规划”的状态，2012 年 4 月 26 日，台湾《旺报》在社评中呼吁，台湾主管方面“赶快上紧发条，作出改变”，“拟定 ECFA 协商路径图：政府必须做好充分的准备，依据台湾经济发展长期需要，从经济战略观点，规划未来两岸经贸发展蓝图，再据以拟定 ECFA 的协商策略及其具体规划，如此才能引导各个执行机关按部就班推动协商，建立各项配套”。

2. 以紧迫感深化 ECFA 协商

ECFA 后续协商具有紧迫性，拖延将使内外部对两岸贸易自由化利益的预期下降。两岸正面临重要的历史机遇。全球金融危机、欧洲债务危机以及国际政治经济局势动荡，正在改变全球经济格局。两岸应抓住历史机遇，应对全球产业调整和竞争环境的变化，适时抢占国际分工体系的高端。

2012 年，主要发达国家经济复苏步履维艰，新兴经济体及发展中国家经济增速放缓，世界经济发展前景不容乐观。面对较为严峻的国际环境，大陆将继续加快经济结构调整、转变发展方式，以实现经济 7.5%的稳健增长。大陆实施的扩内需、稳出口、促平衡的发展战略，将推动两岸加强合作，携手应对外部环境的挑战，共同提升国际竞争力。

ECFA 协商的持续深化更是为两岸经贸合作发展增添新的动力。一是扩大降减税范围将有力推动两岸贸易发展。今年，ECFA 早期收获计划进入第二个降税阶段。大陆对台湾实施零关税的项目已占早期收获清单近 95%，ECFA 的贸易效应将显著扩大。二是今年两岸将继续加快沟通与协商，推动投资保护、货物贸易、服务贸易等合作协议及争端解决机制的商签。ECFA 的持续深化，将为两岸经济合作创造更加完善的制度保障。三是在 ECFA 主导下，两岸尤其是台湾市场开放度会持续扩大，对大陆资金入台限制会逐渐减少，两岸双向投资规模会进一步增加。四是产业合作层次提升，重点产业合作前景向好。在 ECFA 主导下，两岸将继续推动 LED 照明、冷链物流等新兴产业的试点合作。通过深化 ECFA，整合大陆“十二五”和台湾“黄金十年”，开拓稳定的一体化内部市场，降低外部冲击，促进经济发展，造福两岸人民。

3. 两岸学界携手后续商谈研究

两岸学术界对 ECFA 后续协商的问题进行了不少研究，推动了两岸政府授权下两会的协商。希望在此基础上加强合作与沟通，重视 ECFA 后续协商中各种问题的研究，提出切实可行的建议，为 ECFA 后续协商谈得快、谈得好、谈得深，出谋划策。

6.3 台湾地区政策研究基金会对 CEPA 感兴趣

2006 年 12 月 8 日，台湾政策研究基金会政策委员高孔廉邀请我参加“两岸经贸未来发展座谈会”。座谈的题目有：参加 WTO 承诺表之落实情形，WTO 开放措施的冲击及因应之道，内地与港澳 CEPA 之协议内容及落实情形，两岸迈向共同市场之步骤。参加座谈会的人员有：政策研究基金会科技经济组政策委员陈武雄，财政金融组政策委员许振明，行政管理机构顾问尹启铭，台湾经济研究院吴福成，政治大学国际关系研究中心研究员陈德昇等。

在研讨中，我认为两岸建立共同市场的倡议不切实际。理由：第一，就现有地区经济一体化形式而言，共同市场是个较高级的阶段，此前的阶段一般有贸易优惠安排、自由贸易区、关税同盟，两岸越过前几个阶段到共同市场阶段非常困难。第二，这些地区经济一体化的形式都是由政府推动组合，尚没有由民间推动，再由政府确认的地区经济一体化组织。我认为，两岸经贸未来发展的可靠途径，就台湾而言，一是按 WTO 规则，对大陆实行“三通”，二是仿照内地与港澳的 CEPA 签署相应的 CEPA，三是继续现在做法，由在野党（中国国民党）和民间推动，由台湾当局确认。

高孔廉对我提出的仿照内地与港澳的 CEPA 签署相应的 CEPA 感兴趣，要我介绍具体的做法。我提出以下几点。第一，文件题目从《内地与香港关于建立更紧密经贸关系的安排》改为《中国大陆与中国台北（Chinese Taipei）关于更加紧密经贸关系的安排》，前言依此做相应改动。第二，原文件第一章总则做以下修改：第一条按称谓改正，余保留；第二条“原则”中，“一、坚持遵循‘一国两制’的方针，废弃‘一中各表’的方式”，“二、三、四、五”保留；第三条“建立与发展”保留；第四条“中国加入 WTO 法律文件”中特定条款的不适用保留。第三，原文件中的第二章“货物贸易”、第三章“原产地”、第四章“服务贸易”、第五章“贸易投资便利化”、第六章“其他条款”保留。参会的其他人士对我的建议多数表示赞同。

6.4 台湾行政管理部门、学者对海峡两岸经贸关系发展的选项

6.4.1 萧万长对两岸经贸关系发展的构想

中国国民党主席马英九已选定萧万长为其竞选台湾地区领导人的配搭。2000 年底，萧率先提出“两岸共同市场”的主张。在萧 2005 年 10 月出版的《一加一大于二——迈向两岸共同市场之路》中，把他的这一理念加以系统和完整的论述。

（一）“两岸共同市场”的含义与意义

“‘两岸共同市场的’的重点是，‘两岸’和‘市场’要‘共同’来发展，结合起来的效应绝对不是一加一等于二，而是大于二。”[①]“两岸市场的性质不完全相同……但互补性很强，互通所创造的效果将会更大。”“‘两岸共同市场’属于‘创造效果’，不仅经济意义非常大，而且政治意义和安全意义也很大。‘两岸共同市场’的格局比 CEPA 和 FTA 都大。”[②]具体而言，对台湾有两大好处：在台湾对大陆经济依存度提高的情况下，“更需要制度的整合来降低风险……，而‘两岸共同市场’谈的制度整合，就是要降低风险”。[③]“有了‘两岸共同市场’，台湾才能跳脱被边缘化的困境。”[④]

（二）“两岸共同市场”的定位与内涵

萧认为“两岸共同市场”是理想和愿景。“让它成为两岸经济合作、政治统合的基本架构。我深信，这个架构不仅有助于两岸下一步的经济发展，也将是东亚和平稳定的重要支柱。”[⑤] 萧设想的“共同市场”，也是包括大陆与台湾、内地与港澳的“大中华市场”。[⑥]

（三）“两岸共同市场”在解决政治冲突中的作用

萧认为，“两岸共同市场”为两岸政治安排奠定基础。两岸的制度、社会文化与价值观念还存在很大的差异。既然如此，为什么不寻求一些具体解决方式？而最具体、最实际且最能理性衡量优劣、带来现实利益的制度就是“经济”。两岸应该从“下层结构”的经济制度统合开始进行，再扩大到相关的社会政策。“两岸共同市场”需要整合贸易法规以及关税、金融、会计等各种经济制度，而共同市场涉及服务、劳动力自由流动的

① 萧万长，《一加一大与二——迈向两岸共同市场之路》，台北：天下远见出版股份有限公司 2005，第 17 页。
② 同上书，第 17 页。
③ 同上书，第 18 页。
④ 同上书，第 19 页。
⑤ 同上书，第 31 页。
⑥ 同上书，第 156 页。

部分，更涉及其他社会制度的相容，如果能循序渐进讨论这些制度上的差异，取得相容性，那么，要谈政治统合架构的安排才能有扎实的基础。[①]

（四）两岸走向共同市场的步骤

1. 在已达成共识基础上展开两岸官方协商。

2. 双方协商的主题与进程：

（1）贸易往来正常化，即先解决“三通”问题。

（2）逐步从自由贸易区到关税同盟。“不论是自由贸易区或下一步的关说同盟，都不可能一步到位，必须经过一段时间逐步完成。在这段时间内，双方可以签订‘过度协定’，承诺最终（最长十年内）将形成自由贸易区或关税同盟，并在协定内订出时间表与进程计划。”[②]

（3）两岸建立经常性的协商平台和风险管理机制。“从经贸关系正常化到大中华自由贸易区，再到共同市场的过程中，两岸需建立一个经常性的协商平台，持续规划相关的制度配套并解决争议，同时持续进行双方高层级会议以及各层级的具体工作会议。”这个协商平台的权限“首先要取得共识”。“平台应该包括‘两岸共组的学术智库论坛’。”“两岸在这个过程中，可以先就防疫共卫、经济犯罪、劳工政策等问题建立协商平台，沟通解决差异，同时建立密切的讯息交流管道，以预防各种在经贸交往中可能出现的风险。两岸可以针对个别合作产业或区域的特殊性，建立救济与风险管理机制。”[③]

3. 优先解决的七大议题：

（1）投资与贸易的保护。

（2）两岸金融合作与接轨。

（3）争议排解与仲裁制度的建立。

（4）智慧财产权的保障与专利认证规范的整合。

（5）就产品标准化、标准检验认证等规范进行协商。

（6）先提供台湾民众国民待遇。

（7）协商共同投资开发计划。

4. 两岸经济整合的层面：

（1）从经济区域形成的经济整合。日本国际知名学者大前研一认为，中国随着经济发展，逐渐形成东北、津京、山东、长江三角洲、福建、广东六个相对自主的经济区，周边华人主导的国家和地区都可与这些地区进行经济整合。萧主张，除去福建，“长江三角洲和珠江三角洲也列入与台湾进行经济整合的试验区”。[④]

（2）从产业整合着手。萧列出的产业经济整合项目包括两岸物流、农业科技合作以及合作进行投资开发计划。投资项目包括尖端产业和能源产业。[⑤]

---

① 萧万长，《一加一大与二——迈向两岸共同市场之路》，台北：天下远见出版股份有限公司2005，第123页。

② 同上书，第158页。

③ 同上书，第177页。

④ 同上书，第170页。

⑤ 同上书，第170—174页。

（五）“两岸共同市场”时间表

如果两岸能在一年内开始就贸易正常化进行协商沟通，并在 2007 年底前完成解决“三通”障碍，2008 年台湾地区领导人选举后，两岸可针对自由贸易协定问题开始进行正式磋商。以 2015 年作为两岸正式进入自由贸易时代的标志，接着以关税同盟为目标，同时着手为“两岸共同市场”进行制度性的协商。可以期待在 21 世纪中叶，两岸出现一个初步的政经统合架构。[①]

6.4.2 江丙坤对两岸经贸关系发展的具体期盼

2005 年 3 月底，中国国民党副主席江丙坤率领中国国民党访问团对大陆进行“缅怀之旅”“经贸之旅”并达成“江陈十二项共识”。2006 年，江丙坤著文[②]表达他对两岸经济贸易关系发展的具体期望。

1. 前提

如果两岸能搁置政治和意识形态之争，两岸经贸就会顺应国际化、自由化的潮流，加速经济整合。

2. 具体做法

（1）开放两岸直航

根据“中华经济研究院”估计，两岸直航，旅客运输成本可以降低 27.1%；货物运输成本降低 16.4%。根据台湾方面估计，直航可节省来往两岸时间至少四小时。两岸直航后，成本及时间可大幅下降，一天即可以来回，应可减少长住大陆的人数，周末回台可以增加消费，亦可维系正常的家庭生活。

（2）开放大陆观光客来台

2005 年，台湾赴大陆 411 万人次，而大陆来台仅 17 万人次，台湾处于严重逆差。开放大陆来台可舒缓逆差现象，也可带来可观商机。根据台湾方面的估计，只要一天开放 1 000 名大陆观光客，一年即可有 36.5 万人，以平均来台停留七天六夜计，预计全年将为台湾观光产业及相关行业带来约 6 亿美元的外汇收入，即约 192 亿新台币。

（3）开放两岸直接通汇及台商资金回流

2005 年一整年，两岸汇出汇入款总金额约为 420 亿美元，而同年两岸贸易总额 717 亿美元，若再加上台商投资 60 亿美元，显示两岸资金流通与此差距甚远，这应该是两岸资金往来仍有困难所致。未来，两岸应开放直接通汇。如此，地下通汇管道将会受到影响，但多数企业及人民均将受益，而通汇金额将大幅增加。

至于两岸资金往来的限制应逐步取消，让资金自大陆回流后，可以依市场法则再汇出；若再配合两岸租税协议，避免双重课税，则台商可以台湾为资金调度中心，利润自然愿意回流台湾。

（4）开放大陆企业来台投资

台湾经济发展要达到国际化、自由化的目标，必须开放其他国家和地区的资本、人

---

① 参见萧万长，《一加一大与二——迈向两岸共同市场之路》，台北：天下远见出版股份有限公司 2005，第 167 页。

② 江丙坤，《未来 20 年的两岸经贸发展》，载高希均《两岸经验 20 年》，天下远见出版股份有限公司 2006，第 327—334 页。

员、技术来台。大陆在经济快速发展多年后，已展开对外投资。2005年，全年对外直接投资（非金融部分）69亿美元，比2004年增长25.8%，资金充沛。未来开放大陆企业来台，可带动产业发展，而开放大陆企业投资房地产，也可带动房地产景气。

（5）开放大陆物品来台

目前，台湾仍禁止2000多项大陆物品进口。但依据WTO规范，未来台湾应该逐步开放，这将会降低台湾贸易顺差。但通过服务业开放，可以弥补。

（6）开放台商及境外公司来台上市

截至2005年12月，台商投资大陆为34 000余件。许多台商在大陆经营良好，获利甚丰，开放这些绩优厂商回台，可以活络台湾股市，并使台湾成为亚洲区域资本中心之一。目前，由于赴大陆投资不得超过净值40%的限制，以致台商转而向香港上市，台商努力的成果将拱手让人。只要有前1%的绩优大陆台商回台上市，就有600支绩优股。届时，必将吸引全世界的资本向台湾涌进。

（7）两岸深化产业分工

台湾应该摆脱低成本的竞争模式，走向资讯、生物科技等高科技，迈向全球运筹的服务业及本地化的服务业（如观光休闲）。在产业发展上，走微笑曲线两端路线，也就是朝左端的研发创新、右端的行销及通路发展，并整合整个产业价值链以提高附加价值。

（8）建立两岸产品标准规格（intra-industry trade）。

换言之，同类产品互有进出口的需求，而这也显示两岸同时输出入电机设备及其零件、机械用具，存在产业内贸易现象（有必要采用相同的产品标准规格）。因此，两岸应共同研商标准规格，以利两岸建立产业合作相同的产品标准规格，共同进军世界市场。

（9）加强台商权益保障

未来，两岸投资贸易往来会更加热络，两岸应签署台商投资保障协定并互设办事处，互派商务人员进驻，建立制度化的机制，解决台商在大陆经营所面临的商务纠纷；同时，促进两岸商务往来。

（10）建立共同市场

①好处：开创两岸和平、和谐、合作的气氛，改善两岸关系；增进两岸经贸合作，使台湾能善用大陆资源、壮大经济实力，而大陆能善用台湾的资金、技术及国际行销经验，持续经贸发展，这对两岸是互惠双赢的局面；使台湾借由大陆而融入亚洲区域经济整合体系，避免被边缘化。

②具体做法：

*尽速恢复两岸制度性的沟通协商管道，为两岸经济的壮大共同努力。

*两岸赞助支持，定期举办产、官、学界研讨会，研讨两岸自贸区成立的相关问题。由于两岸均为WTO会员，两岸自贸区成立的磋商原则，应符合WTO的规范。其他原则包括有助于双方产业结构的调整、互惠互利、优势互补等，先难后易、逐步推进。

*两岸官方或半官方组织应成立联络工作小组，具体推动两岸自贸区的成立。

*两岸自贸区成立之后，再循序渐进，推动两岸关税同盟，并逐渐发展到“两岸共同市场”。

6.5 对2014年前海峡两岸经贸关系展望的思考

根据我在2014年前对台湾研究、交流和走访的感受，对下述问题作出思考，提出进一步研究的建议。

6.5.1 如台湾政策不发生逆转，两岸经贸关系将有较大发展

1.《反分裂国家法》提供了经贸关系较大发展的基线。

2005年3月14日，第十届全国人大第三次会议通过《反分裂国家法》。第五条指出："坚持一个中国原则，是实现祖国和平统一的基础。"

第六条指出："国家采取下列措施，维护台湾海峡地区和平稳定，发展两岸关系：（1）鼓励和推动两岸人员往来，增进了解，增强互信；（2）鼓励和推动两岸经济交流与合作，直接通邮通航通商，密切两岸经济关系，互惠互利；（3）鼓励和推动两岸教育、科技、文化、卫生、体育交流，共同弘扬中华文化的优秀传统；（4）鼓励和推动两岸共同打击犯罪；（5）鼓励和推动有利于维护台湾海峡地区和平稳定、发展两岸关系的其他活动。国家依法保护台湾同胞的权利和利益。"

第七条指出："国家主张通过台湾海峡两岸平等的协商和谈判，实现和平统一。协商和谈判可以有步骤、分阶段进行，方式可以灵活多样。

"台湾海峡两岸可以就下列事项进行协商和谈判：（1）正式结束两岸敌对状态；（2）发展两岸关系的步骤；（3）和平统一的步骤与安排；（4）台湾当局的政治地位；（5）台湾地区在国际上与其地位相适应的活动空间；（6）与实现和平统一有关的其他任何问题。"

在上述法律背景下，大陆对海峡两岸经贸关系会进一步采取促进扩大的动作。关键在于台湾当局的作为。

2008年前，台湾当局从竞选和取悦台商的角度出发，在两岸经济贸易关系上会继续发展，如开放两岸直航，适当加多大陆观光客到台，开放两岸直接通汇及台商资金回流，开放台商及境外公司到台上市。但大陆企业到台投资和大陆物品出口到台不会马上解禁和全部放开，"三通"很难实现。

2008年3月，台湾地区领导人选举后，不管谁当选，如果不搞任何形式的"台独"分裂活动，海峡两岸关系将会有很大的改善。

2. 萧的"两岸共同市场"设想比较符合两岸和平统一的长远计划，已得到大陆的回应。2005年4月底，中国国民党主席连战到大陆访问，与中共中央总书记胡锦涛达成的共识中，有一项是关于"促进恢复两岸协商后优先讨论两岸共同市场问题"。2008年马英九如当选为台湾地区领导人，上述背书定会成为具体的行动。

6.5.2 值得研究与关注的动态

6.5.2.1 对大陆正面看法不断增多

第一，台湾年轻学者认为，大陆具有广泛的发展前途。台湾一些大学生到大陆旅游

和参加夏令营活动后，感到祖国大陆历史悠久、文化内涵深厚，历史文物远远多于台湾，重视对传统文化的保护，祖国大陆文化是台湾文化的渊源。一些已经拿到博士学位的助理教授已经到南开大学、北京理工大学攻读博士，还有一位助理教授要求攻读我的博士。他们认为，拿到两个博士学位，有利于在大陆的发展。

第二，祖国大陆发展对台湾企业有利。

企业界人士认为，祖国大陆政府组织能力强，市场经济在不断完善，“十二五”规划方向明确。如果祖国大陆法制继续加强，透明度不断提高，市场发展潜力巨大，对台湾的经济辐射作用将加强，受惠面更宽。

第三，对中国共产党看法有所转变。

对党中央处理薄熙来违纪事件持肯定态度，表明中国共产党严于律己。党和国家领导人重视经济发展，救灾表现令人感动，工作效率高，经济取得高速发展，台湾也跟着受惠。表面看，台湾实行所谓“民主”，但台湾经济就是上不去，没有大陆帮助，台湾会更边缘化。

第四，祖国大陆真心实意帮助台湾同胞。中东地区一些国家出现动乱后，祖国大陆迅速派出专机撤侨，接工人回国。在祖国大陆帮助下，在这些国家投资经商的台湾地区的商人也随专机撤出，享受与大陆同胞的同等待遇，体会到中华民族的亲情，感到祖国大陆是他们的靠山。

6.5.2.2 加强对作为 WTO 成员的中国台北的对应研究

2008 年后，不管谁当选为台湾地区的领导人，在他们“扩大国际空间”的追求中，WTO 将成为一个重点。这个问题的解决对两岸经贸关系正常化具有重大影响。

6.5.2.3 加强对 ECFA 的共识研究

台湾对 ECFA 效益看法不一。第一，“蓝营”学术界基本肯定 ECFA 早期收获给台湾带来的正面效应，期望后续谈判工作抓紧。第二，“绿营”学术界对 ECFA 持批评态度。《中国时报》5 月 28 日报道，亲“绿营”团体在 5 月 27 日的“台湾经济发展研讨会”上，对 ECFA 等两岸经贸政策提出猛烈批评。台湾“清华大学”社会所助理教授洪彩隆、前“陆委会”副主任董振源等人提出报告，认为 ECFA 不仅总体成效有限，更加深台湾边缘化和依附化。第三，一些学者认为，2012 年 1 月到 2 月，大陆从台湾进口减少，以此否定早期收获效应。

6.5.2.4 关注台湾组织“自贸区”的动向

台湾研究机构和学界关注台湾与 WTO 成员谋建“自贸区”问题，认为：第一，大陆应允许台湾与 WTO 成员建立“自贸区”；第二，台湾可否单独加入美国提出的 TPP；第三，对中韩、中日韩自贸区开始构建的启动谈判，感到压力大，认为对台湾不利。

6.5.2.5 对大陆客赴台旅游期望高

台中教育大学永续观光暨游憩管理研究所所长吴忠宏教授介绍，2011 年，来台陆客高达 178 万人次，较 2008 年增长逾 5 倍，促进台湾旅游事业的发展，增加了旅游景点的收益，减缓了金融危机的压力。同时，他也指出如下存在的问题。第一，大陆旅游机构长期拖欠台湾接待旅游机构的费用。第二，陆客人潮与钱潮有明显落差。来台大陆观光团每人每日的消费金额约为 246 美元，不仅低于全体来台观光者的每日平均消费，与日本观光团的 318 美元相比，差距更大。第三，大陆低价组团迫使台湾旅行社和导游强迫大陆游客购物，赚取佣金。第四，大陆游客破坏观光景点景物，出现乱写、乱画、乱刻等现象。第五，台湾一些大学通过问卷，总结大陆游客在台旅游的感受，向台湾当局及相关旅游业者提出改进建议。我们 6 月 2 日在台北桃园机场候机室，就见到静宜大学管理硕士在职专班一组师生向大陆游客发放旅游问卷，内容有：您对“台湾旅游服务质量认知”的同意程度，您对“台湾旅游服务满意度”满意程度，您对“重游意愿”的同意程度。

6.5.2.6 台湾一些媒体对大陆报道不公正

总的情况是报道少，而且负面消息多于正面消息，有意渲染大陆负面信息和谣言。

6.5.2.7 台湾各界对大陆存在“外平内求”的心态

所谓“外平”即要争取台湾与大陆“平起平坐”，不能“矮化”；所谓“内求”是要大陆多给台湾好处，而不强调互惠。

第一，2010 年 6 月两岸签署 ECFA 后，台湾“陆委会”的民意调查显示，大多数民意肯定签署 ECFA 协议维护了台湾的利益（66.8%）。

第二，台湾坚持不按 WTO 互惠原则处理两岸经贸关系。台方迄今尚未给予大陆 WTO 成员的待遇。在货物贸易方面，仍有 38%的农产品和 14%的工业品被列为所谓敏感项目，不准自大陆进口。5 月 25 日下午，在台湾实践大学参加“2012 年全球化经贸论坛”，谈及“两岸国际贸易教育与证照的合作机会”题目时，我提出台湾当局对大陆学生可以在台湾大学学习，但毕业后不能在台湾就业的规定是不平等的。台湾方面的与会人士却对此均加以辩解，认为大陆市场大、就业机会多，应该照顾台湾。

7

接访、释疑与驳辩

我在进行上述活动的同时，也通过接访媒体，举行新闻茶座释解、维护中国 WTO 权益，与国内知名教授和公知大 V 通过著文驳辩。

7.1 接访

7.1.1 有原则地接受电话、视频采访

通常我婉拒电话即时的采访。每当在“复关”“入世”敏感时期或外国对中国贸易上采取限制措施的当天晚上，就接到要我表态的电话采访，我都婉言谢绝。我表示，事情刚出来，不知原委，情况不明，不能随意表态。

从 20 世纪 80 年代后期开始接受电视视频采访，有的是被接到电视台演播厅，由主持人提问，我接续答话，现场直播；有的是来到我家、学校进行录像采访，然后播出。当时，中央电视台肖晓琳首次就“复关”对我进行采访，中央电视台第四频道就中外贸易争端进行现场交谈直播。

1999 年 4 月 24 日，作者（左）接受中央电视台现场采访

如约定采访，通常我都与采访者进行事前交流，商定采访内容。但是，我反对和婉拒命题式的视频采访。

我应邀参加了 2018 年 3 月 23 日上午某小型内部座谈会，就 22 日美国总统特朗普签署对华 600 亿美元加征惩罚关税行动如何进行应对，我提出建议。

3 月 23 日夜，助手杨凤鸣转来中央电视台 24 日进行现场录像采访的邀请，我答应下来。

24 日上午 10 时，中央电视台一位采访主持人、一位录像师来到办公室，告知电视台知道我参加了 3 月 23 日的内部会议，特要他们前来采访，要我谈谈如何打好中美贸易战。

我有些愕然，中国应对尚未出台，怎么就研究中美贸易战的打法。我认为还未到开打贸易战的地步，与我昨日的表态相异。我不同意按“贸易战如何打”的提法接受录像采访。

第一，特朗普只是单方面提出加征关税，我们如上升到贸易战，调子太高，不利于接续谈判。

第二，加征关税理由来源于中国侵犯美国知识产权，所以施加惩罚关税，为何只讲加征，不提“惩罚”。

第三，关键问题是要确定有无事实。早晨，中央电视台说知识产权侵犯没有根据，而又不提其“没有”的根据。因为侵权盗版在国内盛行，上一年中国知识产权法院也对中国公司侵犯美国公司知识产权进行判决，中国败诉，因此很难说没有，只是多少的问题。

第四，此事，2017 年 8 月后调查启动，启动后与中国有无交流。他们告诉我，采访中国商业协会时，说交流过，中方说没有侵权，美方认为中国调查违规。我认为应该双方进行合作调查，共同举证，不然，各说本身有理，出现误判，加大误解，引发贸易争端和摩擦。

我认为，中美还不到贸易战地步。如果以贸易战提法去演绎、表态，对后续谈判不利。他们说，这是电视台定的调子，不能改动。我说我的研究还未到打贸易战的地步，过早上纲上线，我们会被动，不利于中国表态后的接续谈判，只好婉拒录像采访。

为使他们理解我的态度，我介绍了以往世界/中国贸易战的引发、贸易战的内容、贸易战的后果、贸易战的中止等。特朗普总统加征关税，如果不能妥善解决，可能引发贸易战。现在谈论贸易战打法过早。时近中午，他们没有完成录像采访，我表示遗憾，他们失望地离去。

此后，中央电视台就以打贸易战的立场，在视频上出现了一些人士高调的表态，而且越来越高，跨出 WTO 专业的激烈语言涌现。事后证明，超前、非专业的高调给中国后续谈判帮了倒忙。

7.1.2 喜欢交流式的书面文字采访

随着中国“复关”“入世”谈判的跌宕起伏，20 世纪 90 年代后，国内外众多报刊不断约访我。

通常，我先要记者列出采访的问题，我审阅后，再确定是否接受采访。如确定接受采访，我一般拟出回答细纲和准备一些素材。采访后，我一定要审读他们的书面采访文字、进行修正，返回后才能发表。

通过接受采访，检验了我的思考与研究水平；同时，了解到更多的舆论信息，明确社会关注的问题，进一步修正我的研究方向。

当然，我也了解中国媒体记者的专业水平，以及他们理解中央文件精神的程度。有一次，《国际商报》就多哈回合中国参与农业谈判采访，我写了一篇《适度削减库存是农业谈判的一个选项》给他们，很快就在该报第一版登出，但删除了“适度”二字。我急打电话，告“绝不能删除‘适度’二字，如果删掉，将歪曲文章原意，诋毁了中国粮食库存的战略”。我得到的回答是，他们是按中央提出削减产能过剩的提法才删掉“适度”二字。我解释后，她们承认理解中央文件不准确，删错了。

7.1.3 具有时代意义的采访问题

报刊记者的采访问题、标题和归结给我留下深刻的记忆。特将部分采访问题和归结摘录如后。读者可以领略中国媒体记者观察问题的角度、敏感度以及我认知的要略。

7.1.3.1 关贸总协定与中国经贸体制改革

《中国教育报》记者　张佳伟（1993.5.12–26）

问：自 1992 年以来，GATT 与房地产、股票共同构成社会舆论的三大热点。作为我国 GATT 研究会会长，您多年来从事国际贸易研究和教学工作，请您介绍一下我国争取恢复 GATT 缔约方地位的过程。

问：从您介绍的情况看，中国争取“复关”的过程不仅时间跨度拉得较长，而且进程时疾时缓，您认为其中的原因何在？

问：“复关”的过程实际上也是一个使中国适应世界、让世界接受中国的过程。您认为为缩小中国与 GATT 的差距，我国的经贸体制需要进行哪些改革？

问：按照 GATT 的规定，“复关”后的中国可享受哪些权利？同时，又必须履行哪些义务？

问：“复关”是中国经济生活乃至整个社会生活中的一件大事。请您具体谈谈“复关”对于中国的意义。

问：那么，挑战来自哪几个方面呢？

问：面临机遇与挑战并存的局面，我们该如何更好地把握机遇、迎接挑战？

7.1.3.2 迎接协调管理式的贸易时代

《世界知识》记者　粟蕾（1997 第 11 期）

问：WTO 的建立反映了怎样的时代背景？它与 GATT 主要有哪些区别？

问：从 WTO 成立这两年多来看，它的运行效果怎么样？

问：怎么理解“中国需要 WTO，WTO 也需要中国”这句话？

问：中国加入 WTO 后，哪些行业受的冲击会比较大？

问：我们现在应该在哪些方面为加入 WTO 做好准备？

7.1.3.3 “入世”是改革开放的深入——与 WTO 研究中心主任一席谈

《世界知识》记者　王亚娟（《世界经济》1998 年第 1 期）

记者：有人讲，中国“入世”是中国的第二次改革开放。您同意这一说法吗？

记者：中国“入世”后要面临诸多方面的挑战，这也是人们谈得比较多的一个方面。您如何看待挑战问题？

记者：“‘入世’使政府面临的冲击不一定比企业小，而恰恰在这方面，我们的准备又是相当不足。”这一看法已被很多人接受。面对“入世”，中国的政府存在哪些问题？

记者：企业该做些什么？

记者：“入世”，会在哪些方面对中国产生影响呢？

记者：我听到一种说法，“加入 WTO 后，中国要乱上几年”。您怎么看这个问题。

记者：从其他发展中国家（地区）的“进关”“入世”后发展的经验中，我们会得到哪些启示？

记者：中国“入世”与发展“民族经济”、经济安全是怎样的关系？

记者：如果今年“入世”，那么，中国“复关/入世”经过 14 年的坎坷。很多人都觉得，可能主要是发达国家在那里“捣乱”。您同意这种说法吗？

记者：我刚才注意到，您好像不太愿意讲“利弊大小”问题，而关注权利与义务的转换，为何？

7.1.3.4 “入世”报道要找准位置

《中国记者》记者 周燕群（2000 年 6 月）

记者：机遇和挑战并存是人们对我国“入世”发展前景结构性评价运用最多的词语之一。作为专家，您认为新闻媒体在报道中，应从哪些角度来分析“入世”所带来的机遇和挑战？

记者：您认为关于 WTO 的报道中，反映了新闻媒体自身的哪些不足？

记者：各地方的媒体也展开了各种“入世”的宣传报道。您认为有关 WTO 与应对策略报道的地方视角应体现在哪些方面？

记者：要搞好“入世”报道，新闻界还应当有哪些基础工作要做？

（载薛荣久著《中国加入 WTO 纵论》，对外经济贸易大学出版社 2001 年版）

7.1.3.5 中国将展开新一轮开放潮

香港《大公报》记者 徐道臣（2001 年 1 月 3 日）

问：中国“入世”后，将有哪些变化？

问：中国“入世”后，会出现哪些挑战？

问：中国“入世”后，祖国大陆与台港澳地区的经贸关系如何发展？

薛荣久最后强调，中国加入 WTO 有利于 WTO 的健康稳定发展，有利于建立合理、公正的国际经贸秩序，同时，也为中国的发展奠定了更好的国际经贸和政治环境。因此，加入 WTO 已成为中国发展的必然。

7.1.3.6 接受世界经济风雨的洗礼 拥抱新世纪系列访谈之一

《中国青年报》记者 杜涌涛（2001 年 2 月 8 日）

记者：WTO 副总干事拉维耶形容说，中国现在一只脚已经迈进了 WTO 大门。你认为中国的另一只脚会何时迈进？

记者：现在影响中国“入世”的主要问题是什么？

记者：新世纪对中国来说，真是个有象征意义的开端。中国将成为 WTO 大家庭的一员。真正融入全球化的经济浪潮，这会给中国带来哪些变化？

记者：你认为我们现在做好这种准备了吗，从有关部门到企业以及老百姓的心理？

记者：中国从争取“复关”到“入世”整整进行了 14 个年头，朱镕基总理感叹说，黑头发都变成白头发了，这在世界上极为罕见。你认为主要原因出在哪里？

记者：能不能这样判断，中国“复关”或“入世”的谈判进程，就是中国改革开放不断深化的进程，也是中国思想解放不断深化的过程？

记者：“入世”与 1979 年以来的改革开放有什么异同？

记者：从“形而上”的角度分析，你认为“入世”会给中国带来什么影响？

记者：有一种说法，“入世”是对中国人的一次精神洗礼，是中华民族的凤凰涅槃。您认为如何？

记者：其实人类社会生存竞争的法则何尝没有相像之处。《义勇军进行曲》《黄河大合唱》不就是中华民族大敌当前，从生命深处发出的呐喊和惊雷吗？它唤醒了无数中华儿女奔赴疆场抛头颅、洒热血的豪情和斗志，从而结束了近代以来中华民族的百年屈辱。其实，类似的故事在人类历史的长河中数不胜数。您同意我的感悟吗？

记者：可不可以这样说，"入世"为我们经济生活中多年所固有的"地方保护主义"以及"保护落后"的思想和做法唱响了挽歌？

记者：我们喊了这么多年的"狼来了"，这下看来，"狼"真的要来了？

记者：那么，你能够从深层次上概括一下，"入世"对于中国到底意味着什么？

薛会长总结说："入世"对中国意味着一场革命。它将使中国在新世纪以崭新的精神风貌融入经济全球化的浪潮。这既是一次难得的机遇，更是一次空前的挑战。纵观中国百年历史，我们曾错失了太多的机遇。新世纪，我们终于要迈进 WTO 的门槛了。我们绝不能再次与这一历史机遇擦肩而过！

7.1.3.7 加入 WTO 之后，中国怎么办？

《中国石油》杂志记者 丛小杰（2001 年 8 月）

问："入世"后，我国将有哪些机遇和挑战？

问："入世"是狼来了吗？

问："入世"后，中国政府职能如何转换？

问："入世"后，中国企业如何发展？

7.1.3.8 访谈 薛荣久："入世"对中国的影响与交流将变得更加直接更加迅猛

《领导广角》记者 王永林（2001 年 3 月）

问：临近"入世"，中国准备得如何？

问："入世"是西部大开发的推进器吗？

问：面对"入世"，中国社会应该如何转变观念？

采访小结：

*WTO 不是"布满鲜花的陷阱"，也不是"狼来了"和去"与狼共舞"。但是，加入 WTO 需要我们彻底转变观念，主动参与国际竞争。

*中国要想在世界民族之林真正崛起，只有经济先发达起来。而经济要发达，必须"入世"。"入世"，将导致中国西部大开发战略实施障碍取得历史性突破，并将导致新一轮的对外开放。

*李大钊说，西方民族主"动"，有强烈的竞争、创造和冒险精神。而东方民族，特别是中华民族主"静"，我们总以为自己好像真的是地大物博，满足于一种田园式的平静生活。加上长期计划经济体制的束缚，极大地影响了我们这个民族的竞争精神、创造精神和冒险精神。因此，"入世"对于我们中国是一场革命。

*无论把经济全球化视为福音还是看成灾难，经济全球化都已经成为不可抗拒的客观现实和发展潮流。无论你愿意不愿意，全球化正影响着世界的历史进程，也正

在改变着我们的生活和思维。

7.1.3.9 主动融入经济全球化

《世界石油工业》特约记者 林伦 张湘宁（2001.6）

记者：中国加入 WTO 看来是迟早的事，这对国内产业带来最关键的影响是什么？

记者：谈到“入世”，大家用得较多的词是“机遇和挑战”'，您的看法呢？

记者：您认为中国石油石化行业面临的机遇和风险如何？

记者：WTO 制定了很多规则，正如您所说的，它强调发挥市场经济作用，尽量让市场配置资源。那么，政府的职能是否会因此弱化？

记者：WTO 主要有哪些“游戏规则”可以为我所用呢？

记者：“入世”后关税降低，有些产业可能担心洋货会冲击国货。有没有好办法降低这种冲击的影响？

记者：按照我国对加入 WTO 的承诺，在石油行业三年内放开成品油零售，五年内放开批发。是不是可以理解为五年后中国石油市场彻底开放？

记者：从您接触的企业来看，他们对“入世”怀着什么心态？

记者：面对“入世”，企业应该注意什么？

记者：龙永图副部长到一所高校演讲时，改变了原定的演讲计划，因为此前一天，欧盟在谈判中提出非分要求逼中国答应，“否则休想得到欧盟支持”。他当场大声呼吁：“你们青年学者要好好研究啊！”薛教授，您研究 GATT 和 WTO 这么多年了，觉得我国在 WTO 研究方面最大的问题是什么？

记者：现在大家对经济全球化的看法并不完全一致，有人担心影响国家经济安全。怎么解决？

记者：曾有调查显示，许多企业领导人对 WTO 不大了解，不够重视。您对企业家有何忠告？

7.1.3.10 西部大开发：因“入世”而精彩

《华夏时报》记者王永林（2001 年 5 月 22 日）

记者：薛会长，你认为，中国“入世”对西部大开发会产生哪些具体影响？

记者：除美国等国已在宏观经济调控方面取得了可喜成果外，德国于 20 世纪 90 年代统一后，对相对落后地区结构薄弱和人口外流的状况，实施财政框架倾斜后也取得了明显效果。“入世”在即，中国的西部大开发将对中国产生哪些具体现实和深远意义？

记者：十分感谢你所作的具体分析和阐述。作为 WTO 研究专家和权威人士，你对西部大开发有何具体建议？

7.1.3.11 答日本《朝日新闻》记者吉冈桂子采访（2004 年 12 月 14 日）

1. 如何看待中国“入世”三年来的得与失？
2. 加入 WTO 三年后的今天，中国经济的主要变化是什么？

3. 中国“入世”的“后过渡期”怎么看？挑战是什么？

4. 中国与 WTO 的关系与今后中国经济发展的展望。

7.1.3.12 强化世贸规则意识，扩大战略自主开放——中国国际电子商务网（以下简称“EC 网”）纪念中国加入 WTO 周年系列访谈

EC 网：您曾经提到过“中国加入世界贸易组织，不是‘狼来了’，而是中国大发展的机遇来了；对中国来说，不是‘狼来了’，而是竞争和合作的伙伴来了。您能具体谈谈‘入世’十年给中国带来了哪些机遇？

EC 网：您能谈一谈对外来的竞争和合作，中国企业具体表现如何吗？

EC 网：您曾经做过对“入世”后中国经济文化和国民素质的影响的相关研究，并在著述中提出“入世”带来的竞争精神、拼搏精神能将中华民族特质从“静态民族”向“动态民族”改变的论点。如今十年过去了，您认为中国企业的文化是否变得更积极、动态？在参与全球化的竞争中是否变得更具拼搏精神？这方面有无典型例子作为研究和借鉴？

EC 网：您多年来一直致力于国际贸易与 WTO 的研究工作。在您看来，“入世”十年来，我国企业在全球化大潮的洗礼中，对国际贸易与 WTO 规则了解和掌握的情况如何？它们在实际的国际贸易业务中，对规则的把握与应用上还有哪些方面需要得到提高？

EC 网：2008 年爆发全球金融危机时，您曾强调我们在刺激经济发展的同时，一定要把对 WTO 的承诺考虑进去，不能出现授人以柄的纰漏。那么，目前就您看来，中国制定政策谋求自身发展的同时，在兑现“入世”承诺、履行义务方面总体做得如何？

EC 网：当前，国际上贸易保护主义抬头，中国未来如何才能解决好保护和开放这种两难的问题呢？

EC 网：商务部曾表示，我们已建立起符合规则要求的经济贸易体制，并成为全球最开放的市场之一。中国应如何以十周年为起点，进一步扩大对外开放？

7.1.4 值得留记的书面采访原文

这些采访原文带有中国“复关”“入世”的时代节点，读者可从中知晓我研究认知的发展过程。

7.1.4.1 关贸总协定与中国经贸体制改革

《中国教育报》记者 张佳伟（1993.5.12–26）

问：自 1992 年以来，GATT 与房地产、股票共同构成社会舆论的三大热点。作为我国 GATT 研究会会长，您多年来从事国际贸易研究和教学工作，请您介绍一下我国争取恢复 GATT 的过程。

答：根据对内改革、对外开放的需要，1986 年 7 月 10 日，我国正式向 GATT 提出恢复 GATT 缔约方地位的申请。我国提出时有三个原则：第一，中国是恢复，而不是重新加入。因为中国是 GATT 最初 23 个创始成员之一，1950 年台湾当局非

法“退出”，它不能代表已经成立的中华人民共和国。第二，恢复的手段，即“入关费”。我们采取关税减让的方式而不是承担进口增长义务。第三，我国“复关”后享受发展中国家待遇。就是说，作为缔约方的发展中国家，在 GATT 中享有更多一些的优惠待遇。比如，发展中国家内部的一些优惠可以不给发达国家，发展中国家可以享受发达国家单方面的优惠，在 GATT 中还可以得到一些特殊的技术援助，可以享受更多的灵活性条款，等等。

我国的申请受到 GATT 主要缔约方的欢迎。1987 年 2 月，我国主动向 GATT 递交了一份文件，称为《中国对外贸易制度备忘录》，介绍了我国的经济体制，包括贸易体制、进口/出口政策、海关、汇率、中国参加的国际组织和国际条约，等等，供其他缔约方审查。

1987 年 6 月，GATT 成立了中国工作组，专门解决中国“复关”问题。它的主要任务是：代表 GATT 审查中国贸易制度、负责中国“复关”谈判、负责起草议定书和就中国“复关”问题给 GATT 的意见书。这个工作组的主席由瑞士人担任。

中国工作组成立后，向各缔约方散发了《备忘录》。各缔约方书面提出 300 多个有关中国经贸制度的问题，中国组织各部门进行了认真的书面答复。但缔约方认为，仍有一些问题需要解释和证实。为此，中国在 1988 年 2 月、4 月、6 月、9 月先后派出四个代表团到日内瓦进行口头答疑，回答了 2 700 多个问题。

通过书面、口头答疑，缔约方对中国贸易制度已基本了解，于是开始准备议定书的起草和关税减让谈判。到 1989 年春天，中国“复关”比较顺利。但是 1989 年春夏之交的风波发生后，以美国为首的一些国家对中国采取了制裁措施，把延缓“复关”进程作为对中国施加压力的一个手段。此后，中国“复关”处于低潮，进展相当缓慢。这种状态一直持续到 1991 年上半年。

从 1991 年下半年开始，中国“复关”进入新阶段。到 1991 年 9 月，中国对外关系基本得到恢复，又向 GATT 递交了一份补充备忘录。根据谈判情况，中国又做了一些实事求是的承诺，比如答应对 55 种商品进口减让关税，三年内减少 2/3 的进口许可证。此外，李鹏总理还于 10 月给主要缔约方政府首脑写信，重申中国恢复 GATT 缔约方地位的决心，表示中国“复关”后将充分履行自己的义务；对中国台北入关问题表示，在中国“复关”之后，经中国许可的前提下不反对。

随着我国对外关系的恢复和做了一些新的承诺，我国和其他缔约方的矛盾和差距在缩小。1992 年内，召开了中国工作组第 10 次、第 11 次、第 12 次会议，开始谈论中国“复关”议定书的框架问题。今年 3 月召开第 13 次会议，仍然就框架内容进行讨论，并就个别问题交换了意见。

总的来说，中国“复关”过程到目前为止经历了三个阶段：从 1986 年 7 月到 1989 年春夏之交为第一阶段，“复关”进程比较顺利；第二阶段从 1989 年春夏之交到 1991 年上半年，进展缓慢，这与西方国家对中国施加压力有关；第三阶段从 1991 年下半年到目前，“复关”进入一个新的阶段，GATT 对中国贸易制度审查基本结束，开始了对议定书的拟定。

问：从您介绍的情况看，中国争取“复关”的过程不仅时间跨度拉得较长，而且进程时疾时缓，您认为其中的原因何在？

答：主要原因有这么两方面。

第一是政治问题。现在国际上有一个趋势，把经济问题政治化。美国等西方国家在 GATT 问题上对中国施加压力，借 1989 年春夏之交的风波把“复关”拖延下来。

第二是我国与 GATT 之间存在一些差距，表现在：（1）我国经贸体制与 GATT 建立基础的差距。GATT 建立的基础有三大块：一是市场经济。二是比较优势与自由贸易的结合。就是说，各缔约方在生产商品和出口商品时，按比较优势进行分工，各国生产自己最拿手的产品，故需自由贸易。三是利益均衡，即按 GATT 这一国际契约，各缔约方的权利与义务必须对等。与此相比，我国的经贸体制显出了差距。我国过去的经贸体制是有计划的商品经济，是计划经济前提下、国家统制下的保护贸易政策，这与市场经济、自由贸易截然不同。（2）我国经贸制度和 GATT 的基本原则之间存在差距。关贸总协定共有 38 项条款，归纳起来有以下 10 个重要原则：原则一，非歧视原则（亦称无差别待遇原则）。包括两个法律条款：① 无条件最惠国待遇，缔约方之间结成多边的、无条件的最惠国待遇。② 国民待遇，进口产品交纳关税后应该享受进口国国产产品同样待遇。原则二，关税保护。入关后，对本国市场保护的手段必须是关税。原则三，稳定贸易发展。不允许关税随意变动，用两个办法实现：① 通过关税减让谈判制定关税减让表，用以约束关税减让变动幅度。② 三年后可变动的关税水平不能比变动前高。这时的关税比较稳定，保证缔约方之间的贸易稳定发展。原则四，一般地取消数额限制。除特殊情况外，原则上不采取数量限制进口。原则五，公平竞争原则。入关后，各缔约方的出口产品价格不能低于国内市场上同类产品价格（即正常价值），否则，就属不公平贸易行为。GATT 认为倾销和补贴就属于不公平竞争行为。GATT 规定，若发现这两种行为，进口国家可对这些产品征收反倾销税和反补贴税，但税额不得高于倾销、补贴的限度。原则六，豁免和紧急行动原则。在发生如下五种情况时，可不承担进口增长的义务：①幼稚工业；②国家发生严重收支危机；③一段时间内进口增长远高于出口，发生严重贸易逆差；④进口产品对其安全有影响；⑤进口产品对其健康、卫生有影响。原则七，发展中国家享有特殊优惠。这在前面我已经谈到。原则八，地区贸易原则。允许缔约方以自由贸易区和关税同盟两种方式处理地区贸易集团。但有一个前提，成立后不得对其他缔约方采取歧视。原则九，通过磋商和协商解决贸易争端。原则十，透明度原则。“入关”前，国家贸易政策要让别国了解；“入关”后，改动需要经别国允许。

这十项原则归纳起来有这么几点：一是一个国家保护本国市场要关税化；二是允许在关贸总协定规定内采取一些非关税壁垒；三是贸易政策要透明。相比之下，我国贸易制度显出很大差距：（1）我国保护贸易的手段是多种多样的，有人称作“洋葱式”的层层保护。比如，除关税外，还有计划、外汇审批、专业公司经营许可证、进口审查、进口替代，等等，比 GATT 允许的关税保护手段多得多。（2）就关税而言，我国的关税要高于 GATT 的关税水平。我国平均关税水平是 22.5%，而 GATT 中的发展中国家为 14.5%，发达国家仅为 4%～5%。此外，我国对机电等产品还设置进口调节税。(3)我国非关税壁垒保护手段多。(4)我国贸易制度透明度不够。贸易管理政策立法不够，至今我国没有贸易法，不便于别国对我国贸易制度的了解。正是由于这些差距和矛盾，使我国六七年来徘徊于 GATT 的圈外，没能迈进这一准国际贸易组织的门槛。

问："复关"的过程实际上也是一个使中国适应世界、让世界接受中国的过程。您认为为缩小中国与 GATT 的差距，我国的经贸体制需要做哪些改革？

答：根据我国改革开放的需要，我们应按国际贸易的规章制度办事，应主动适应 GATT 的要求进行改革，这和我国改革开放的总方向是一致的。为此，我们已做了大量改革：首先，从经济体制上，党的十四大提出建立社会主义市场经济。这与 GATT 要求的市场经济的差距大大缩小了。当然，社会主义市场经济与市场经济还有一个如何融合的问题。其次，从贸易政策上，由国家统制下的保护贸易政策向开放型的自由型贸易政策的转化。最后，在基本原则上，我们采取了一些措施：(1)保护市场手段逐步向关税化靠拢，主动取消非关税壁垒保护，答应在三年内减少 2/3 的进口许可证，取消进口审查。(2)关税下调。在 55 种产品下调基础上，今年又推出 3371 种商品协调关税，进口调节税也已从 1992 年 4 月起主动撤销，关税税率主动下调。(3)非关税壁垒保护手段将限制在 GATT 允许的范围内。(4)增大透明度。我国已主动公布了 47 个文件，使贸易政策透明化。

可以看出，中国出于改革开放的需要，为"复关"已采取了许多措施。现在，我国与 GATT 的差距在日益减小，但仍然存在一定的难度。为此，我们要进一步改革。我认为还需做以下四方面的工作：(1)关税还需进一步下调；(2)国内贸易政策还有待进一步统一；(3)社会主义市场经济体制要尽快建立和完善，价格还需进一步放开；(4)贸易政策的透明度还需继续增强。

问：按照 GATT 的规定，"复关"后的中国可享受哪些权利？同时，又必须履行哪些义务？

答：根据 GATT 规定，任何缔约方均可享受如下权利，中国"复关"后亦如此。(1)享受其他缔约方提供的无条件的多边的最惠国待遇；(2)享受其他缔约方现有的关税减让；(3)取得和其他国家进行贸易磋商解决贸易争端的权利；(4)取得利用 GATT 体制采取豁免和限制进口措施的权利；(5)享受和其他国家通过贸易磋商、贸易谈判维护自己经济利益的权利；(6)取得了解其他缔约方贸易情况的权利。与此同时，中国有义务让其他缔约方享受同样的权利。

问："复关"是中国经济生活乃至整个社会生活中的一件大事。请您具体谈谈"复关"对于中国的意义？

答："复关"对于中国的确具有重大而深远的意义。具体说来，主要表现在以下几个方面：

1. "复关"和我国社会主义市场经济体制的建立和改革开放的方向是一致的，它有利于中国经济的发展，有利于中国与国际市场接轨，有利于我国和别国密切经济合作与经济往来，加强国际分工，改善中国的国际贸易环境。

2. 随着改革开放的深入，中国与国际经济已逐步结合在一起。现在，我国国民生产总值中，对外贸易比例已达到36%。如果离开对外贸易，这36%就难以实现，将牵涉到国内就业等许多问题。这说明，中国已进一步渗入世界经济之中，再搞闭关锁国是行不通的，只能是进一步改革开放。中国国内生产产品实现的比例，从90%降到70%～80%之间。也就是说，20%多的产品需要通过国际市场来实现。在这种情况下，中国如果继续待在GATT圈外，就不能享受其他缔约方的低关税。而且在中国对外贸易中，有85%是与这106个缔约方发生的，高关税对中国的贸易发展会带来不利影响。

3.“复关”后，国际贸易环境会得到改善。现在，中国经济发展很快，与一些国家贸易摩擦较多，主要是由于出口增长高于进口增长而出现的贸易不平衡造成的。“复关”后，通过我们自己扩大开放度将有利于贸易平衡，对贸易环境改善有好处。另外，我国在国际贸易中受到一些不公正待遇，由于现在是双边贸易，解决起来比较困难；“复关”以后，可利用我们是发展中国家的优惠待遇，得到有利于我国的解决。

4.“复关”将可能抑制美国在中国最惠国待遇上的无理条件。关于美国最惠国待遇问题，现在有的宣传媒介说取决于中国能否“复关”，这种说法是不正确的。美国最惠国待遇问题不会因“复关”而得到根本解决。因为这涉及美国国会是否对《美国贸易法案》进行修正的问题，与“复关”并无必然的联系。但是，中国“复关”可能会对美国在对中国最惠国待遇上的无理条件有所抑制。因为到那时，最惠国待遇再不是中美双边的，而是与所有缔约方之间建立的多边关系。美国在决定提出无理条件之前，就不得不考虑会激起中国的报复措施从而影响中美贸易，使美国丢掉中国市场。

5. 中国尽早“复关”，有利于台湾早日加入GATT。台湾作为中国的一个地区，以“台、澎、金、马单独关税区”的名义加入，这样成为一个GATT的缔约方，有利于“三通”和海峡两岸经贸关系的发展，对统一大业有益。

6. 在香港、澳门问题上，根据中英、中澳联合声明，1997年、1999年中国将恢复在香港、澳门行使主权。目前，它们都是GATT缔约方。我们早日“复关”，这样才有利于香港、澳门地区的长期稳定，为在香港、澳门恢复行使主权扫除障碍。

总之，“复关”无疑会给中国带来很大的机遇。我们可享受到许多权利，可充分发挥企业优势，进一步扩大中国市场，带来中国经济的腾飞。当然，我们由“关”外进到“关”内，这其中还有一个适应的过程，“复关”也会给我们带来挑战。

问：那么，挑战来自哪几个方面呢?

答：“复关”意味着我国国内市场进一步开放，保护手段减少，关税进一步降低。这必定会给中国带来很大挑战，主要有以下几个方面。

1. 对中国有些产业会带来冲击。从目前情况看，我国劳动力密集型产业与国际同类产业的竞争力相差无几，而资本密集型产业及高科技方面差一些。从要素结构来看，对化工、机电产品的影响比较大。目前，我国化工产品比国际市场价格高得多，机电产品如家电、汽车行业也是如此。作为企业主体来看，对“三资”企业、乡镇企业影响不会太大，大中型企业受到的冲击会大一些。现在有政府保护条件下，还有 1/3 大中型企业亏损，“复关”后形势将更加严峻。

2. 我国经济体制方面。在谈判中，我国承诺对经济体制进行改革，但将承诺落实到国内实际，这不太容易。这是一个适应的过程，包括中国社会主义市场经济如何与关贸总协定的市场经济相融合，国内改革如何成龙配套，这都是亟待解决的问题。

3. 外贸体制方面。根据目前情况看，“复关”后，进口增长速度可能要比出口增长速度快一点，这其中有价格因素和非价格因素。我国的外贸体制要进行改革，政策透明度和管理方式都要逐步与关贸总协定的要求相符。

4. 汇率问题。“复关”后，随着中国对外贸易的逐步自由化，必定牵涉人民币本身的问题。外汇要逐步自由化，我国提出人民币要向可兑换的货币转化。

5.“复关”对国内的价格体制、市场结构以及管理结构都会有影响，包括政府要放权，要使企业成为真正的主人。

总之，“复关”可为中国提供很多机遇；同时，也向中国提出了挑战。适应 GATT 的过程会造成一些“阵痛”，因为平衡贸易利益本身就是一个讨价还价的过程。中国为“复关”必须付出很大代价，但代价将换来更大的利益。机遇与挑战是并存的。我认为，对中国目前来讲，机遇大于挑战。

问：面临机遇与挑战并存的局面，我们该如何更好地把握机遇、迎接挑战？

答：第一，中国对 GATT 本身的研究要加强。我认为在普及基础上，还应进行深层次的研究，包括对条款内在联系的研究。GATT 是谈判中形成的条款，本身是一个妥协的产物。因此，它有很多原则，也有许多例外。我们需要认真研究这些原则和例外以及二者的关系，以便今后充分利用这些例外。此外，对历次谈判中达成的一些协议及其内部联系、谈判技巧、与其他国际组织的关系、其他缔约方利用 GATT 发展自己的经验教训，等等，都需加以研究和借鉴。我觉得国内应组织一些机构分头对 GATT 进行深层次的专门研究，这将对“复关”后大有裨益。

第二，“复关”谈判要做好。我想，为了争取到最有利的谈判结果，我们必须为谈判做好充分准备。此外，还需要主动和 GATT 主要缔约方处理好双边贸易关系；同时，也要加紧和发展中国家做好工作。

第三，中国目前要积极进行改革。社会主义市场经济体制要尽快建立，这包括加强政府宏观管理的职能，使企业真正成为独立的企业，企业本身要通过股份制改善经营管理，要给企业公平竞争的机会，等等。

第四，针对“复关”将对中国产业带来的冲击，目前，我们应把中国产业排好队，划分出战略产业、一般产业，以及幼稚的、半幼稚的、一般的、有竞争力的几个档次，做到心中有数。根据我国经济发展情况和世界发展潮流，制定出合理科学的产业政策，确定企业竞争能力，明确战略的、短期的、中长期的发展规划。

第五，地方保护主义要尽快取消。严重的地方保护主义造成重复引进、浪费资金、规模经济下降，导致中国竞争能力大大减小。有人说，中国经济是“诸侯经济”，这种局面再也不能维持下去了。

第六，确定中国的保护措施，有几种形式：（1）立法。（2）设置合理科学的关税结构。可应用西方有效保护税率理论设置中国关税制度，使实际保护程度并不比名义保护程度低，甚至还要高。（3）利用 GATT 允许的条款，如幼稚产业保护条款、豁免条款、例外条款等采取保护措施。（4）要积极保护而不要消极保护。要彻底转变企业“等、靠、要”的思想，勇于竞争，提高企业竞争能力。企业之间应加强横向、纵向联系，实现自己的规模经济，实行工贸、技贸结合，走集团化、实业化、跨国化道路，形成企业综合竞争能力，这才是积极保护。

第七，应积极发展同周边国家的经济贸易关系，搞经济贸易集团，扩大经贸关系。目前，应着手研究成立经贸集团的条件、可能性、必要性和合作方式等。

第八，中国应该注重人才的培养。事实证明，哪个国家人才素质高、人才数量多，哪个国家的发展速度就快。第二次世界大战后，日本、韩国的发展就是很好的例证。GATT 是一个国际契约，表面的机遇如何变成现实的机遇，靠的是人去实现。人才是利用机遇、应付挑战的基础。因此，我认为我国应把教育作为重点投资，在教育方法、教育结构、教育思想上加以认真研究和改革。当前，我们一定要稳定教师队伍，提高教师待遇，把重视教育的口号落在实处。

总之，我认为，我国对“复关”的宣传和态度应实事求是，机遇与挑战是并存的。我们要树立勇于接受挑战的决心，坚定改革开放的信心。我不太同意有人提出的“狼来了”的说法。改革开放十五年来的事实证明：人民生活水平提高了，民族工业发展了，综合国力增强了，在国际贸易中的出口地位大大改善了。中国国际贸易发展的速度是世界上最快的，从而带动了国内经济的发展，这都是改革开放的结果。“复关”意味着中国更加开放，必将带来一个经济发展更加高速的时代。我对“复关”的前景是持乐观态度的，主要我们很好地把握机遇、应付挑战，今后的中国将是结构更加合理、决策更加科学、更加民主的社会。

7.1.4.2 接受世界经济风雨的洗礼 拥抱新世纪系列访谈之一

《中国青年报》记者 杜涌涛（2001 年 2 月 8 日）

另一只脚何时迈进 WTO

记者：WTO 副总干事拉维耶形容说，中国现在一只脚已经迈进了 WTO 大门，你认为中国的另一只脚会何时迈进？

薛荣久：我想新世纪的头一年，中国的另一只脚也会迈进 WTO 的大门。

记者：现在的主要问题是什么？

薛荣久：主要问题是把双边谈判变成多边谈判。从谈判进程看，我认为明年一季度有望加入。

记者：新世纪对中国来说，真是个有象征意义的开端。中国将成为 WTO 大家庭的一员。真正融入全球化的经济浪潮，这会给中国带来哪些变化？

薛荣久：新世纪对中国的确是个精彩的开端，我们正式进入世界经济大家庭，中国真正登上了世界经济舞台。我认为，中国“入世”会有这样一些变化。第一，“入世”后，我们从单边的、自主的开放变为相互开放。第二，我们开放的程度在加深。原来是货物开放，“入世”后要延伸到服务开放，进而使生产要素本身的交流加深。第三，原来我们是根据我们的政策对外开放，制定沿海对外开放的特殊优惠政策，等等。“入世”后，我们要根据WTO的有关规则进行开放，这是个很大的变化。中国开始全面参与世界贸易事物，这对中国是个崭新的事情。

我们现在做好准备了吗？

记者：你认为我们现在做好这种准备了吗，从有关部门到企业以及老百姓的心理？

薛荣久：我觉得基本上做好了准备。去年以来，我到各地做报告，感到从中央到地方政府，管理职能开始变化了。现在，我们很多法规正在重新修改，新的法规在制定。企业方面，据我所知现在也在积极行动，对 WTO 规则要求有进一步的了解。但发展还很不平衡。改革开放早、市场经济发展快的地区，“入世”意识要强得多。我到南方讲学，许多民营企业和国有企业都积极研究应对策略，忧患意识很强。当然，也有个别部门还是希望国家多给些政策保护一下。有些企业主动竞争精神不够，也想争取一些保护政策。

记者：中国从争取“复关”到“入世”整整进行了14个年头。朱镕基总理感叹说，黑头发都变成白头发了。这在世界上极为罕见。你认为主要原因出在哪里？

薛荣久：我认为有这样一些原因。一、中国是个社会主义国家，中国的经济制度和价值观念与 WTO 有许多差异，需要逐步协调与融合。二、我们原来“复关”的手段就是关税减让，但关税只有在市场经济下才起作用，在市场经济条件下靠关税高低来控制进口与出口。但当时，中国的经贸体制不是市场经济体制，我们当时叫有计划的商品经济，这就有个和世贸体制如何接轨的问题。WTO不会迁就我们的体制。三、1992年以后，中国确立了社会主义市场经济体制，中国的国民经济发展速度在世界名列前茅，中国利用外资能力在世界上仅次于美国，中国外汇储备由过去的400亿美元增加到现在的1 600亿美元，中国的贸易地位由1979年的第26位上升到现在的第9位，这就带出一个中国“入世”的身份问题。此外，谈判的难度越来越大，谈判的内容也越来越多了，由原来只谈关税，到现在谈服务、知识产权，等等。

记者：能不能这样判断，中国“复关”或“入世”的谈判进程，就是中国改革开放不断深化的进程，也是中国思想解放不断深化的过程？

薛荣久：这一点毫无疑问。比如20世纪90年代以前，我们在所有的谈判文本中，一律使用社会主义商品经济这个模糊的概念。在英文中，商品经济主要指大宗商品，比如煤炭商品等，外国人很不了解这是一种什么经济。现在看起来，这不算什么难题；但在当初，这两字之差如同一道鸿沟，仿佛这边就是社会主义，那边就是资本主义。事实上，谈判的过程也是我们国家不断学习市场经济规则和与世界经济不断接轨的过程。

记者：“入世”与1979年以来的改革开放有什么异同？

薛荣久：“入世”是改革开放的必然结果，是改革开放的纵深延续。过去我们的对外开放主要以引进资金、技术、管理为主，“入世”后将必不可少地引进“规则”和“制度”。这将大大促进我们国家市场经济体制的转型和完善。

“入世”对中国会发生深刻影响

记者：从“形而上”的角度分析，你认为“入世”会给中国带来什么影响？

薛荣久：会发生深刻的影响。因为不同民族、不同文化的交流/渗透/嫁接，会培育出截然不同的精神品性。古今中外的历史莫不如是。中国古代盛唐的繁荣是多民族文化相互交融的结果。相反到了明清，固步自封、闭关自守、抱残守缺的思想一步一步抬头，我们和西方一些率先走上工业化道路的国家拉开了距离，甚至续写了中国近代历史上的百年屈辱。新中国成立51年，以1978年为界，前后的历史也向我们昭示了这样的道理：只有改革开放才是中国走上国富民强的必由之路。

记者：有一种说法：“入世”是对中国人的一次精神洗礼，是中华民族的凤凰涅槃。您认为如何？

薛荣久：这种说法并不为过。中国共产党的先驱李大钊在研究东西方民族文化差异时，曾有过精辟论述。他说，西方民族主“动”，追求竞争精神、创造精神和冒险精神；而东方民族，特别是中华民族主“静”。我们总是以为自己地大物博，追求田园式的恬淡平静的生活。加之长期以来计划经济体制的束缚，极大地影响了我们这个民族的竞争精神、创造精神和冒险精神。

改革开放以来，中国国民精神已经有了很大改观。加入WTO以后，这种影响和交流会变得更加直接，更加迅猛。这让我们想起了那个著名的寓言：渔民往城里运送沙丁鱼，鱼舱里鱼太多，不透气，全都挤在一起；等运到港口，鱼死了大半。后来，有个聪明的渔民想起了个办法，在沙丁鱼里扔进几条鲶鱼搅和。沙丁鱼因动而动，拼命挣扎，顽强求生。最后，大多数的鱼竟然活了下来。这是自然的法则：当弱势物种面临生命危险时，会调动出基因中所有的求生本能。

记者：其实，人类社会生存竞争的法则何尝没有相像之处。《义勇军进行曲》《黄河大合唱》不就是中华民族大敌当前，从生命深处发出的呐喊和惊雷吗？它唤醒了无数中华儿女奔赴疆场抛头颅、洒热血的豪情和斗志，从而结束了近代以来中华民族的百年屈辱。其实，类似的故事在人类历史的长河中数不胜数。

薛荣久：当然，我们不能简单地把“入世”后中国面临的竞争格局加剧，与战争时期的“大敌当前”并列。但是，我们的确面临前所未有的竞争态势。说这种竞争是残酷的，一点都不过分。优胜劣汰，要么死去，要么活着。活下来的必然也是强者。

记者：可不可以这样说，“入世”为我们经济生活中多年所固有的“地方保护主义”以及“保护落后”的思想和做法唱响了挽歌？

薛荣久：是的。经济生活中的篱笆一天不拆除，“地方保护主义”和“保护落后”的根苗就一天不能根除。“入世”后，大家共同在一个规则下行事，规则面前，人人平等。

记者：我们喊了这么多年的“狼来了”，这下看来，“狼”真的要来了？

薛荣久：首先，我们不应该怀着一种恐惧和无奈的心理喊出这些话，什么“狼来了”“与狼共舞”。如果这种比喻恰当的话，那我们应该对“狼”有一种全新的认识。日本、韩国、新加坡如果不是很早就引进这匹“狼”，就不会有今天的脱胎换骨；

巴西如果不是很早就把这匹"狼"抱回家，就不会有今天意义上的巴西。迄今为止，世界上没有一个国家因为加入"关贸"或"世贸"而被冲垮了民族工业。至少没有一个国家主动要求退出 WTO。我认为，"入世"不是"狼来了"，而是竞争和合作的伙伴来到中国，与我们合作的同时进行激烈的竞争。

记者：那么，你能够从深层次上概括一下，"入世"对于中国到底意味着什么？

薛荣久："入世"对中国意味着一场革命。它将使中国在新世纪以崭新的精神风貌融入经济全球化的浪潮。这既是一次难得的机遇，更是一次空前的挑战。纵观中国百年历史，我们曾错失了太多的机遇。新世纪，我们终于要迈进 WTO 的门槛了。我们绝不能再次与这一历史机遇擦肩而过！

7.1.4.3 强化世贸规则意识扩大战略自主开放

——中国国际电子商务网纪念中国加入 WTO 十周年系列访谈（原文载《中国对 WTO 规则的恪守与砺进》，中国商务出版社，2019 年 6 月）

● "入世"使我国对外开放进入全新的历史阶段，企业参与全球化竞争有了规则保障　祖国大陆与台港澳地区经贸发展有了更好的平台

EC 网：您曾经提到过"中国加入世界贸易组织后，不是'狼来了'，而是中国大发展的机遇来了；对中国企业来说，不是'狼来了'，而是竞争和合作的伙伴来了"。您能具体谈谈"入世"十年给中国带来了哪些机遇？

薛荣久：2001 年，我国加入 WTO，这使得我国对外开放进入一个全新的历史阶段。这个新的历史阶段给中国带来很大的发展机遇。

第一，它使我国企业在参与全球化的竞争中有了规则保证。"入世"以后，WTO 30 多个协定与协议可以保证我国企业更加深入地参与全球化竞争。

第二，我们可以充分地利用两个市场、两种资源，这也为中国企业的发展奠定了非常好的环境基础，中国企业跟外来企业的合作与竞争也更加顺畅。

第三，"入世"以后，我们可以利用 WTO 这个平台，通过与其他成员发展经济贸易关系，很好地学习他们的市场经济发展经验。这也为我国市场经济的建立提供了非常好的机遇。

第四，"入世"后，中国在 WTO 里"一国四员"，中国、中国台北以及香港和澳门成员都在 WTO 这个平台上，可以实现优势互补，有利于祖国大陆与台港澳地区经贸的发展。

第五，"入世"可以使我们更好地向全世界展示中国形象。通过贸易发展、通过中国的商品"走出去"，展示中国的形象。

第六，"入世"为我国的内部改革也带来了重大机遇。"入世"使我们可以更好地了解国外的发展经验，为我国政治经济体制改革提供一个非常好的机遇。

综上所述，"入世"使我国从贸易到经济、到文化、到政府建设、到国际关系、到祖国大陆与台港澳地区的发展，都遇到了非常好的发展机遇。

● 十年走来，中国企业经受住了考验，国企、三资企业、民营企业都得到了很大的发展

EC 网：您能谈一谈面对外来的竞争和合作，中国企业具体表现如何吗？

薛荣久："入世"以后，我国国内的投资环境、贸易环境都有了很大的改善。很多外国企业来到中国，为我们带来了资金，也带来了先进的经验和管理方法。"入世"前，我们曾担心中国企业在"入世"后是否会受到大的冲击；但是十年走来，中国企业经受住了考验。我们的国有企业从大到强，有一些还跻身世界 500 强，发展很快。包括跨国公司在内的三资企业发展得也越来越快；更可喜的是，中国的民营企业也得到很大的发展。

"入世"以后，我们放开了外贸经营管理权，这是很重要的一点。另外，"入世"以后，我国法律法规都在不断发展，各种有利于民营企业发展的法规在"入世"后不断健全、完善，为中国民营企业发展提供了很大的动力。目前，我国有民营企业 40 多万家，在我国对外贸易中大概占 50%的份额，1 亿多就业人口，利税占了一半，而且有些还走向了世界。总体说来，我国企业不但经受住了考验，而且还借助世贸这个平台得到良好的发展机遇。

● 中国企业的文化正在由单一文化向多样化发展

EC 网：您曾经做过"入世"对中国经济文化和国民素质的影响的相关研究，并在著述中提出"入世"带来的竞争精神、拼搏精神能将中华民族特质从"静态民族"向"动态民族"改变的论点。如今十年过去了，您认为中国企业的文化是否变得更积极、动态？在参与全球化的竞争中，是否变得更具拼搏精神？这方面有无典型例子可研究和借鉴？

薛荣久："入世"以后，中国企业取得了可喜的发展，中国企业的文化也在形成。据我的研究，中国企业文化大概有几个方面的趋势在显现：

第一个变化是多样化。按照企业的大类型看：国有企业，继承了历史上或者计划经济下一些好的文化理念，结合改革开放以后外来的思想，在企业做大做强的同时，文化也在加强；三资企业，进来以后除了把欧美、日本、港台地区的企业文化带进来，还结合中国本身的需要，把它们好的企业文化加上了中国的文化，实现了企业文化的本土化；民族企业，包括民营、私营企业，由原来的家族文化向现代企业文化发展，变化也是很可喜的。

第二个变化就是我们一方面在学习，一方面在创造。我们的企业不仅要把国外好的企业文化学来，同时，还要把我们中国传统的优秀企业文化结合起来，发扬光大。中国的民营企业正在这样做，包括把中国历史上晋商、徽商的文化结合起来，把中国传统的儒家思想、哲学思想结合起来。这样发展下去的话，中国会形成比现有的世界企业文化还要优秀的企业文化。

第三个比较可喜的变化是，我们正在由单一的文化向跨文化发展。中国企业原来在国内发展，企业文化中，我国传统的东西多一些。对外开放以后，中国企业开始走出国门，把中国传统的文化带出去，同时，结合当地的企业文化，推动企业更快更好地发展。

第四个变化是中国的企业文化正从"关系"文化向理性化发展。我国企业过去是重视关系的，讲"义"多，不够理性。"入世"以后，中国企业这方面也发生了变化。在原来讲"义"的基础上，开始考虑规则问题，按照市场规则，按照企业预定规则来进行企业本身的生产贸易行为。一方面讲“义”，一方面开始按照规则理性地进行企业的运作。

以上这些都是中国企业文化取得的很可喜的进步。目前，中国企业文化正在开始形成。形成过程中，也出现一些比较好的典型的案例，比如海尔。首先，海尔的企业文化里有个“忠”字，它把“忠”，这个中国传统文化里最重要的部分作为企业的文化之一。其次，它把创新作为企业文化第二个重要部分，包括理念创新、市场创新、产品创新。海尔把这两个方面很好地结合起来。另一个典型例子是华为。华为现在发展比较快，而且是新兴产业。它就是找准了创新，现在开始走向世界。

● 规则意识是我们发展成为贸易强国的基石

EC 网：您多年来一直致力于国际贸易与 WTO 的研究工作。在您看来，“入世”十年来，我国企业在全球化大潮的洗礼中，对国际贸易与 WTO 规则了解和掌握的情况如何？它们在实际的国际贸易业务中，对规则的把握与应用上还有哪些方面需要提高？

薛荣久：“入世”以后，中国企业在对国际贸易与 WTO 规则的了解与掌握方面进步不小。但发展情况并不平衡，存在以下几种情况：

第一，三资企业与国有企业对国际贸易规则包括世贸规则的了解和运用的程度比较好，我国民营企业在了解规则和运用规则方面需要进一步提高。

第二，针对国际贸易规则的了解程度和范围，我国企业对本土的一些规则了解得比较好，但是对世贸组织的规则和其他国际贸易规则的了解相对薄弱。

第三，从规则的管理层面来讲，中国企业对货物贸易方面的一些规则由于运用得比较多，因此，了解和掌握的情况较好，而对服务贸易的各项规则了解得不够透彻。另外一方面是对知识产权规则的了解。在世贸组织规则中，知识产权的协定包括 7 个大的方面。但在中国，企业知识产权方面的观念比较淡薄，出现一些假冒伪劣、侵权盗版的情况。这都是因为我们对知识产权保护规则了解得不够。

第四，中国在运用规则中也存在一些问题，对规则的应对方面还不够完善，具体的操作经验少；而且主动地运用规则方面，我们做得不够。

第五，我们对新规则的预测能力需要加强。以欧盟为例，欧盟现在有二十几个成员，根据各成员的发展需要，会不断地推出一些新的规则。那么，需要我们有对新规则的预见能力，而不是在新规则出现以后，才去研究；要早做准备，不能等到规则已经公布了再被动地去了解，这样我们就滞后了。所以，我们对新规则的预测能力也要加强。

“入世”以后，我国跟其他国家的贸易争端增多了，别的国家对我国的反倾销、反补贴、技术贸易壁垒等有所增加。当然，这是正常的。我们发展得好，难免树大招风。但目前存在的问题是，当出现这些情况时，中国的企业应对不足。

有以下两个方面的问题，我们需要注意：

第一，有时不能按照世贸组织规则来客观判断贸易争端，而是带有某种感情色彩，认为中国企业做的都是对的，别的世贸组织成员告中国是不对的，是他们在歧视我们。这是不可取的，我们应该按照规则判定，而不是根据感情、国别来判定。

第二，如果遇到反倾销，我们要研究判断责任到底在谁。如果说是我们自己的责任，那我们就要赶紧改；如果是对方的责任，那我们就要抗诉。另外，如果出现其他成员告我们反倾销，我认为不一定每一笔我们都要去应诉，还需要看它对中国企业的影响有多大。如果这个案子对我们影响不大，我们可以通过扩散市场范围分散掉，那我们就不必去应诉。同时，也要看案子值不值得打，值得打我们再打，不值得打就放弃。而不要一出现反倾销就要打官司，有时虽然官司打赢了，但是付出的律师费可能远远超过我们在原来的贸易中赚到的外汇。所以，还要整体衡量：得不偿失的就不打，可以通过产品升级或其他途径把它化解掉；但如果值得打，我们就要舍得花钱，做好充分准备去应诉。

中国“入世”，今后十年，我们也要由贸易大国向贸易强国努力，将规则意识发展成为贸易强国的基石。如果在这方面出了问题，将会毁掉中国企业辛辛苦苦建立起来的业绩。所以，我们在规则运用方面还需要加强。首先是企业的重要领导人要关注规则、熟悉规则，对有关规则要如数家珍，这是作为领导人的必要条件之一。其次，政府、企业以及行业协会要加强合作。中国政府在国外的很多机构，要把有关国家的规则动态及时向国内通报，以便企业及行业协会及早作出应对。

● “中国是值得信赖的国家”

EC 网：2008 年爆发全球金融危机时，您曾经强调我们在刺激经济发展的同时，一定要把对 WTO 的承诺考虑进去，不能出现授人以柄的纰漏。那么，目前就您看来，中国制定政策谋求自身发展同时，在兑现“入世”承诺、履行义务方面总体做得如何?

薛荣久：中国“入世”以后，在履行义务方面，我们是务实的，做得比较好。我前几天去日内瓦参加一个 WTO 的会议，拜访了一些 WTO 官员，也拜访了贸发会议的官员。他们的评价是，中国“入世”以来，在兑现“入世”承诺和履行义务方面做得不错，是值得信赖的国家，是守信用的国家。到目前为止，我们在“入世”时作出的承诺都按时完成了，有的还提前完成了。所以，在这点上来说，中国还是可以自豪的。

但现在存在的问题在什么地方呢?发达国家对中国的期望很高，因为发达国家现在的经济状况不太好。2008 年金融危机以后，发达国家的经济复苏情况并不太理想，而且债务问题屡屡出现。所以，他们都希望中国更多地开放市场，进入中国这个大市场来，以解决他们的问题，这是一个大的问题。另外，在 WTO 的三次政策审议里，对中国的审议已经超出了原来中国承诺的义务。换言之，就是我们原有的义务已经承担完了，他们希望我们要多承担义务。另外，一些发展中国家看到中国经济发展迅速，也希望能从中国得到一些更好的待遇，希望到中国这个市场上来，帮助他们发展。

所以，今后十年，我们还会一如既往。如果我们作出什么承诺了，我们还会很好地履行。但是今后十年跟我们过去的十年不太一样，有以下几个情况我们需要考虑：首先，中国是世界贸易大国，贸易总量第二，出口第一，进口第二；其次，经济总量世界第二；再次，外汇储备第三；最后，我们经常是贸易顺差的国家。

● 经济全球化条件下，开放本身就是对贸易发展的保护

EC 网：当前，国际上贸易保护主义抬头，中国未来如何才能解决好保护和开放这种两难的问题呢？

薛荣久：实际上，对发达国家而言，对外开放本身也是保护。比如，现在我们中国发展了，我们需要扩展市场；我开，你也开，这在某种程度上也保护了企业在竞争中的发展行为。所以，应该以动态的辩证的方式来看待开放和保护的问题。

在目前经济全球化条件下，你中有我、我中有你，国际分工更加精细，全球合作更加紧密。在这种情况下，你“保”了这个，可能“伤”了那个。特别是现在全世界出现了几个大的“链”的问题。第一是产业链。现在的跨国公司形成了全球产业链，一个产品在不同的国家进行生产。第二，形成了物流链。第三，形成了价值链。一个产品的最终价值，有不同国家、不同地区参与实现。在这种情况下，如果国际上大家都开放，我认为这本身就是对世界贸易发展的保护。

● 未来我们要战略性地、理性地、自主地进一步开放

EC 网：商务部曾表示我们已建立起符合规则要求的经济贸易体制，并成为全球最开放的市场之一。中国应如何以十周年为起点，进一步扩大对外开放？

薛荣久：我认为有几个问题要考虑。第一，我们的身份变了，我们在对外开放方面要更加主动。对外开放从历史情况看，有三种方式：第一种是主动对外开放；第二种是被动对外开放，别人逼着你开，你不得不开；第三种是对等开放，你开，我也开。

鉴于中国的情况，我认为应采取以下方式对外开放。第一，我们要坚持整体上更加对外开放。第二，对不同的世贸成员，开放程度要有所不同。对发展中国家、对最不发达国家，一般开放程度更大一点，我们给他们的单方面待遇更多一点。现在我们已经给非洲一些国家免关税了，这种表现就是开放。而对发达国家来讲，在整体开放的情况下，我认为要针锋相对，采取对等开放的策略。

另外，在对外开放中，还要考虑中国国内产业本身的适应能力。以国内市场为主的产业不想开放，而以国际市场为主的企业又希望开放，不同产业的竞争能力也不同。所以，我们还需要考虑中国国内产业的适应能力。在总体开放的情况下，针对不同产业确定不同的开放程度，针对不同国家采取不同的开放态势。但总体上我认为，我们在今后十年应该更加开放。

“入世”十年来，对外开放给中国带来了很多好处，中国现在面临的一些问题也需要靠对外开放来解决，这也跟中国的改革路线相辅相成。走“回头路”肯定不行，不符合世界潮流，也不符合中国发展的潮流，亦不符合中国改革开放以来的整体情况。因此，将来我们要进入理性开放，有目的、有意识、有组织、有战略、自主、更加开放。

● 中国对外开放还有很多路子可走

第一，我国目前的农业现代化、集约化还不够。尽管中国农业在不断发展，但离现代农业还有一定的差距，靠我们自己还需要很长时间。而发达国家在农业方面有很多好的经验值得我们学习。所以，我国农业可以进一步对外开放，利用国外的

资金、技术，把中国农业再抬上一个台阶。所以我认为，对外开放会加速中国农业的现代化发展。

第二，我国的服务行业比较落后，既落后于发达国家，也落后于一些发展中国家。发展中国家现在服务行业占整体国民经济的55%，发达国家则达到70%～80%。而我国现在服务行业才占40%。因此，服务行业可能会成为中国经济增长的一个新亮点。有人做过计算，中国服务行业如果从目前的40%增加一个百分点，就可以解决400万人的就业问题。

第三，中国的绿色经济可以进一步开放。现在有些发达国家在绿色经济方面走在前面了，他们取得了很好的经验。所以，我们要对外开放，使中国的绿色经济、生态环境得到保护。

另外，现在从地区来讲，我国很多沿边地区需要开放，包括中部和西部地区。

总之，中国对外开放还有路子可走，我们还有大量的开放工作要做，包括地区，包括产业，包括我们的思想观念。我们不需要固守我们原来那套东西，我们要学习国外的先进经验。而且在对外开放的过程中，我们可能会更加认识自己，认识到我们的方向。

读者如对采访以外回答原文感兴趣，可读采访问题后标出的书目出处（作者《耕耘》（文集）关贸总协定/世界贸易组织卷，对外经济贸易大学出版社2011年出版）。

7.2 通过记协新闻茶座主讲释疑

2016年11月30日，薛荣久教授受邀参加新闻茶座

7.2.1 点名邀请，事关重大

2016年11月17日，杨凤鸣交给我中华全国新闻工作者协会邀请函。内容如下。

中国 WTO 研究会：

2016 年 12 月 11 日是我入世《议定书》第 15 条有关反倾销替代国做法的终止日期，世界贸易组织成员应如期履约。为做好对外宣传工作，回应欧美最近变相迟延履约的做法，中国记协拟于近期举办一期新闻茶座，对外解释中国恪守世贸规则所作的努力。为做好此项工作，拟邀请贵单位薛荣久副会长或相关知名专家作为本期新闻茶座的主讲嘉宾，拟议的题目为：中国恪守世贸规则。如蒙莅临，将不胜感谢。

新闻茶座是中国记协根据中央领导同志指示精神创办的一项品牌活动，是我会向中外记者和外国驻华使节进行政策解读和舆论引导，服务国家工作大局的重要举措。新闻茶座已被列入中宣部的重要活动宣传报道方案。

作为我会驻京外媒和中央媒体积极影响、主动服务的一个交流平台，新闻茶座邀请政府官员、知名专家学者就目前普遍关注的国内国际话题介绍有关情况并回答记者提问。以往的主讲嘉宾包括文化部部长蔡武，原国家新闻出版总署署长柳斌杰，中国残联主席张海迪，国家互联网信息办公室副主任任贤良，人力资源和社会保障部副部长胡晓义，故宫博物院院长单齐翔，外交部非洲司司长林松添，原国防科工委主任、中国核电行业协会理事长张华祝，十八届六中全会文件起草组成员邓茂生，国家应对气候变化战略研究和国际合作中心副主任邹冀等。迄今已举办 98 期。

新闻茶座采取讲座与互动相结合的形式。为时 1 小时 30 分钟。主讲嘉宾用 30 分钟介绍情况，随后 1 小时与记者交流。我会提供现场英文同声传译。每期新闻茶座有 60 余家机构的 100 余人参加，包括外国媒体驻京记者，港澳台地区的媒体在京记者，中央和首都新闻单位记者，外国驻华大使馆官员等。

中华全国新闻工作者协会国际联络部

2016 年 11 月 16 日

研究会副会长陈鹏在左上角批示：请薛老师出席。

我接函后有几种感受。第一，感到荣幸。它是我坚持该条款研究的结果。早在“入世”之初，我就关注这个条款。2002 年 2 月，我就著文《加强对企业“入世”后市场经济条件的研究与应对》；同年 11 月，著文《“入世”后的态势与中国企业的当务之急》。第二，中宣部推荐。11 月 20 日，外文局《今日中国》法文版主编卢茹彩在邀稿函中指出“最近，中宣部要求针对欧盟履行中国加入世贸协定书第 15 条问题进行舆论报道工作，其中推荐的专家名单中有您”。第三，记者多面。参加新闻茶座的既有中国记者也有外国记者，平生是第一次接待这么多又不同面孔的记者，他们的关注点也有不同。要做好与他们的交流并非易事。第四，时间有限。邀请函规定，做客嘉宾只能讲一个半小时，如何讲清，又能服人，难度很大。第五，事关重大。这是中国对外宣传的一个渠道，如果讲不清或造成误解，将影响中国对外宣传效果。

7.2.2 认真准备，求实理顺

7.2.2.1 认真审题，细解条款

为此，我首先认真审题，继而细解条款。

记协要我所讲的命题是：中国恪守世贸规则。为此，要明确恪守规则的内容，如何

恪守规则的效益，引出“替代国”价格做法和按时终止的合规性。据此，我细解了第 15 条的内容。

该条名是“确定补贴和倾销时的价格可比性”。包括四项内容。（a）项是反倾销可比价格的确定，出现“替代”价格做法。（b）项是补贴内容。（c）项是（a）项和条款具体做法的通知要求。（d）项是关于（a）项条款整体和部分目终止的条件。该款规定：“一旦中国根据该 WTO 进口成员的国内法证实其是一个市场经济体，则（a）项的规定即应终止，但截至加入日时，该 WTO 进口成员的国内法中须包含有关市场的标准。无论如何，（a）项（II）目的规定应在加入之日后 15 年终止。此外，如中国根据该 WTO 进口成员的国内法证实一特定产业或部门具备市场经济条件，则（a）项中的非市场经济条款不得再对该产业或部门适用。”

细解该条款后，得知其要点包括：“替代国”价格做法从 2016 年 12 月 11 日无论如何要终止；补贴价格确定内容没有终止日期，继续采用；存在以成员的国内法证实中国是否是市场经济体的内容。该条款终止取决于成员的证实，中国是被动的；“替代国”价格条款具有单独性，与其他两项条款内容没有相关性。

由此，命题演绎中要掌握的相关要点包括：“替代国”价格的案情，欧盟修法原委，与市场经济的关联性。

7.2.2.2 深入研读，明晰要点

第一，求解“替代国”价格案情。

为使心中有数、说话有据，我决定进一步了解中国按“替代国”价格确定的反倾销案立案时间、件数、名称、金额、采取国家、占中国出口额的比重。

2016 年 6 月 7 日，接受中央电视台就欧盟议会“不承认中国为市场经济国家”决议采访的任务。为做好接访，6 月 6 日晚，商务部三位局长和部长秘书为我们介绍接访时应注意的问题。当时我特别问到上述问题，但均未给出明确的回答。

11 月 18 日，我前往长沙参加湖南大学举办的“标准化・全球治理”国际会议。19 日，我们一行从长沙前往衡山高铁路上，就此问题请教在华为工作的盛建明教授，他也不知道。当晚，在湖南大学举行的晚宴上，向参会的商务部研究院安佰生咨询，他也不清楚，但答应回京后向部里问询此事。我不死心，还要再找高人询问。决定在 22 日我要参加 WTO 研究会外顾委会上找人请教。21 日晚，就此问题写出“亟须了解的几个问题”，介绍新闻茶座背景，引出询问的内容，打印三份赴会。

到会，恰遇部里条法司原司长尚明，他曾就反倾销写出有分量的专著，其中涉及这个问题。我当即与他交谈，他说过去关注过这个问题，现在涉及数量不知，但说该做法涉及的中国对外贸易额不到 1%，答应按问题联系部里产业救济司。我也把该问题打印纸交给研究会宫主任，又交给杨凤鸣一份，并要她与尚司长保持联系，以备到部里了解。

下午，杨告诉我，尚司长联系到世贸司，可进行交谈。但按工作流程，要以研究会名义向部里提出报告。

第二，掌握欧盟变相立法原委。

接函前，我已看到《国际商报》11 月 15 和 16 日以“警惕欧盟反倾销新模式”为标题，“特邀业内权威专家”四位评论欧委会以修法不想终止“替代国”条款的做法。《21

世纪经济报道》于11月21刊出记者专访报道。整个标题为“专访常驻日内瓦联合国代表团副代表、公参周小明：欧美立法以‘市场扭曲’代‘市场经济’或将开启不良先例”，比较清楚地介绍了立法来由。为知修法究竟，我特要杨凤鸣下载欧盟该项立法的英文稿内容，知悉欧盟立法背景与修改内容。

读后得出几点看法和对策。（1）认为欧盟修法意在两面讨好，一面对中国讨好，一面应对内部压力。对策：按时终止“替代国”价格条款，中国应该表示赞同，但对通过修法以延续“替代国”做法不要过分评论和表态。（2）在法律上是两个层面，按时终止是 WTO 规则，修法是体内规则，不是国际规则。对策：两个不能等同，可分别对待。（3）没有点出中国，中国不要主动提出就是指向中国。如果将二者联系，反而被动。（4）中国底线应该是欧盟按期终止该条款；对欧盟体内修法另行应对。

第三，“替代国”价格条款与市场经济体的联系。

我深入剖析第 15 条内容，发觉如不把二者关系理顺，找出节点，会掉入以市场地位拒绝按期终止“替代国”价格条款舆论的陷阱。

2016年以来，欧美官方和一些学者有意把按时终止“替代国”条款与“市场经济国家”嫁接在一起，作为不按时终止该条款的理由。

从20世纪末，国家以大量外交资源从事WTO成员承认中国为市场经济国家的活动。国内一些学者把二者混在一起，在媒体上公然提出要以组合拳方式争取发达国家承认中国为市场经济国家，成为有意混淆二者关系的应声者。对此，我已在1月份著文驳辩。

经过认真研读第 15 条，发觉第 15 条（d）无论如何前面一段话和后面一段话，确为有意模糊者提供了“灰区”表达。为此，该段用语必须与“无论如何”切割。恰好17日晚我收到《上海财经大学学报》第 23 卷第 6 期，上面刊登余敏友和管健所写的文章《论〈中国加入议定书〉第15条到期后的法律效力》，切割十分清楚，坚实了我的论据。

第四，考究市场经济内涵，加以比对。

经过研读，对市场经济问题得出几点看法。

首先，市场经济没有统一概念。早在 2002 年我写《加强对企业“入世”后市场经济条件的研究与应对》（载《耕耘》第二卷）时，曾查到 GATT 东京达成的《反倾销守则》第二次释义，关于非市场经济的界定。该释义指出：“只有全部价格或几乎全部价格由国家制定时，才被视为非市场经济国家。”以此而言，中国早就不是非市场经济国家了。

其次，欧美市场经济概念并不一致，带有政治意味。美国和欧盟早在几年以前就承认俄罗斯是个市场经济国家；美国与中国谈判时，公然把政治问题引入市场经济内容，拒不承认中国的市场经济。

最后，我国市场经济具有 5 个特色。（1）内生性。我国市场经济体制是内生的，不是外加的。（2）防失性。中国市场经济承认市场在配置资源的决定性，但不承认市场万能论，有防止市场经济失灵的一面。（3）两手性。中国市场经济体制建立在无形之手调控与有形之手调控结合上，避免出现因市场失灵导致的经济和金融危机。（4）渐进性。中国市场经济体制是个新生事物，并不完美，故要深入改革。（5）敏应力。在应对 2008 年金融危机上，中国应对决策迅速，化解能力聚合，强于市场经济高度发达的国家。

经济发展新常态下，中国经济发展速度大大高于世界其他国家。自命是市场经济高度发达的美国，是 2008 年金融危机发生的源地，祸及世界，至今还不能摆脱。中国市场经济体制的优势逐步显现。

为深入了解中国市场经济发展情况，我到学校图书馆查找有关图书，但找不到；在网上发现北京师范大学著有《2010 中国市场经济发展报告》，要杨凤鸣在网上从上海购到。该报告由中国当代知名人士评审，带有权威性。我得知中国经济市场化已达到 76.4%。当然，衡量因素与美欧不同。遗憾的是，该报告没有后续年份面世。

美欧在中国市场经济问题上大做文章，要害是瓦解中国国有企业，别有所图。

我认为在市场经济问题上，不要与美、欧、日纠缠，要坚定信心，走好中国自己的市场经济之路。

7.2.2.3　依题立纲，充分沟通

我以历史唯物主义方法构思命题体系。

第一，确定重点，讲求逻辑。

首先，明确四个重点，即中国“入世”接受的世贸规则与履行，中国恪守世贸规则得到的红利，按期终止“替代国”价格条款是理所当然，中国有权对违规成员采取相应的反制措施。

其次，确定表达逻辑。从整体介绍中国入世接受的规则和恪守规则表现；总结恪守规则产生的红利；表明中国珍惜规则和维护规则的决心；引出第 15 条中“替代国”价格条款产生的大背景，指出其“歧视”和“妥协”的成分；进而得出无论如何按期终止是施加该条款成员的义务，是中国理当享受的权利，不按时终止，就是违规，中国有权在 WTO 规则基础上采取反制；从维护经贸发展大局出发，中国学者希望他们自觉。

最后，规则分类有所突破。

为表明中国入世的艰难，中国与主要谈判方的谈判僵局与化解，从改革开放大局出发，中国接受针对中国规则的“歧视”性，表明中国恪守规则的坚毅和可贵性，衬托中国恪守规则和按期终止“替代国”价格条款的合理性和正义性。我首次把中国“入世”接受的 WTO 规则分为两类。一类是一般规则，即 WTO 负责实施管理的所有多边规则。一类是特别规则，即中国加入世贸谈判达成的针对中国的特有规则，包括：过渡期审议，特保，纺织品服装延期取消限制，第 15 条。划分以后，表明中国恪守规则的层次和重任，加大了中国享受按期终止“替代国”价格的法规性、合理性和正义性。

茶座之后的反响，说明这种分法具有较强的说服力和动情力。这是我在 WTO 规则分类研究中的一个进步。

第二，书写细纲、打印不顺。

首先，书写纲要，准备交流。

11 月 26 日早晨，按照上述思路，我写出 3000 多字的讲座纲要初稿并打印，拟早饭后再修改，然后传给杨凤鸣，听取她的意见，进一步修正。

其次，电脑罢工，输出受阻。

早饭后我刚一修改纲要初稿，电脑出现不能修改故障，屏幕出现警告语言，传来尖叫声音。我被迫关机，中止修改。急电告杨凤鸣找人来修计算机。杨凤鸣联系后，说下

午3点来人修理。

最后，修期拖后，尚不掌握。

下午3时，杨凤鸣电告，3时所约的维修人，不上门服务，只好再找维修者。最后她终于找到，说5点才能前来。5点后，杨凤鸣陪维修者进行维修，直到晚8点。她离开后，我想修改和打印，因为我还不熟悉操作，可以修改但不会打印。

第三，到部沟通，纲要落实。

首先，确定沟通时间。

27日，我和杨凤鸣参加国际经济关系学会一天的活动。回程路上，杨凤鸣接商务部世贸司电话，告部里领导已批准研究会报批文件，28日上午9时半后可到商务部世贸司沟通，但须待28日上午8时半前正式确定。

当晚，我尝试打印修改稿，还是不行。只好把它考入U盘带上。28日上午，我只好带上修订前的初稿打印件，前往商务部。

28日上午8时后，杨凤鸣告世贸司决定9时半在国际司会面沟通。前往路上，我把打印的初稿给杨凤鸣看，她说思路好、顺当、构架服人。

其次，沟通交流落实。

28日9时半后，我与杨凤鸣来到世贸司，黄凯接待我们。我给他打印稿，他浏览后，我介绍，他同意我的讲座纲要并给了我们三份材料。我浏览后，知道我的茶座纲要与之基本一致，在背景上，纲要还有所超出。10点半，我们交谈结束，回校。

下午2点半，杨凤鸣在部里要参加政研室举行的会议，本可继续待在部里。她知我对修后的计算机运用尚未完全掌握，就与我一起回家，教我如何打印，并将经常用的网址作出备份留用。

第四，传出纲要，备好送书。

28日下午，进一步修改茶座纲要并发给杨凤鸣。晚上，杨凤鸣问，记协来电问纲要可否发给参会记者，答可发，并要她备好《乐为》和《耕耘》两书，带到新闻茶座。

事后，我电告邀稿的外文局《今日中国》法文版主编卢茹彩、英文《北京周刊》责编周晓燕，建议她们与记协联系，参加30日新闻茶座，会后再交流，商议如何撰文。

第五，借机定夺规则分类。

29日上午，我开始准备发言。杨凤鸣来电，下午2点在学校诚信楼国际会议厅，研究会要举行产业通报会。由部世贸司和国际司介绍对外谈判进展情况。我决定参加，一可借机与孙会长就中国“入世”规则分类交流，二则为新闻茶座加实备料。

下午提前到会，向孙振宇汇报新闻茶座事并问他中国“入世”规则可否分类。他有些愕然，听我介绍后，同意我的分法，认为有创意。我认真听取了通报会的内容，进一步加实了我新闻茶座的讲话论述。

7.2.2.4　改变习惯　从容做客

首先，改变习惯，准备出行。

28日，杨凤鸣传来记协联络人王传宝函，告新闻茶座定在11月30日14点30分至16点00分，在中国记协新闻报告厅举办，要我们在当天14点15分到达中国记协东大门。记协在珠市口，距离我的住处很远，坐车需要一个多小时，我们商定下午1点出发。

我养成的作息时间通常是午饭后要休息一个小时，2 点半以后读书看报，尽量不外出参加社会活动。新闻茶座举办时间和离家时间打破了养成的作息规律。为此，老伴提前备好午饭，12 点吃完，争取午睡半小时，要老伴 12 点 30 分叫醒我。由于准备充分，放下心来，竟然睡了 20 分钟，没等老伴呼叫，自然醒来，洗漱着装，带上资料，准备出发。

其次，提前赴会，临时接访。

下午 1 时乘杨凤鸣订车前往珠市口 9 号中国记协大楼。不到 2 点，就到达记协大楼。在接待室，与联系人王传宝、国际联络部副主任马玉安、书记王冬梅见面，签名送两书给他们。他们带我到一层大厅茶座现场观览，给我一份外国驻京记者和使馆新闻官等的与会名单，大约 90 人参加新闻茶座。

新闻大厅，灯火通明。茶座主讲台对面高台上，已架起十几架摄像机，机架与讲台之间摆有许多黑面圆桌和椅子。来到的记者有的走动，有的交谈。

观览间，北京电视台记者前来请求现场接受 5 分钟的即时采访。盛情难却，我专门讲述“入世”恪守世贸规则的红利。

为听清记者提问，杨凤鸣坐在前面，书写记者提问的题目给我，我再依题回答。

最后，茶座加时，完成重任。

2 点半，新闻茶座开始。记协书记王冬梅主持讲话后，我开始主讲。

我按纲要顺序，以口语式讲述，中间有意就中国特色社会主义市场经济体制作出一些发挥。用时近 50 分钟。然后回答记者 10 多个问题。新闻茶座近 5 时结束，一些记者又围着我提问或找杨凤鸣进行联系。现场气氛热烈，情绪和谐和友好。

茶座结束后，书记等夸说我讲得好；记者们反映我讲的内容，有很强的说理性，可以服人。杨凤鸣说整个讲座“有力、有理、有节”，建议以此撰文。邀稿的记者反映，有说服性。法文版记者告她可据茶座讲述内容成文，我可不再著文。

这次新闻茶座在杨凤鸣的协助下，经过我的认真准备，可谓圆满完成。

7.2.2.5　茶座虽举　任务未竟

这次“新闻茶座”是在中宣部指示下安排的，两份刊物的约稿和拟定的采访，都表明中央对“替代国”价格按时终止的高度重视。我也完成了作为主讲嘉宾的任务。在完成主讲任务的同时，也引起我对第 15 条前途的深思。

第一，第 15 条并未因“替代国”价格做法终止而终止。

首先，“替代国”价格做法只是第 15 条的部分内容。

第 15 条条名是“确定补贴和倾销时的价格可比性”。包括四项内容。（详见 7.2.2.1）由此可知：第一，“替代”价格做法从 2016 年 12 月 11 日起，无论如何都要终止。第二，补贴价格调整确定内容没有终止，在中国被证实为市场经济体前，继续采用。第三，存在以成员的国内法证实中国是否是市场经济体的内容，中国处于被证实地位，不取决于中国的意愿。

其次，“替代”价格做法终止的未尽与应对。

坚持“替代国”价格做法的成员既有发达国家如美国、欧盟和日本，也有发展中国家如印度、巴西等。出于对中国的竞争，它们内心是不愿按期终止，但“无论如何”的断语，使不按期终止成为违规，对其声誉和与中国的经贸关系都不利。他们会采取几种应对办法，摆脱按期终止的义务。

1. 寻由拒履。美国借口中国是非市场经济体制，坚持不按期终止“替代”价格做法。日本借口中国以补贴保护国内产业，拒不承认中国市场经济地位，继续“替代”价格做法。

2. 变相延续。欧盟采取修法变相延续。拟通过体内修法，把中国从“非市场经济”排除，再以市场扭曲，不指名地对中国延续“替代”做法。在该法通过前，“替代国”价格继续。

3. 观望妥协。原来采取“替代国”做法的发展中成员采取观望、寻求妥协办法。

最后，对不按期终止“替代国”价格办法成员的应对。

1. 中国可发出不再接受“替代”价格做法的公告。2016 年 12 月 11 日后，中国商务部可通过 WTO 向 WTO 成员发出公告，不再接受“替代”价格做法；对公然拒绝按期终止的成员，上诉 WTO 争端解决机制，以警示上述第 3 类成员。

2. 上诉 WTO，通过争端解决机制，但短期内不会完成。

3. 对变相延续者，针锋相对。对通过体内修法，变相延续“替代”做法的成员，可以诉诸 WTO，并以修改中国反倾销立法对应。

4. 做好应对反倾销投诉无尽期的准备。

这是因为，即使中国在 WTO 投诉取得胜诉，所有 WTO 都终止“替代国”价格做法，但只是减少中国出口企业倾销可比价格的随意性和加重性。“替代国”价格终止后，中国出口倾销价格可比按 WTO《反倾销协议》进行确定，对中国倾销的投诉不会消失；中国以价格为主的粗放式竞争方式容易成为被反倾销投诉的把柄；以国内修法形式变相或加强反倾销做法将成为 WTO 成员对中国竞争的主要途径。

为此，中国政府、企业、学界要认真研究 WTO《反倾销协议》和各成员体内的反倾销法，确定相应的对策。

第二，补贴条款未设终止期限。

首先，补贴条款模糊。

第 15 条内（b）项对衡量补贴利益基准调整做法的内容：“在根据《补贴与反补贴措施协议》第二、三及五部分规定进行的程序中，在处理第 14 条（a）项、（b）项、（c）项和（d）项所述补贴时，应适用《补贴与反补贴措施协议》的有关规定；但是，如此种适用遇有特殊困难，则该 WTO 进口成员可使用考虑到中国国内现有情况和条件并非总能用作适当基准这一可能性的确定和衡量补贴利益的方法。在适用此类方法时，只要可行，该 WTO 进口成员在考虑使用中国以外的情况和条件之前，应对此类现有情况和条件进行调整。”

据此条款，可知该条款存在不确定性。它表现在：在补贴相关程序原则上，可使用 WTO《补贴与反补贴措施协议》规定；如使用遇到困难，可参照投诉成员的国内做法进行调整；没有规定调整终止的具体时间；该条款终止的前提是“一旦中国根据该 WTO 进口成员的国内法证实其是一个市场经济体”时，因此，中国处于被动证实地位。

其次，补贴条款模糊性给我国带来不利的后果，表现如下：补贴条款存在的无限期；

WTO 成员可以在以国内法“证实”中国是“市场经济体”前使用；采用此条款的 WTO 成员会以各种借口，不证实中国是个“市场经济体”。

由此，可能出现如下后果。

中国成为全球反补贴首要目标的趋势加强。从 WTO 建立到 2014 年，全球反补贴调查共涉及 46 个国家和地区。中国是全球反补贴的首要目标，遭受的反补贴调查数量占全球反补贴调查总数的 23.7%，并且有 63.1%的反补贴调查最终对中国产品实施了反补贴措施。

对中国反补贴投诉特点加宽。面对崛起的中国，WTO 成员对中国反补贴发起出现几个特点：反补贴措施的使用从传统产业向高技术、新兴产业延伸；由一种贸易救济手段转变为反倾销、反补贴的结合使用。

从 2006 年后，美国对来自中国的铜版纸发起“双反”调查，扭转了此前不针对“非市场经济”国家进行反补贴的政策立场。2012 年 3 月，美国政府通过了“第 112-99 号法案”，授权美国商务部在对“非市场经济”国家实施反倾销措施的同时，可以实施反补贴措施；由企业层面向政府政策和经济体制层面升级，涵盖了更多的政治因素；对中国发起反补贴调查的成员，从发达国家向发展中国家成员蔓延；反补贴规则谈判的主动权和实施反补贴的主动权，更多地掌握在美国等少数发达国家成员手中。

其结果是：制约我国产业的全面发展；不利于我国经济的转型升级和优化；危害我国新兴产业的建立和发展；对中国出口的影响将大大超过“替代国”价格做法和整个受到的反倾销投诉；拖缓我国从贸易大国迈向贸易强国转变的进程。

最后，中国如何应对补贴条款的后遗症。

1. 法规合规。在国家产业发展规划政策中，务必与 WTO《补贴与反补贴措施协议》，中国“入世”承诺的有关条款一致和衔接。为了鼓励我国新兴产业的兴起，国家、地方通过政策，加强补贴行为。出现补贴方式向多样化，补贴数额从少而多、补贴行业从窄而宽的做法。亟须按照 WTO《补贴与反补贴措施协议》，进行区分和归类。

2. 加速立法。我国以 WTO《补贴与反补贴措施协议》为基础，设立中国《补贴与反补贴措施协议》法规。

3. 掌握运用。政府、企业、学界认真研究和掌握 WTO《补贴与反补贴措施协议》，学会熟练运用。

4. 加大参数。在第 15 补贴条款中，加大衡量补贴利益基准调整做法中的中国参数。

5. 建立应对反补贴投诉的预警机构。

6. 主动应诉。遇到反补贴投诉，中国企业要积极主动应诉。

7. 加强抗诉。加强在 WTO 中对滥用反补贴条款投诉的抗诉。

8. 国内媒体不要随意报道补贴事宜。

7.2.2.6 正面应对市场经济体问题

首先，对“实证”不要奢望。

第 15 条最后“一旦中国根据该 WTO 进口成员的国内法证实其是一个市场经济体”的语句，使中国市场经济体要由其他成员的国内法来证实。“证实”成为他们要挟中国，拒绝终止第 15 条的工具。

要中国符合其“市场经济”的要求的实际目的，是削弱和瓦解中国特色的社会主义市场经济体制。中国主动要求发达国家成员承认中国是完全的市场经济国家，会陷入被动和纠缠的地位，不利于中国的改革和开放。

其次，拒绝被动证实理由充分。

1. 概念不一。迄今为止，没有统一的市场经济体的概念。

2. 实施扭曲。早在 2002 年，美欧就承认俄罗斯是市场经济国家。在与中国政府就此谈判中，把中国存在的贪污腐化问题作为不是非市场经济的理由。

再次，坚持对中国特色社会主义市场经济的自信。中国 1994 年后开始建立中国特色的市场经济体制，与西方的市场经济既有吻合，又有区别。

1. 吻合的一面。重视价值规律这个无形的手，重视市场在资源配置中的决定性作用，重视市场的统一和公平竞争，重视市场规则的建立。

2. 区别的一面。西方市场经济体制建立在市场万能论基础上，认为市场可以解决所有问题，坚持无形手的唯一作用。而中国特色市场经济体制认为市场有失灵的一面，市场不能解决所有问题，主张无形手与有形手相互结合。它具体体现在两个方面。即：运作机制不同。西方只重视市场作用，忽视政府管理作用；中国坚持无形手与有形手结合；市场结构不同。西方重视私有制经济。中国重视混合所有制经济。

3. 中国特色社会主义的市场经济优于西方市场经济。

它表现在以下方面。中国持续高速发展，西方国家是中速或者低速；中国出现经济失衡，但未出现经济和金融危机；而西方经济不仅失衡，而且 2008 年出现严重的金融危机；迄今为止，西方国家尚未摆脱这次金融危机，经济增长速度很慢。中国受到这次金融危机冲击，迅速采取化解对策，经济继而进入新常态，但经济发展速度仍然保持在 6%—7%之间。总体上，中国社会整体协调发展，比较稳定；而迷信于市场万能论的国家整体失衡，社会分裂加剧，暴力事件不断。民族主义意识兴起和保护主义抬头，公然抵制全球化。中国成为第一大贸易国，第二大经济体，参与全球治理能力加强；而自命市场经济充分发达的美国在保持第一大经济体的同时，却成为第二大贸易国家，国际影响力在降低。

最后，中国可采取的正面应对办法。

1. 加强自信。中国特色社会主义市场经济体制不逊于西方的市场经济体制，而且优势已经出现。

2. 展开竞赛。中国不接受西方国家的市场经济体制的要求和标准；但中国也不把行之有效的社会主义市场经济体制强行推广；坚持两种市场经济体制进行和平竞赛。

3. 不再强求。在外交上淡化争取承认中国为市场经济国家的活动。对主动、自觉承认中国为市场经济的国家表示谢意，对不承认中国为市场经济的国家也不要进行非议和批判，减少由此引发的国家关系的恶化。

7.2.2.7 我国在第 15 条款上应对的失当与原因

7.2.2.7.1 失当表现

第一，实情不明。在中国受到的反倾销案件中，采用“替代”价格做法的案件数量、金额、使用国家、发生时间、占中国出口贸易比重等，主管部门不清。向部里有关部门两次询问，都未给出答案。

第二，夸大影响。政府发言人和媒体把反倾销案件与按“替代”价格进行的案件混在一起，夸大了“替代”价格的影响。

第三，主次错位。中国最后“入世”谈判代表龙永图曾在一个会上说，“入世”后，被投诉的中国倾销案，影响中国出口贸易比重为1%～3%之间。部原条法司司长尚明告知我按“替代国”价格确定的反倾销案，据他估计，占中国出口额可能不到 1%。如此小的比例，该条款不应成为中国外贸发展的主要问题。

第四，强人所难。把因“替代”价格出现的“市场经济条件”和“市场经济体”转变为国家外交关系内容，要求其他 WTO 成员承认中国为市场经济国家，为有意混淆的成员提供了把柄。

第五，舍规则求舆论。“替代”价格条款属于日落条款，也规定了 2016 年 12 月 1 日为终止时间。WTO 成员必须履行；如不履行，就是违规。中国有权在该日后，不再履行该退款的义务。我国不以规则论处，而诉求舆论和公关。

第六，反应过分。欧委会 10 月 19 日发布的非约束性通讯文件，名为《采取强有力的贸易政策促进欧盟就业和经济增长》，其重点是讨论两个提案。一是关于贸易救济制度现代化立法提案，核心内容是建议在存在补贴和原材料价格被扭曲的情况下，取消其一直适用的低税原则，强化贸易救济措施的效力。二是关于履行第 15 条义务的提案设想，核心内容是修改欧盟现行反倾销条例，取消“非市场经济”国家名单；但同时制定“市场扭曲”标准，在存在市场扭曲的情况下，可以使用“其他可获得的基准”，包括替代国的价格和成本，来计算倾销幅度。

该法案要三读才能通过，到 16 日一读还没做。按正常速度，2016 年底很难完成，预计可能通过。

商务部发言人对欧委会修法表态，欢迎取消“非市场经济国家名单”，但是坚决反对欧盟会提出的变相“替代价”的新做法。

《国际商报》11 月 15 日和 16 日对此进行评论。总标题是《警惕欧盟反倾销新模式》。以“为反倾销‘替代国’价格做法‘招魂’”“反倾销新模式：损人未必利己”“新贸易保护主义应引起足够警惕”这些小标题予以评论，有意把欧盟修法与终止反倾销“替代国”价格条款联系在一起。

把体内修法与 WTO15 条“替代”价格按期终止结合在一起，出现法规层面的错位。

7.2.2.7.2　失当原因

第一，理解不准。对第 15 条内在结构、相互关系没有理解清楚，把“替代”价格按期终止混同于整个条款，忽略了补贴条款；把由其他成员以国内法证实的“市场经济体”变成中国的主动争取。把按期履约变成中国的诉求。

第二，重关轻规。在国际事务中，我国要善于利用规则构建国家关系；争端出现，利用规则反制不足；我国企业在遇到贸易争端时，不主动利用规则抗辩。

第三，误判被动。“市场经济条件”和“市场经济体”出现在第 15 条。始作俑者是美、欧等发达国家。中国要成为“市场经济体”的前提是由其国内原有法规实证，中国处于被动地位；是他们要挟、节制、刁难中国的重要手段，是与中国长期经济和政治斗争的武器，也是纠缠不清的问题，是他们为中国预设的陷阱。从 20 世纪末开始，我国急于把承认中国为完全市场经济国家提升为外交活动的一项内容，但往往事与愿违，陷入被动。

对承认者，中国表示感谢。对承认者，中国要给予回报。迄今为止，承认中国为完全市场经济国家的为 80 多个，均是发展中国家和小型的发达国家；主要的发达国家如美国、欧盟、日本都未承认，我国表示坚决反对，但为这些国家不按期终止“替代”价格做法找到口实，冲淡了履行按期终止的法规力度，成为美欧日等对中国施压的新筹码。

第四，缺乏自信。我国在 20 世纪 90 年代后就建立了中国特色社会主义市场经济体制。它是内生的，不是外加的。中国市场经济承认市场在配置资源中的决定性作用，但不承认市场万能。西方市场经济存在各种失灵，导致经济、金融危机不断发生。中国市场经济强调无形手与有形手结合，避免出现西方国家的经济、金融危机。2008 年金融危机发生后，中国应对和化解金融危机的能力高于所谓市场经济高度发达的美欧，经济发展速度远远高于它们，成为世界经济的亮点，表明中国特色的市场经济体制虽不完美，但优于美欧。国内在不断加强自信的同时，却希求美欧承认中国是市场经济国家，是不现实的。

第五，研究肤浅。国内一些学者和专家习惯于外加法的研究方式，缺乏对 WTO 本身的认真和细致研究，出现三种情况。第一，缺乏国际视野，意识滞后。仍然以“富人俱乐部”观点对待 WTO，非议甚至否定 WTO。第二，离开时代背景，分析中国“复关”和“入世”的原因，误解和曲解中国“入世”后的权利与义务。第三，盲从。对国内外一些研究成果盲目接受，缺乏独立思考，随声附和。

第六，重谈轻施。出于改革开放、融入世界的内在要求，中国既然决定加入 WTO，“入世”初期，各级政府恪守规则意识不断加强，但没有达到自觉的程度，更未成为中国立法的依据。随着各级政府领导的更迭，对 WTO 规则有所生疏，出台的政策未与 WTO 规则密切衔接和合规，出现习惯于政策表述、缺乏具体数据的实证和支撑的情况。这引起关注中国的 WTO 成员的警惕甚至被利用。

第七，媒体不专。WTO 具有很强的专业性，从事这方面采访的记者必须对它有些基本的知识，才能做好采访。但我接待过的国内记者，多数对 WTO 缺乏了解，不掌握基本的知识，导致采访后的成文出现片面、混乱剪辑、拼凑的现象，对读者产生了误导。在“替代”价格按期终止问题上，作为主流媒体的中央电视台就出现释义曲解、用词不当的现象。

7.3 与知名教授、公知大 V 驳辩

我在中国“复关”“入世”的研究、讲座和宣讲中，有时受到质疑和围攻，听到一些非议的舆论。在中国“入世”时，有人认为是“城下之盟”，“WTO 是布满鲜花的陷阱”；在中国“入世”十年时，有些教授联名上书全国人大常委会，提出“退出 WTO”。“入世”15 年后，个别公知大 V 发出《如此惨烈的损失由谁负责？》的博文。这种情况让我深思和不安。事关重大，迫使我著文进行驳辩。

7.3.1 与《中国在加入 WTO 十周年之际应考虑退出 WTO》一文的商榷

前　　言

2011 年 3 月，贾根良教授著文《中国在加入 WTO 十周年之际应考虑退出 WTO》。文章摘要为："好的贸易"和"坏的贸易"对国家具有决定性的影响。发达国家脱贫致富的历史经验说明，"进口低端产品并出口高端产品"是"好的贸易"，而"进口高端产品并出口低端产品"是"坏的贸易"。自 1993 年以来，特别是我国加入 WTO 以来，我国深陷"进口高端产品并出口低端产品"和"出口实物产品换取美元纸片"的"坏的贸易"陷阱之中，这是一条通向贫困和依附型经济的道路。本文具体讨论了我国深陷"坏的贸易"的六大陷阱问题，提出在现行 WTO 体系下，我国如何避免再遭受严重损失的十条政策建议。本文指出，在我国加入 WTO 十周年之际，我们不应该继续沿着原有的道路，在继续扩大自由贸易和引进外资的不归路上执迷不悟，而是亟须研究我国如何应对加入 WTO 的条件重新谈判并考虑退出 WTO 的长远战略问题。

笔者经过研读，认为贾文从立论、论据到结论都存在严重偏颇，特予辩驳。

深陷"坏的贸易"论断，漠视中国"入世"后的整体积极效应

贾文开宗明义指出，其文主旨是"从加入 WTO 对我国长期经济发展所造成的严重恶果的角度出发，驳斥目前仍然非常流行的说法：我国加入 WTO 利大于弊"。贾文是以"好的贸易"和"坏的贸易"的概念来驳斥流行说法。对中国而言，"好的贸易"是指"进口低端产品并出口高端产品"；"坏的贸易"是指"进口高端产品并出口低端产品"和"出口实物产品来换取美元纸片"。作者断言，"加入 WTO 使我国陷入'坏的贸易'陷阱之中"。

我们认为，用这两个概念难以衡量中国加入 WTO 的真实效益，应依据 WTO 的地位和职能衡量中国加入 WTO 后的综合效益。

WTO 的职能主要是：通过贸易自由化提高世界贸易组织成员生活水平，保障充分就业，扩大货物和服务的生产和贸易，坚持可持续发展，促进发展中国家贸易和经济发展，建立更加完备的多边贸易体制。

对外贸易属于流通领域，判断中国加入 WTO 的效应"是好是坏"，应根据对外贸易三个作用的后果来判断。一、对外贸易是否促进了中国企业的发展，现代企业制度是否建立，企业整体信誉是否提高等。二、对外贸易对中国国民福利是提高还是降低。国民福利包括收入、就业机会、需求偏好的满足、本身价值的实现等。三、对中国而言：对外贸易对社会整个再生产是延续还是中断；经济是发展还是停滞；国际分工的形式和格局是提高了，还是降低了；国家是富有了，还是贫困了；国际环境是改善了，还是恶化了；国际地位是提高了，还是降低了；综合国力是加强了，还是削弱了。

中国加入 WTO 后，对外贸易在这三个层次上的作用都是正面大于负面。

在企业层面上，国有企业在壮大，民营企业在发展，三资企业在改善；现代企业制度建立，国有企业和民营企业整体效率在提高；加入 WTO 前，人们担心受到冲击的产业，如机电、汽车、农业等都在发展，我们成为汽车和信息产业大国。

在国民物质和精神生活层面，加入 WTO 以后，中国国民福利均有不同程度的提高，就业机会增多，就业量扩大，国民消费需求得到满足，旅游目的地不断扩展，精神生活不断丰富，视野在开阔，理性思维在提高，交流和自我价值实现机会大大扩展。

在国家层面上，加入 WTO 后，国外贸易环境得到改善，利用两种资源渠道拓宽，国内和国外市场扩大，中国经济可持续发展能力增强，经济得到高速发展，外汇储备充裕，综合国力提高；中国参与国际分工模式从垂直型进入水平型，在国际分工的格局离开外围向中心进军，加大参与国际经济全球化进程，构建“内外联动，互利共赢，安全高效”的开放型经济体系，国际威望在提高，发言权和参与权都在扩大。中国在世界经济、政治的整体影响力都在增大。

以上这些巨大变化和显著进步都是有目共睹的。当然，中国加入 WTO 后，也出现了一些问题，如价格贸易条件恶化、生态环境局部恶化、贸易争端增多、贸易依存度过大、对国外资源性产品依赖增大。贾文提到的六大陷阱中的某些现象是存在的，但它们不是中国加入 WTO 后效应的主流，而且这些问题也不是 WTO 造成的。

它们在很大程度上是由于我国政府某些职能部门和一些企业背离、忽视、扭曲 WTO 规则引发的后果。如 WTO 通过规则倡导“开放、公平和无扭曲的竞争”，我国在国内外贸易中真正实现了吗？垄断和恶性竞争行为杜绝了吗？如与贸易有关的知识产权制度，规定了知识产权的保护、制止滥用知识产权，我国真正落实了吗？如反倾销协议规定了倾销的含义和反倾销的措施，我国企业真正掌握和做到了吗？我国成为 WTO 遭受反倾销投诉最多的成员，除去投诉者本身的主观原因，我国出口企业在出口价格上没有问题吗？WTO 规定的透明度原则我国认真贯彻了吗？大量事实表明，WTO 原则和规则所体现出来的市场经济运行的真谛并未真正变成我国社会的理念，政府职能和企业营运的机理，仍未彻底摆脱计划经济体制下的思维和做法！

内因是根据，外因是条件。因此，中国加入 WTO 后出现的问题，思考外部条件的同时，应多从自身找原因，从改革滞后中寻求答案，不能一股脑儿都推到 WTO 身上！

贾文把中国出现的问题归罪于中国加入 WTO，并大肆非议，提出以“好的贸易”和“坏的贸易”来衡量中国加入 WTO 的效应，认为中国深陷“坏的贸易”之中。这种以偏概全、整体否定中国加入 WTO 后的作用，无助于中国正确对待加入 WTO 后的全面认识，无助于加深我国的对外开放。

“坏的贸易”论断的依据，掩盖中国外贸进步的史实

贾文提出中国“坏的贸易”的标志是“进口高端产品并出口低端产品”和“出

口实物产品换取美元纸片”，并断言中国深陷“坏的贸易”陷阱。第一个标志确有道理，第二个标志似是而非；深陷之说更是否定中国加入 WTO 后，对外贸易结构的进步。

首先，中国正在为逐步摆脱“坏的贸易”第一个标志而努力。贾文说，当代“好的贸易”与“坏的贸易”不是以工业和原材料来划定，“而是在农业（包括原材料产业）、工业和服务业等所有产业都表现为高端环节（产品）和低端环节（产品）的分野”。由于我国是个发展中国家，科学技术比较落后，加之缺乏国际竞争的环境，我国加入 WTO 以前，进出口贸易结构虽有所优化，但整体是处在低端环节（产品）阶段，产品附加值低，是处在“坏的贸易”第一个标志之中。问题是，中国加入 WTO 以后十年内是有所进步、逐步摆脱，还是深深陷入“坏的贸易”之中？答案是前者，而不是后者。

依据对 WTO 提供的国际贸易统计分析得知，中国加入 WTO 后，在大类商品、制成品内大类商品结构、贸易差额变化整体上都在优化，而不是在恶化。它们为中国进入“好的贸易”创造条件和奠定基础。

第一，加入 WTO 后，中国货物贸易结构在优化，不是恶化。在出口货物贸易中，初级产品所占比重从 2002 年的 8.77%下降到 2005 年的 6.44%和 2009 年的 5.22%。同年，制成品在出口中的比重从 91.23%上升到 93.56%和 93.60%。同样年份，进口货物贸易中，初级产品所占比重从 16.69%提高到 22.38%和 28.88%；制成品所占比重从 83.31%下降到 77.62%和 67.14%。这些数据表明，中国出口货物贸易结构在优化，进口货物贸易结构也在优化。制成品在进出口贸易中所占绝大比重表明，中国参与国际分工的形式已进入水平型。

第二，加入 WTO 后，中国制成品贸易结构在优化，而不是恶化。WTO 国际贸易统计中列出的制成品二类产品项目有钢铁、化工、其他半成品、机械和运输设备、纺织品、服装和其他制成品。它们在中国制成品出口和进口中的比重变化见表 1。

表 1　中国制成品出口与进口大类产品比重变化　（%）

		钢铁	化工	其他半成品	机械和运输设备	纺织品	服装	其他制成品
2002 年	出口	1.13	5.23	6.63	43.90	7.02	14.11	24.01
	进口	5.70	16.48	6.04	57.86	5.51	0.57	7.78
2005 年	出口	2.75	5.10	8.26	50.29	5.86	10.58	17.13
	进口	5.34	15.76	8.28	58.90	3.14	0.33	12.00
2009 年	出口	2.10	5.51	7.93	52.55	5.31	9.53	17.04
	进口	3.92	16.58	4.23	60.46	2.20	0.15	12.30

资料来源：作者依据 WTO 历年国际贸易统计计算

从上表可知，2002 年到 2009 年间，在出口中的比重，钢铁为 1%～3%之间，化工保持在 5%～6%之间，其他半成品在 6%～8%之间，机械和运输设备出口比重从

40%多提高到近 60%，纺织品从 7%下降到 5%～6%之间，服装从 14.11%下降到 9.53%，其他制成品从 24.01%下降到 17.04%。在进口比重中，钢铁从 5.7%下降到 3.92%，化工从 16.48%微升到 16.58%，机械和运输设备从 57.86%微升到 60.46%，纺织品从 5.51%下降到 2.20%，服装从 0.57%下降到 0.15%，其他制成品从 7.78%提升到 12.30%；机械和运输设备在进口中的比重从 57.86%提升到 60.46%，优化趋势显著。

第三，加入 WTO 后，制成品内大类商品贸易差额整体向好的方向发展。从表 2 可知，在这个时间段内，钢铁产品贸易逆差减少，化工产品贸易逆差加大，其他半成品贸易顺差加大，机械和运输设备从贸易逆差转变为贸易顺差且顺差增额很大；纺织品、服装和其他制成品一直是贸易顺差。它们说明，钢铁竞争力在提高，机械和运输设备竞争力显著提高。

表 2　　中国制成品贸易差额变化　　（亿美元，–代表贸易逆差）

	制成品	钢铁	化工	其他半成品	机械和运输设备	纺织品	服装	其他制成品
2002 年	557.6	–102.8	–237.2	109.4	–100.3	75	399.4	413.9
2005 年	2 072.0	–70.6	–419.6	356.2	617.5	255.6	725.3	607.6
2009 年	5 495.7	–19.2	–499.6	606.1	1 828.7	448.8	1 054.2	1 085.7

资料来源：作者依据 WTO 历年国际贸易统计计算

此外，机械和运输设备中，主要产品贸易差额 2005 年后均呈顺差，而且顺差加大。从表 3 可知，从 2002 到 2009 年间，办公和电讯设备产品一直是贸易顺差，2007 年后贸易顺差达到千亿美元以上；运输设备贸易从 2004 年开始，从贸易逆差转变为贸易顺差，2007 年后顺差在百亿美元以上；其他机械从 2006 年开始，贸易逆差减少，到 2006 转变为贸易顺差，2007 年后顺差急剧提升到 2008 年的 543.6 亿美元，因受金融危机影响，2009 年贸易顺差回落，但仍接近 400 亿美元。

表 3　　中国机械和运输设备中三大类商品贸易差额变化

（亿美元，–代表贸易逆差）

	办公和电讯	运输设备	其他机械
2002 年	91.1		
2003 年	218.6		
2004 年	617.5	–15.1	–261.2
2005 年	654.9	58.0	–99.4
2006 年	893.7	60.9	38.4
2007 年	1 213.4	164.3	263.2
2008 年	1 503.6	272.9	543.6
2009 年	1 324.0	127.8	376.9

资料来源：作者依据 WTO 历年国际贸易统计计算

总之，从 2002 年到 2009 年间，中国进出口货物贸易结构在优化，贸易差额在改善，竞争力在提高，中国货物贸易结构优化趋势明显。

其次，中国在高端（产品）区段内并非一片空白，而是有很大进步。因贾文没有提出高端环节（产品）和低端环节（产品）的具体划分类别和量度，我们无法进行具体分析。但中国品牌应该算是向高端产品发展的一个标志吧！

早在 1992 年，邓小平同志在南方谈话中就指出："我们应该有自己的拳头产品，创出我们中国自己的名牌，否则就要受人欺辱。"中国 2001 年加入 WTO，2002 年在党的十六大报告中就提出要"形成一批有实力的跨国企业和著名品牌"的总体要求。温家宝总理在视察海尔集团时指出："企业要在激烈的竞争中，立于不败之地就必须创造名牌产品。名牌产品是一个企业经济实力和市场信誉的主要标志。拥有名牌的多少，还是一个国家经济实力的象征，是一个民族整体素质的体现。要从实现国家繁荣昌盛和民族伟大复兴的战略高度出发，鼓励我国优秀企业争创世界顶级品牌。"

在中国政府支持下，经过企业家的努力，中国品牌事业兴起，品牌企业在发展壮大。到 2005 年，中国的品牌就达到 170 个。列入《2011 中国品牌年度发布》的候选著名品牌，国内企业达到 80 个。其中，能源、信息产业、食品餐饮、健康时尚、化工建材各为 16 个，综合企业集团 16 个，外资品牌 18 个。当然，在世界上可以让人提得起、记得住的中国品牌还很少。值得注意的是，一些外国著名名牌是在中国制造和加工的。面对世界名牌的竞争，中国企业家正在把中国本土市场优势、劳动力和知识大军的优势、基础产业优势，以及发达国家的资本优势、技术优势、管理优势，与自身的聪明才智、深厚的文化底蕴结合起来，为强化已有名牌和为进军世界品牌而奋斗。

以此而论，中国在高端产品区档内是有所作为，而不是深陷"坏的贸易"之中。此外，中国加入 WTO 后，大型油轮的制造、绿色能源汽车的研制成功、C919 大型客机的研制成功、中国航天事业的迅猛发展，表明我国在这些领域已进入高端领域。

再次，贾文把"出口实物来换取美元纸片"作为中国"坏的贸易"的第二个表现，令人匪夷所思。难道作者对美元成为国际储备货币和结算货币的重要地位和作用一无所知吗？事实是：美元是国际兑换和储备货币，世界各国在贸易中使用美元，外汇储备的大部分资产也是美元。世界银行和国际货币基金组织指出，超过 70%的世界外汇储备是美元，25%的储备是欧元。国际清算银行的资料显示，全球每天的国际贸易的 86%是以美元结算；世界各国中央银行 2/3 的储备为美元。世界银行和美国商务部指出，80%的国际贸易、70%的世界进口贸易和几乎所有石油贸易都使用美元结算，世界股市和国际货币市场主要使用美元经营，大型银行和投资基金在全球都发行美元资产和债券并在美国华尔街设立业务总部。世界银行指出，新兴国家和发达经济体超过 70%的国内生产总值以美元结算，对于那些严重依赖原材料和石油出口的国家，美元化的比例更高；在全球范围内控制投机金融和生产经济体系的跨国企业和金融集团大都使用美元进行交易、投资和获取利润。迄今为止，尚无其他货币可以取代美元。

在这种情况下，如果中国不通过实物贸易换取美元，不把美元作为主要外汇储备，试问，中国以何种货币支付从美国和其他国家的进口，以何种货币对外投资，国民持何种货币出游世界，以何种货币消费世界各国产品，以何种货币参与国际活动？发达国家与美国的贸易中也多是以实物换取美元，这种交换行为何以成为中国“坏的贸易”的一个标志？！

最后，贾文关于“加入 WTO 使我国陷入‘坏的贸易’陷阱之中”的断言更是言过其实。贾文所说的深陷的陷阱包括对外国低端产品市场依赖、低工资国际竞争力、出口导向型经济、外国直接投资依赖、技术依赖、对外部资源的严重依赖和本国资源廉价出口等。这种现象确实存在，但只是局部，不是整体，更未出现“深陷”的局面。而且，这些现象是我国经济增长方式、某些地方政府和企业急功近利心态下出现的，不能都归罪于 WTO。

摆脱“坏的贸易”陷阱的政策建议，将使中国对外开放倒退

为了摆脱深陷的六大陷阱，避免在 WTO 体系下再遭受严重损失，贾文提出十条政策建议。第一，国家统筹对外贸易，或者通过产业协会，或者通过建立大型企业集团，或者政府直接干预，建立中国出口产品特别是劳动密集产品出口的卡特尔（这是 WTO 所允许的），大幅度提高出口产品价格，这将为我国提高工人工资特别是出口部门的工人工资拓展空间。第二，停止人民币升值，较大幅度地提高出口部门的实际工资是解决我国深陷低工资国际竞争力陷阱、降低外贸依存度、推动技术进步并转向内需主导型经济发展模式的根本措施，提高实际工资可以抵消人民币汇率被迫升值的压力。第三，出口退税的大部分收益被跨国公司获得了，因此，应大幅度减少出口退税，出口退税只用于支持民族企业高附加值的、自主品牌的和高端产品的出口。第四，中国所投入的廉价要素资源支持加工贸易，本质上是中国巨额福利的外流，也是我国被压制在全球产业链低端的主要原因，因此，应该大力压缩加工贸易。第五，限制高端产品进口，限制乃至禁止外资企业在“高端制造业、高新技术产业、现代服务业”等重要行业的投资，保护国内高端产业的自主创新，这是从根本上解决我国深陷技术陷阱的基本措施。第六，重新恢复国民经济平衡发展的基本方针，加强国民经济的计划性。第七，暂缓目前正在进行的加入 WTO 政府采购协议的谈判，拒绝在中国推广转基因农产品技术。第八，拒绝中日韩自由贸易区。第九，限制并逐步实施禁止不可再生资源出口的政策。第十，大力发展与发展中国家的贸易，使之成为中国产品特别是高端产品的市场。

这十条建议事关中国在 WTO 中的安身立命，不可不辩。

第一条关于“国家统筹对外贸易……建立中国出口产品特别是劳动密集产品出口的卡特尔”的建议背离 WTO 和《中华人民共和国加入议定书》《中国加入工作组报告书》两个法律文件的规定。依据这两个法律文件规定的权利与履行义务的承诺，中国不能再统筹对外贸易。WTO 提倡成员间进行开放、公平和无扭曲的竞争，反对垄断。WTO 同意建立出口卡特尔纯是该文作者异想。现有 WTO 文件，没有允许 WTO 成员建立出口卡特尔的条款。

第二条，“停止人民币升值……”表明作者不切实际的幻想。首先，对中国而言，人民币升值是个历史趋势，只要中国对外贸易强势发展，人民币自当成为国际“硬币”并逐步国际化。国际贸易发展史表明，随着一个国家的经济贸易发展，该国的货币肯定处于升值而不是贬值并最终成为国际货币。英国的英镑如此，美国的美元亦如此。在某种程度上，人民币升值恰恰是我国“较大幅度地提高出口部门的实际工资是解决我国深陷低工资国际竞争力陷阱、降低外贸依存度、推动技术进步并转向内需主导型经济发展模式的根本措施”之一。而停止人民币升值倒会使该文作者的希望落空。

第三条，出口退税只给民族企业、不给跨国公司的建议，是违背世界贸易组织国民待遇原则的行为。

第四条，大力压缩加工贸易的建议背离中国加工贸易发展与作用的实际。加工贸易在促进中国技术进步和产业升级、创造大量就业机会、引领贸易结构升级、带动落后经济地区经济发展中功不可没，当务之急是提高加工贸易档次，而不是大力压缩。

第五条，限制外国高端产品进口和禁止外资企业在“高端制造业、高新技术产业、现代服务业的投资”的建议，违背 WTO 贸易自由化原则和与贸易有关的投资措施协议。

第六条，重新恢复国民经济平衡发展的基本方针、加强国民经济的计划性的建议，违背我国社会主义市场经济体制建立与完善的目标。

第七条，暂缓加入 WTO 政府采购协议的建议中有两大问题。首先，贾不了解中国在入世文件中的承诺；其次，误解政府采购协议的内容。贾文担心“加入 WTO 采购协议可能会使我国低端产品的外销扩大，大量的外国产品将严重冲击国内高端产业”。在 WTO 政府采购协议中，设有政府采购金额底线，底线内留给本国产业，金额底线以上要面向 WTO 成员超标。如果底线谈判得好，根本不会出现贾文担心的状况。

第八条，拒绝中日韩自由贸易区的建议，只设想中国陷入“坏的贸易”的结局，没有看到该自由贸易区对三国经济合作带来的益处。

第九条，关于“限制并逐步实施禁止不可再生资源出口的政策”建议违背 WTO 规定。WTO 规定，在没有正当理由下，不能随意限制和禁止这些资源的出口。

第十条，关于“大力发展与发展中国家的贸易，使之成为中国产品特别是高端产品的市场”的建议令人啼笑皆非。贾文一方面告诫我们，“在全球产业价值链的时代，发达国家通过比较优势和自由贸易理论诱使发展中国家安心于‘进口高端产品并出口低端产品’的国际分工地位，实际上是全球化时代的殖民主义战略”；另一方面，又要中国通过发展与发展中国家的对外贸易，让他们“成为中国产品特别是高端产品的市场”的演变，岂不自相矛盾？它根本违背了我国与发展中国家的互利共赢和促进经济发展的原则。

总之，贾文所提十条政策建议，完全违背 WTO 原则和中国加入 WTO 两个法律文件中享受权利和履行义务的内容，是根本行不通的，是自找麻烦，自毁在 WTO

中的形象。

为摆脱“坏的贸易”而重谈加入 WTO 条件和退出的战略后果严重

贾文最后归结认为，中国加入 WTO 是“自愿选择了一条依附型的经济发展道路”，提出“为了摆脱这种依附型国家的命运，在我国加入 WTO 十周年之际，我们不应该继续沿着原有的道路，在继续扩大自由贸易和引进外资的不归路上执迷不悟，而是亟须研究如何对我国加入 WTO 的条件重新谈判，并考虑退出 WTO 的长远战略问题。”笔者认为这种建议将自毁已有成果，出现严重的后果。

首先，中国加入 WTO 之举不是“自愿选择了一条依附型的经济发展道路”，而是开拓了中国自主互利型的富强之路。

第一，中国加入 WTO 是有原则的，不是无原则的，是中国特色社会主义发展的内在需要。在加入 GATT/WTO 长达 15 年的谈判中，中国始终坚持如下原则：中国是个发展中国家，权利与义务平衡，开放与保护结合。经过艰苦谈判，中国与谈判组成员达成了《中华人民共和国加入议定书》和《中国加入工作组报告书》。这两个法律文件确定了中国加入 WTO 后享受的权利和应履行的义务。中国可以享受的权利主要有：全面参与多边贸易体制，非歧视待遇，发展中国家待遇，市场开放和法律修改过渡期，保留国营贸易，对国内产业提供必要的支持，维持国家定价，保留对某些重要矿产品出口征税，对进出口商品检验，有条件、有步骤开放服务贸易。中国应该履行的义务主要有：遵守非歧视原则，贸易政策统一实施，确保贸易政策透明，提供司法审议，逐步开放贸易经营权，逐步取消非关税壁垒，不再实行出口补贴，以折中方式处理反倾销、反补贴条款中的可比价格，接受特殊保障条款和过渡期审议。

第二，加入 WTO 后，我国坚持遵守承诺与运用规则发展和保护相结合，坚持扩大开放与把握开放节奏和力度相结合，坚持参与多边贸易体制建设与开展区域经济合作相结合，坚持寻求自身发展与承担国际责任相结合。

第三，中国加入 WTO 后，由于国际贸易环境改善，贸易行为有法可依，产生巨大积极的效应。出口贸易在世界中的位次，从 2001 年的第六位跃升到 2010 年的第一位；对外贸易带动国民经济持续高速发展，国内生产总值从 2001 年的 11 万亿人民币增至 2010 年的 40 万亿人民币，年均增长超过 10%，世界排名由第六位跃升至第二位，综合国力明显上升；社会主义市场经济体制建立和完善，市场主体活力迸发，产业竞争力明显增强，汽车、电子、纺织、化工等产业获得长足发展，包括电子产品、纺织服装等在内的 900 多种产品居国际市场份额首位；外汇储备增多；国民福利不同程度改善；与港澳台地区经贸交流持续发展、经济关系更加紧密；多边、双边经贸合作深入推进，对外交流全面扩大，国际地位和影响力明显上升。事实证明，中国加入 WTO 后的发展道路是在自主基础上，通过开放，促进相互经济发展的道路。

其次，就中国加入 WTO 的条件重新谈判是异想天开。

其一，中国已经加入 WTO，何来就加入条件重新谈判？在多边贸易体制 60 多年的历史中，尚未有 GATT 缔约方和 WTO 成员方就加入条件重新谈判的事例。

其二，如果真想就加入 WTO 的条件再谈判，则必须先退出，再申请加入谈判。如果按照贾文“在现行 WTO 体系下我国如何避免再遭受严重损失的十条政策建议”作为再次加入 WTO 的谈判条件，其背离 WTO 宗旨的取向和回归计划经济的追求，谈判难度将超过中国 1986 年开始的加入 GATT/WTO 的谈判过程，结果只能是自绝于 WTO。

再次，退出 WTO 设想将给中国带来如下严重后果。

第一，贸易环境急剧恶化。退出 WTO 后，中国与其他 WTO 成员解除相互权利与义务。中国不再享受在 WTO 中的权利，其他 WTO 成员不再履行对中国相应的义务。我国无法按 WTO 规则约束他们。他们为了与中国竞争，将随意采取“奖出限入”政策，任意提高关税，设置非关税壁垒等措施，不可预见性的风险增多。

第二，中国在 WTO 平台上建立起来的国际经济传递机制受到破坏，国际经济正传递受到阻碍；当国际经济出现危机时，中国将成为被围攻的对象和贸易保护主义的集中受害者。

第三，利用外资引力减弱，外资在中国经济发展中的良好作用消失。

第四，贸易争端加剧，而我国又失去通过贸易争端解决机制求得公正解决的平台，中国企业的正当权益得不到保护。

第五，整个对外经济关系全面回退，国外市场和资源来源渠道变窄，经济可持续发展难度加大。

第六，中国建立的“内外联动、互利共赢、安全高效”的开放型经济体系基础削弱。

第七，外贸在中国经济发展中的作用减弱，中国经济的激发活力和联动作用将减少，国际社会经济和政治的参与度和影响力将大大下降。

第八，中国外汇储备急剧减少，参与国际活动能力减弱。

第九，中国改革开放和加入 WTO 后取得的非凡业绩付诸东流，中国将失去国际社会的信任，将陷于与世界隔绝和孤立的状态。

（原文载《国际贸易》，2011 年 9 月，与杨凤鸣合作）

8

研究成果特色与代表性著述

8.1 成果特色

8.1.1 著述多样

根据使用对象，我的 GATT/WTO 研究成果表现为专著、译著、教材、丛书、论文、报刊约文与政府建言等。

8.1.2 自研心得

著述成果均是我持续跟踪、密切合作、反复独立潜心专研的结果。没有窃取他人的研究成果，不捉刀代笔，更非在他人著述成果上署名。

8.1.3 主题明确

我所有著述力求主题明确，体现时代要求，做到与时俱进，书名与内容相符。

8.1.4 自成体系

我所有著述，均自成体系，有其内在逻辑，层次尽量合理，表意清楚。

8.1.5 书名自拟

我所有著述，均根据内容，进行简明和高度概括的冠名。

8.1.6 自己写序

因不愿勉强别人，或给被邀写序者带来心理负担，我的专著，从不请人写序，都是自己写序。

8.1.7 立场鲜明

我在研究中，坚持一元论，反对二元论，对大是大非的问题不含糊，与无意和有意的混淆是非者，勇于进行有据的驳辩。

8.1.8 据理力争

当出版社、编辑依据某些规定，要我修改内容、提法和用语时，我先认真思考，然后确定是否接受他们提出的修改内容。一旦确定所提修改要求是不切实际的强行规定，我与出版社和编辑主动沟通、释义说明和据理力争。

8.1.9 讲求写法

依据著述表述的不同，我采用的文笔不一。尽力谋求专著、教材、论文、会议记录和进言的写法。整体上不求文笔花哨，力求朴实。

8.1.10 亲自录入

1997 年之前，我不会汉语拼音，使用电脑撰写困难。那时，我的著述先在稿纸上写出，交由研究生录入；打印后，我再校对，然后成文。1997 年暑假期间，我学会汉语拼音。此后，我的著述文稿亲自录入电脑，在电脑上修改成文，不再麻烦学生。

8.1.11 不图虚名

我担任主编的课题和丛书，均先由我构建课题细纲，交由课题组成员研讨，加以修订，确立最终编著细纲，进行分工撰写；我再反复审核初稿，提出修改意见；对修改稿，我再审阅修改，提出修正建议，最终定稿。

8.2 代表性著作的前言要略、鉴定与读后感

8.2.1 1992 年专著《关税与贸易总协定概说》前言

关贸总协定是关税与贸易总协定的简称，英文为 GATT。它是 1947 年 10 月 30 日由 23 个国家所签订的于 1948 年 1 月 1 日生效的临时性政府协定，其主要目的是协调缔约方之间的贸易关系，促进世界贸易自由化，加强世界贸易环境的稳定性和透明度。关贸总协定在发展中已成为一个国际贸易组织，与国际货币基金、世界银行并列为世界经济的三大支柱。

《关税与贸易总协定概说》封面

关贸总协定的缔约方（到 1992 年 9 月）为 105 个，其贸易额已占世界贸易额的 90%。它已举行七个回合的多边贸易谈判，1986 年 9 月以来，正在组织第八回合（乌拉圭回合）的多边贸易谈判。谈判的范围涉及国际贸易的各个方面，其通过的关税减让与其他协议对世界和各缔约方的经贸发展起了重要的促进作用。乌拉圭回合谈判的结果将对世界经贸产生深远的影响。

中国本是关贸总协定的创始缔约方，1950 年后，中断了与关贸总协定的关系。为了加速改革与开放，我国于 1986 年 7 月正式向关贸总协定提出恢复缔约方地位的申请。在 1992 年 10 月中国恢复工作组第十一次会议上，确定开始恢复议定书的起草和关税减让谈判工作。如果谈判顺利，我国可望在 1993 年上半年“复关”。我国在关贸总协定缔约方地位的恢复，不仅有利于我国社会主义市场经济、对外经贸的发展，而且有助于世界经贸事业的发展。

我国“复关”后，在享有权利的同时，也要充分地履行义务。它们对我国的经贸事业带来了机遇与挑战。因此，抓住机遇，应付挑战，充分发挥关贸总协定的促进作用，成为我国各级政府、经贸界、学术界亟须深入研究的重大课题。为了加深对关贸总协定的了解，推动相关的研究，特编写此书。

8.2.2 1995 年译著《世界贸易组织——走向未来的贸易》前言

根据 GATT 乌拉圭回合达成的《马拉喀什建立世界贸易组织协定》，1995 年 1 月 1 日 WTO 建立，取代 GATT 成为世界多边贸易体制的组织和法律基础。为让世界了解 WTO，其信息与传媒关系局编写和出版了《世界贸易组织——走向未来的贸易》一书，简明扼要地介绍了 WTO 的主要情况。

根据中国改革开放国策的需要，中国于 1986 年提出恢复在关贸总协定缔约方地位的申请并进行加入谈判，以观察员身份参加了乌拉圭回合谈判。WTO 建立后，中国从“复关”谈判改为加入 WTO 谈判。

为使国内决策部门、经贸企业、研究组织和院校及时了解 WTO 并作出正确应对，经过 WTO 新闻司司长授权，我和研究生崔凡等尽速将该书译成中文，并请对外贸易经济合作部李仲司长校对，然后出版，受到社会欢迎。

8.2.3 1997 年主编《跨世纪国际经贸规范丛书》

1995 年 WTO 建立，其所负责实施管理的贸易协定与协议构成国际大贸易的基本规范。它们涉及国家之间的经贸关系、货物、服务以及与贸易有关的投资措施和知识产权等。

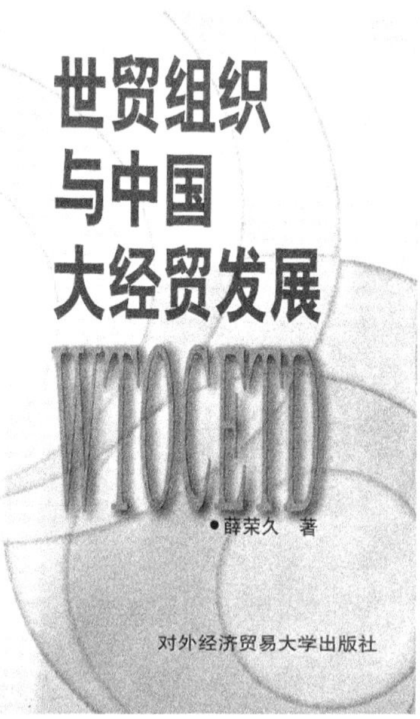

《世界贸易组织与中国大经贸发展》封面

此书为中国对外开放后从事大国际经贸的决策者、实际业务人员，研究者、教师必备的规则知识和研究内容。基于此，经主编策划主持，与中青年学者合作编著此书。邀请一直从事“复关”谈判的沈觉人副部长担任名誉顾问，时任对外贸易经济合作部部长吴仪欣为丛书撰写序言。

丛书由七本构成，分别是：《经贸竞争与合作》（国际经贸关系的构筑与维护），《经贸竞争新领域》（服务贸易总协定与国际服务贸易），《知识产权的卫士》（知识产权的国际保护与实施），《竞争优势新要素》（国际贸易标准化规范与实施），《货物贸易新规程》（进出口交易操作最新发展），《国际融资与避险》（国际融资途径与金融创新），《经济增长新引擎》（国际直接投资方式规范与技巧）。

8.2.4 1997 年专著《世界贸易组织与中国大经贸发展》的前言与鉴定

《世界贸易组织与中国大经贸发展》于 1994 年由国家教委列项课题。课题基点为探讨和分析中国加入世界贸易组织后，对中国大经贸事业带来的机遇与挑战，提出中国相应的对策，包括中国政府职能的转变、新型外贸体制的确立、中国的立法与规则的制定、中国注视产权制度的加强、中国企业运营环境的优化、中国市场和贸易文化的培育、中国的可持续发展、中国竞争力的增强、中国经贸教育的改革与发展等。

中国“入世”首席谈判代表龙永图对此书的鉴定如下。

关于薛荣久教授所著《世界贸易组织与中国大经贸发展》一书的鉴定意见

对外经济贸易大学薛荣久教授撰写的《世界贸易组织与中国大经贸发展》，作为国家教委“八五”重点课题，已经完成。本书通过 20 章的内容，全面系统地论述了世界贸易组织与我国实施大经贸发展战略的关系；从历史和战略的高度，提出了一系列有关中国经济与世界经济接轨融合的重大理论思路，做到了理论与实践的紧密结合。

首先，本书利用详实的史料并结合我国政界和学界对多边贸易体制的认识变化过程，对关贸总协定和世界贸易组织的性质、特点及其影响进行了客观公正的分析，提出了一些有价值的观点与看法，实现了对多边贸易体制再认识的飞跃。

其次，作者基于多年对关贸总协定的系统研究以及对 8 年乌拉圭回合谈判的密切跟踪，对世界贸易组织 29 个内容、涵义及对经贸的影响，从法理和经济的角度，结合定性和定量分析，进行了深入浅出的介绍和诠释。尤应指出的是，这些介绍对工商界具有重要的参考价值。

再次，作者结合当今国际服务贸易的发展及其在世界经济中的重要性，对乌拉圭回合达成的“服务贸易总协定”进行了系统介绍，并对 WTO 在协调服务贸易发展方面所取得的成就及后续谈判面临的困难做了比较准确的分析。

从次，作者凭其对我国改革开放事业的关注和对当前经济全球化进程的观察，从宏观角度，对中国加入 WTO 和有效实施“大经贸”战略之间的关系，特别是对中国加入 WTO 的必然性作出了全面深入的阐述。这些阐述从当前我国积极参与多边贸易体制的历史性进程来看，具有重要的现实意义。

最后，作者基于对 WTO 的再认识和对中国加入 WTO 的客观必然性以及世界需要中国的新视角，在中观和微观的基础上，对中国加入 WTO 对我国产业经济以及影响进行了深入细致的分析，并就我国如何结合参与多边贸易体制这一进程，对外经贸教育体制进行改革提出了前瞻性的见解。

基于以上意见，我认为本书是近几年来我国经济界不多见的一部较系统、全面介绍和阐明世界贸易组织与中国经贸发展关系的权威性著作，基本实现了该课题原定的研究目标，一些重要的理论难题在书中已有解答并取得了突破。所以说，无论从理论上还是在实践中，该书中的一些观点对我国全面实施大经贸战略、加速外经贸体制改革以及参与多边贸易体制和经济全球化进程都具有一定的指导意义。但需指出的是，本书在论述中国加入 WTO 对我国产业经济的影响时，尚欠全面的定量分析。

外经贸部首席谈判代表、副部长

北京大学兼职教授

龙永图

一九九七年四月二十八日

本书获 1998 年安子介国际贸易研究二等奖。

《世贸组织与中国大经贸发展》获一九九七年度“安子介国际贸易研究奖”优秀著作二等奖，特发此证。

安子介国际贸易研究奖评委会

获奖证书

8.2.5　1999 年合作主编《中国面临冲击——加入世贸组织的喜与忧》前言

1986 年 7 月 10 日，中国政府正式提出申请，恢复中国在关贸总协定中的缔约方地位，开始踏上争取“复关”之路。同年 9 月 15 日开始，中国全面地参加了关贸总协定第八回合（又称“乌拉圭回合”）的多边贸易谈判。1994 年 4 月，正式结束乌拉圭回合谈判，中国政府签署了《乌拉圭回合谈判结果最后文件》。

1995 年 1 月 1 日，世界贸易组织建立，取代 1948 年 1 月 1 日生效的关贸总协定。于是，中国从“复关”未果的历程，又走上争取加入世界贸易组织的谈判之路。

屈指一算，从“复关”到“入世”谈判，至今已有 12 年。何时“入世”，早已成为国人关心的焦点。国人要问，中国为何对关贸总协定和世界贸易组织这么热望，那么执着地追求？关贸总协定和世界贸易组织有何魅力？中国“入世”后，在经贸发展上，会有哪些机遇，会遇到哪些挑战？如何利用机遇和迎接挑战？这正是本书要回答的内容。

8.2.6 2001年主编《中国加入WTO纵论》(文集)前言与书评

1997年后，中国加入WTO谈判取得重大进展。2001年后，“入世”已成定局。笔者认为，“入世”将对中国整体上产生深远的全方位的影响，即从贸易到经济，从产业到企业，从局部地区到中国整体，从经济基础到上层建筑，改变人们的价值观、管理观和生活观；将使中国改革开放进入一个新的历史时期，使中国在21世纪中叶成为中等发达国家的加速器；对WTO和世界经贸将产生深远的影响。

这些问题已超出1997年专著《世界贸易组织与中国大经贸发展》研究的层次，需要深思和回答。

本书收录的是1997年专著《世界贸易组织与中国大经贸发展》后撰写的文章、讲座细纲与采访。内容以7个部分排出，即WTO的建立与发展，中国加入WTO的动因与意义，中国如何做好“入世”后的准备，“入世”与地区、部门经济和文化，“入世”与中国企业，“入世”与政府职能，“入世”与外经贸理论与政策。

中国“复关”第二任首席谈判代表佟志广、中国WTO研究会学术顾问丁家祧审阅此书后，于2001年12月23日在《国际商报》发表《通向WTO的良好途径——读薛荣久教授新著〈中国加入WTO纵论〉》的文章。该文如下。

中国加入世界贸易组织将对中国从整体上产生深远的全方位的影响，将从贸易到经济，从产业到企业，从局部地区到中国整体，从经济基础到上层建筑变人们的价值观、管理观和生活观。这些问题需要我们深思，需要我们回答。薛荣久教授新著《中国加入WTO纵论》一书，由对外经济贸易大学出版社出版，对上述问题分层次，从纵横各个方面做了深刻的探讨与回答。

薛荣久教授，从20世纪70年代初，借调到外贸部国际小组(现外经贸部国际司)，为邓小平参加第六届特别联大准备发言，开始接触关贸总协定；几十年来，跟踪研究，从1991年至今，先后担任关贸总协定研究会、世界贸易组织研究会会长及第一副会长，对外经济贸易大学世界贸易组织研究中心主任；1993年开始，培带国内第一批关贸、世贸博士生。国内对关贸、世贸研究的专家学者很多，由于谈判的时间长，不少人中止或放弃了研究。薛荣久教授的可贵之处在于“密切关注，跟踪研究”8个字，这也是薛教授成为国内著名的WTO专家的原因所在。薛教授的社会责任感促使他深入研究以世界贸易组织为基础的多边贸易体制，思考中国“入世”后的深层次问题，涉及面远远超出中国“入世”对行业、人们生活影响的范围。

本书在以下几个问题上，具有创新性的表述与论证。

第一，WTO的建立是关贸总协定发展史上的里程碑。对WTO的宗旨、目标、职能、遵守的基本原则、协议协定以及运行机制等问题进行了简明扼要的表述。

第二，中国加入WTO根源于我国对内改革和对外开放的需要。加入WTO，是继党的十一届三中全会、邓小平南方谈话及党的十四大确立的建立社会主义市场经济目标两个里程碑之后的第三个里程碑，是中国近代史上的一件大事，是中国全面登上世界经贸舞台的阶梯。书中对中国加入 WTO 所做的“遵守规则，开放市场”八个字承诺，进行了详尽的阐述；同时指出，我国在经济转型的过程中，走进当代激烈的国际竞争中既有机遇求发展，也必然遇到前所未有的压力与痛苦。书中对做好加入 WTO 的准备，提出了独到见解与应对措施。

第三,加入 WTO 与中国市场经济文化的形成。这一命题在书中占有显著的位置。加入 WTO 不仅对中国贸易与经济的发展产生良好的作用，而且有助于中国市场经济文化的形成与发展。当前，在人们多注意加入 WTO 后对中国带来什么影响时，薛教授率先提出加入 WTO 在中国社会主义市场经济文化形成与发展中的作用。这一出众的见解，值得学习。书中论述了市场经济体制需要相应的经济文化、形成的途径，一方面要继承和发扬中国传统文化的精华，另一方面，应借鉴吸收国外先进的市场经济文化。WTO 的基本原则体现了当代市场经济文化的价值共性。对外开放加速了中国社会主义市场经济文化的建设。中国“复关”、加入 WTO 的过程，一方面使中国传统文化必然受到冲击，另一方面，能够促进社会主义市场经济文化逐步形成。加入 WTO 后，上述过程加速，并使中国传统文化的精华和创新的社会主义市场经济文化走向世界，对全球市场经济文化的发展作出贡献。

第四，WTO 与中国外经贸理论的创新。本课题在实事求是思想的指导下，采取的研究思路与写作方法是，坚持历史与逻辑统一的原则，以扫描与重点相结合的方法，在三段历史（新中国成立到“文化大革命”、“文化大革命”和反思时期、改革开放以来）的框架内把回顾、总结与发展思考有机结合，梳理新中国成立 50 年（1949 年至 1999 年）来外经贸理论的发展，探索今后中国外经贸理论发展的方向。

书中指出，所谓外经贸理论是指研究中国和国际经贸关系的产生、发展、作用与政策的论述。这种理论有的经过实践检验，有的没有。因此，本书的外经贸理论包括外经贸论述、观点、政策与战略研究。

（《国际商报》2001 年 12 月 23 日）

8.2.7 2004 年合作主编《WTO 多哈回合与中国》前言

在 WTO 2001 年 11 月第四次会议上，在接纳中国为第 143 个成员的同时，决定中国参加 2002 年 1 月 1 日起到 2005 年 1 月 1 日举行的多哈回合多边贸易谈判。谈判的议题广泛、涉及的问题众多。谈判结果将对世界经贸发展、经济全球化产生巨大影响，对 WTO 本身成为重大的考验。

中国“入世”后，要按照《中国入世议定书》享受权利、履行义务，促进中国的经贸发展；与此同时，中国要积极参与多哈回合多边贸易谈判。这次多边贸易谈判直接影响中国“入世”后的作为。

为此，我们以教育部人文社会科学重点研究基地（对外经贸大学中国世界贸易组织研究院）身份申报“WTO 多哈回合与中国对策研究”的重大项目，并获得批准。主要内容包括：多哈回合的发动，农业、服务、非农产品市场准入，知识产权投资自由化，竞争政策，政府采购透明度，贸易便利化，WTO 规则，争端解决谅解，贸易与环境，电子商务，小经济体，贸易与技术转让，技术合作能力建设，最不发达国家，特殊和差别待遇，区域贸易协议等。进而归结多哈回合的意义与前景，提出中国参加多哈回合的整体建议。

课题于2003年底完成并通过验收，为中国政府参与多哈回合谈判提供了咨询，为中国企业界了解国际贸易环境、制定发展规划以及为学术界的研究提供了借鉴。

8.2.8 2005年专著《国际贸易竞争学——世界贸易新体制下的国际贸易竞争》(课题)前言

1995年WTO建立，成为“一个完整的、更加可行的和持久的多边贸易体制”。在以WTO为基础的多边贸易体制下，世界市场上的竞争将形成开放、公正和无扭曲的竞争。竞争将从货物向服务、投资、金融等领域延伸；竞争将以WTO负责实施管理的贸易规则为准绳。

党的十六大报告指出，我国要“在更大范围内、更广领域和更高层次上参与国际经济技术合作和竞争”。为此，我国政府决策界和进行对外贸易的厂商，需要了解、掌握WTO建立后，竞争理论、规则和竞争方式的变化。为此，我们申报教育部人文社会科学研究“九五”规划项目“世界贸易新体制下世界市场竞争研究”课题。课题完成和验收后，更名为《国际贸易竞争学——世界贸易新体制下的国际贸易竞争》出版。

本书由11章构成，分别研究了WTO的建立、竞争规则的新特点，进而研究了竞争理论的演变，世界各国如何提高竞争力，集团货物企业的竞争方式，货物、服务和知识经济领域的竞争态势等。

8.2.9 2018年专著《中国对WTO规则的恪守与砺进》前言、目录、要义与读后感

2016年是我国入世15年过渡期的终结。在15年过渡期内，中国如实履行义务，充分利用权利，中国经贸取得跨越式发展，综合国力大大增强。但是以美国为首的一些成员认为，中国没有如实履行义务，对中国的贸易争端增多；国内部分学者、大V夸大中国“入世”的负面作用。

为正面回应这些非议和疑论，2016年12月11日我应全国记协邀请，在其99期新闻茶座上，就《中国入世议定书》第15条有关反倾销“替代国”价格做法终止进行主旨发言并回答记者提问。但12月5日后，美、欧、

《中国对WTO规则的恪守与砺进》封面

日借口中国不是市场经济国家，拒绝履行按期终止“替代国”价格做法，引发国内社会舆论的激烈谴责和加入 WTO 的质疑。

这种情况，引我深思，决定在多年研究基础上，全面介绍 WTO，深入分析中国“入世”的原因、历程、应对与效益，把中国“入世”与中国改革开放有机结合，提出“入世”对中国具有里程碑意义的观点；与此同时，剖析中国以恪守规则加大中国对整体规则的掌握、运用与升华，发展和壮大中国，化解国外的非议与争端；再从国际经济治理和多边贸易体制发展前途、加大改革开放等角度，论述了中国的重要地位与肩负的历史责任。经过艰辛撰写，此书于 2017 年 12 月定稿，2018 年 6 月出版。

8.2.9.1 全书目录

第八章　中国恪守 WTO 规则面临的外部挑战

一、发达国家优势转化与经贸失衡

二、美国对 WTO 规则采取实用主义

三、WTO 发达成员再工业化

四、对中国经贸高速发展的制衡

五、WTO 规则存在漏洞和不足

六、发达国家成员故意模糊条款

七、发达国家在规则上处于守成地位

八、一些发达国家成员对中国进行非议

九、一些知名学者非议经济全球化，抵制自由贸易

第九章　中国恪守 WTO 规则面临的国内压力

一、几种经济风险加大

二、中国与 WTO 规则尚有接续空间

三、经贸法规合规意识有所淡化

四、恪守规则意识基础不实

五、应诉和抗诉合力不足

六、政策审议后对应改进滞后

七、WTO 规则研究整体薄弱

第十章　中国恪守 WTO 规则的应对

一、珍惜 WTO 业绩，加强对 WTO 的信心

二、重视 WTO 规则对中国深层次发展的作用

三、恪守 WTO 规则应采取的措施

（一）强化落实国务院的政策合规通知

（二）政府确立恪守规则的观念和契约精神

（三）充分激励企业运用 WTO 规则的能力

（四）推广经验，吸取教训，坚持有效机制

（五）认真评估“入世”后的经济效应

（六）建立汇集各部门的监管机构

（七）通过自贸区的试验，加深 WTO 规则的延伸

（八）尽速推动与 WTO 规则相关国际协定的达成

（九）加强规则运用、人才培养与宣传

第十一章　WTO 规则修订与拓展愿景

一、农业和粮食安全

二、清洁能源贸易治理

三、贸易和气候变化相互支持与加强

四、竞争政策和贸易规则的结合

五、互联网大发展下的贸易规则

六、采掘业中的贸易和投资结合规则

8.2.9.2 全书要义

中国接受 GATT/WTO 规则的起因

第一，中国对外开放发展的必然。

1984 年，《中共中央关于经济体制改革的决定》明确提出，“把对外开放作为长期的基本国策”。此后，建立经济特区与合理利用外资成为经济工作的重点之一。1986 年，中国向 GATT 1947 提出恢复“缔约方地位”的申请，开始“复关”谈判。

20 世纪 90 年代初期，中国对外开放有了长足进展，初步形成全方位、多层次的对外开放格局。

1992 年，党的十四大进一步丰富了对外开放格局的主要内容，明确了建设多层次、多渠道、全方位的对外开放格局的长远目标；要求各地改善外商投资环境以推动对外资的吸收和利用，引导国内企业努力开拓国际市场，发展外向型经济。1993 年，党的十四届三中全会通过《中共中央关于建立社会主义市场经济体制若干问题的决定》，重申实行对外开放政策、拓展国际经济合作、发展开放型经济，对外开放进入快速发展期。

第二，世界贸易组织规则作用加强。

1986 年 9 月到 1994 年 4 月，GATT 1947 主持举行第 8 轮多边贸易谈判。这次谈判后，WTO 建立，作为准国际贸易组织的该协定退出历史舞台。

WTO 和该协定有着内在的历史继承性。WTO 在继承了该协定成果的同时，身份发生重大变化。GATT 1947 转化为 GATT 1994，成为 WTO 负责实施管理的多边货物贸易协定。以 WTO 为载体的贸易规则更加完整和全面，具有更强的可行性，其作用和影响力大于 GATT 1947 为载体的多边贸易规则。

第三，有利于中国改革开放国策的落实。

1997 年，党的十五大强调对外开放的长期性和稳定性，提出“完善全方位、多层次、宽领域的对外开放格局，发展开放型经济”的战略目标；同时还强调，在实践过程中，要“正确处理对外开放同独立自主、自力更生的关系，维护国家经济安全”。而“入世”有利于党的十五大对外开放上述目标的落实。

第四，获得新的发展机遇。

它们包括：拓展国际市场；改善投资环境；扩大对外投资；提高资源配置效率；激发国有企业改革；促进民营企业发展。

改革开放以后，中国的民营企业取得了长足的发展；但是在许多部门，尤其是在许多重要行业，比如金融、外贸、供电、交通运输等行业中，民营企业的发展仍然受到很多限制。中国“入世”后，一些行业将取消不能民营的禁令，与其他企业的待遇日益平等，为民营企业带来空前的发展机遇。

第五，促进祖国大陆与台湾以及港澳地区经贸关系的发展。

中国 1986 年提出“复关”申请后，中国台北也以单独关税区身份提出加入 GATT 1947。2001 年底，继中国之后，中国台北成为 WTO 成员。WTO 建立时，早已是该协定缔约方的香港和澳门均成为 WTO 的创始成员。中国加入 WTO，不仅会促进海峡两岸实现“三通”，而且会加紧祖国大陆与台湾以及港澳地区之间经贸关系的进一步发展。

中国接受 WTO 规则的原则

第一，以国家经济主权为基础。

维护经济主权是中国政府对外经济职能的首要任务。它是联合国赋予成员的神圣权利。作为联合国成员的中国有权独立自主地选择本国的经济制度，并按照确立和发展这种经济制度的需要，一方面独立自主地制定各种国内的和涉外的经济政策和经济立法，另一方面，独立自主地对外缔结或参加各类国际条约、开展对外经贸往来，不受任何外来的干涉、压制和威胁。

与此同时，中国在对外缔结或参加各类国际经济条约之后，基于权利与义务同时存在的国际通行准则，中国的经济主权和有关的权利难免在一定范围内和一定程度上受到某种影响、约束或限制。中国根据改革开放的国策，从本国现实的国情和现有的综合国力出发，坚持以自愿、公平、互利为基础，坚持在权利与义务的对等与平衡的原则上参与国际多边贸易体制，则这种影响、约束或限制，就是缔约方/成员方协调意志、权衡利弊的结果，也是各方自主全面权衡和自愿、乐于接受的产物。因此，中国自愿地接受对本国经济主权及其有关权利的某种限制，也是自愿行使中国经济主权的一种表现形式，谋求经贸共同发展的平台。

第二，从中国国情出发。

中国在“复关”和“入世”的所有谈判中，始终坚持必须以发展中国家身份加入，权利与义务平衡，绝不会为“复关/入世”而接受过高的、超出中国承受能力的经济发展水平要价，绝不牺牲中国和广大人民群众的根本利益。同时，考虑谈判对方的合理要价，采取有理、有节的妥协与让步，确保权利与义务的平衡，取得“双赢”的结果。

第三，重视谈判原则。

按照 WTO 规则，申请者的国内经贸法规要与 WTO 保持一致。此外，原有成员要求申请者在规则和市场准入上承担具体的义务。申请者可以要求过渡期，来消除与 WTO 不一致的法规，在一些敏感领域寻求差别待遇。它们获得此类让步的能力取决于其理由的有力性和具体的证据。然而，作为一般原则，WTO 协定的基本原理是给定的，并且不能改变。因此，申请“入世”需要所有成员达成共识，只要有一个成员反对，就可以延缓和阻碍“入世”谈判进程。

中国是社会主义国家又是发展中大国的身份，对已有成员的利益产生了相当大的影响。基于这种考量，已有成员在与中国“入世”谈判中提出过高或苛刻的要价，中国处于被动地位，要申请者承担的义务，承诺的形式是“WTO+”，即在没有先例的范围内作出承诺。出于本国利益的考虑，中国自然不能无条件接受这些额外的规定，经过认真研究，给出回应。

中国加入 WTO 成功的原因

第一，正确的“复关”/加入 WTO 谈判的领导。

1978 年，党的十一届三中全会拨乱反正，把工作中心转移到经济建设上来，将改革开放作为国策，为中国申请“复关”和加入 WTO 谈判奠定了思想和理论基础。

党中央、国务院为中国“复关”/加入 WTO 确定了一系列正确的方针、政策和策略。

为了研究和协调“复关”谈判中的重大政策问题，1986 年 8 月 5 日，成立“国务院关税和贸易总协定部际协调小组”；为了应对加入 WTO 工作，系统、统一地进行研究和作出对策，中央还专门成立了“WTO 工作小组”。在谈判的关键时刻，国务院领导亲临谈判第一线进行指导。

1993 年，中共中央总书记、国家主席江泽民阐明中国“复关”的三条原则。第一，GATT 是一个国际性组织，如果没有中国这个很大的发展中国家的参加是不完整的；第二，中国要参加，毫无疑问是作为发展中国家参加；第三，中国加入这个组织，权利和义务一定要平衡。

针对西方国家在谈判中的高要价，中央还制定了“不急不躁，顺其自然，因势利导，水到渠成”的谈判方针。

第二，领导重视，各级部门广泛参加与协作。

在历时十五年的“复关“/加入 WTO 谈判中，中国党和国家领导人江泽民亲自领导，国务院总理从李鹏到朱镕基亲自参与；商务部部长由郑拓彬、李岚清、吴仪到石广生具体主持；中国参加谈判的官员除去代表团团长和首席谈判代表沈觉人、佟志广、谷永江和龙永图，还有相关部门的众多官员。

“复关”“入世”谈判包括几个层次。全面谈判人员级别主要为副部长级，技术级磋商在司局级官员间进行，主要成员专门从首都派团进行磋商。因此，参加“复关”“入世”谈判的人员涉及中国对外经贸所有部门的众多人员。

第三，经济体制的转型。

市场经济体制是 GATT/WTO 确立的经济体制基础。中国原有的计划经济体制无法与它接轨。经济体制的转型成为中国“复关”/加入 WTO 的障碍。

1992 年 10 月，党的十四大确立了建立社会主义市场经济的总体目标。1993 年，《中华人民共和国宪法》正式规定“国家实行社会主义市场经济”。它们为中国“复关”/加入 WTO 谈判铺平了道路。

在博弈中，谈判进程推动中国不断向市场经济体制迈进，向国际经贸规则靠拢，传统思想观念和经营管理方式受到冲击；迫使政府职能加快转变，法规不断修正；激发企业建立现代企业制度，建立既符合中国国情又符合 GATT/WTO 规则的经济管理体制；激活了中国的比较优势和竞争活力。这些转变进而为中国调整谈判策略、加强谈判砝码奠定了比较坚实的基础。

第四，排除干扰，双边谈判成功。

根据 GATT 和 WTO 规定，作为申请加入方的中国需要与提出双边市场准入谈判要求的缔约方和成员进行谈判并达成协议后，方可起草多边加入 GATT/WTO 的法律文件。

中国从 1992 年 11 月开始进行双边市场准入谈判。与中国正式开展谈判的 GATT/WTO 成员共 37 个。

在双边谈判中，最主要的谈判对手是美国，其次是欧盟。中国与美国的谈判范围广、内容多、难度大，谈判不断受到各种政治因素的干扰。从“复关”到加入 WTO，中国与美国共进行了 25 次双边谈判，还有 10 次的非正式磋商。1996 年下半年起，美国出于自身利益考虑，特别是由于美国工商界对进入中国市场的巨大期待，逐渐调整谈判策略；不再采取阻挠的策略；但是美国的一些要价超出中国的经济承受能力，谈判出现僵局。

1999 年 11 月，在党中央、国务院的直接领导和亲自指挥下，经过连续六天六夜的艰苦谈判，中美最终达成双边协议，为中国加入 WTO 清除了最大障碍。2000 年 10 月 10 日，美国总统克林顿签署《授权给予中华人民共和国永久性正常贸易关系法案》。

欧盟也是中国重要的经济贸易伙伴和仅次于美国的谈判对手。从“复关”到加入 WTO，中国与欧盟进行了 16 次双边谈判。中美双边谈判签署协议后，中欧之间又进行了 5 个月的谈判。中国在坚守与美谈判底线的同时，在某些产品的关税减让和保险许可证发放等问题上，适当照顾欧盟的利益，作出一些灵活的谈判措施。2000 年 5 月 19 日，中欧达成双边协议。

第五，GATT/WTO 官员的高度重视和协调。

GATT/WTO 官员高度重视中国“复关”/加入 WTO 工作。“复关”开始后，1987 年 3 月，GATT 1947 成立中国工作组，由瑞士驻关贸总协定大使吉拉德担任主席，具体主持中国“复关”/加入 WTO 的谈判。在其主持下，举行了 19 次中国“复关”和 18 次中国加入 WTO 工作组会议。GATT 总干事邓克尔访华 3 次，WTO 总干事萨瑟兰、鲁杰罗和穆尔接连访华，与中国政府进行反复磋商。GATT/WTO 秘书处做了大量的具体工作。

第六，妥善解决了台湾加入 GATT/WTO 问题。

中国台湾以“中国台北”名义加入 WTO，为中国“复关”/加入 WTO 排除了重大障碍。

中国漫长的“复关”“入世”历程意义重大

第一，它是新中国成立后，继重返联合国后的重大的历史壮举。第二，它扩大了中国的视野，提高了中国发现发展机遇和利用机遇的功力。第三，它促使中国发现本身的不足，推动改革开放成为国策。第四，它提高了中国从上到下，从政府到企业，从官员到百姓的高度关注，从整体上思考和谋划“入世”后的应对。第五，中国加入 WTO，使其成为名副其实的世界贸易组织。

中国接受 WTO 规则使中国进入历史新阶段

第一，中国对外开放承前启后的节点。中国“入世”使中国对外开放进入一个新的历史性的阶段，它又为中国进一步对外开放奠定了物质、人才、制度、理念尤其是规则的基础。第二，恪守规则的倒逼作用，加大中国改革的进程，特别是以规则为基础的市场经济体制的发展和完善。第三，为中国特色社会主义事业的发展开启了新篇。创造性地发展了社会主义的理论和实践，在一定程度上挽救了世界上的社会主义。

“入世”提高了中国社会的规则意识

第一，加大和完善了中国的法律体系，为中国改革开放提供全面整体的法律制度和体系。第二，依法享受权利和履行义务，发展与 WTO 成员的经贸关系。第三，依 WTO 法规进行维权。学会运用 WTO 争端解决机制，打“国际官司”，维护中国企业的正当权益。第四，建立起中国运用 WTO 法规的官员和律师队伍。第五，WTO 法规成为中国高校国际经济法的重要内容和学科。第六，国际规则意识逐步提高，中国社会守规行为逐步自觉。

恪守 WTO 规则给中国带来众多红利

第一，加强了国内外市场的可预见性，为稳定贸易发展提供法律保障。第二，促进了中国有形手和无形手的有机结合。第三，经贸获得高速发展，在世界上的经贸地位排位不断提升。第四，提高了在国际货币基金组织和世界银行的份额和投票权，为人民币国际化奠定基础。第五，中国国民意识、思维、理念发生巨大变化，有所提升和创新。第六，中国在 WTO 中，从新成员成为核心成员。第七，中国对世界经济增长贡献率不断提高。第八，中国成为参与全球治理的主要成员之一。第九，比较而言，“入世”后，对中国整体发展的作用高于其他国际组织。中国 1980 年成为国际货币基金组织和世界银行成员。中国 2001 年加入 WTO，“入世”后 15 年的中国整体发展水平，远远超过 1980 年到 2000 年的 20 年。

中国恪守 WTO 规则任重道远

第一，中国“入世”后，经历了熟悉规则、恪守规则，到运用和参与规则制定的阶段，从必然王国开始进入自由王国，达到从心所欲不逾矩的地步。第二，在 WTO 规则作用下，中国日益融入世界经济。这种世界经济根基于资本主义经济体系，既有促进世界经济生产力的方面，也存在不平等的生产关系，中国受其运行规律的影响增大。第三，世界经济对中国经济的正传递与副传递作用同时增大，中国面临的机遇增大，风险加重；与此同时，中国对世界经贸发展的辐射力、融合力和贡献率也在增大。第四，随着中国寻租下贪污腐化的屡禁不止、拜金意识的流行，假冒伪劣商品及侵权盗版情况屡禁不绝，中国守规意识出现淡化和惰性。它们成为中国继续恪守 WTO 规则的瓶颈。为此，中国需要大力整治，清除恪守 WTO 规则道路上的障碍。

历史赋予中国拓展 WTO 规则的重任

以习近平同志为核心的党中央，在重视依法治国的同时，非常重视对国际规则的遵守和改革，强调国际关系法治化。“我们应该共同推动国际关系法治化。推动各方在国际关系中遵守国际法和公认的国际关系基本原则，用统一适用的规则来明是非、促和平、谋发展。‘法者，天下之准绳也。’在国际社会中，法律应该是共同的准绳，没有只适用他人、不适用自己的法律，也没有只适用自己、不适用他人的法律。适用法律不能有双重标准。我们应该共同维护国际法和国际秩序的权威性和严肃性，各国都应该依法行使权利、反对歪曲国际法，反对以‘法治’为名行侵害他国正当权益、破坏和平稳定之实。”“我们应当创造一个奉行法治、公平正义的未来，提高国际法在全球治理的地位和作用，确保国际规则的有效遵守和实施，坚持民主、平等、正义建设国际法治。”习近平同志还指出，国际规则需要不断革故鼎新，以适应全球增长格局新变化，让责任和能力相匹配，推动国际经济秩序顺应新兴市场国家和发展中国家力量上升的历史趋势。

中国作为世界第二大经济体、第一大货物贸易国家、WTO 的核心成员，拓展 WTO 规则、创新 WTO 规则责无旁贷。中国应当与其他 WTO 成员共同合作，推进 WTO 规则的拓展与创新。一方面维护以 WTO 为基础的多边贸易体制，积极参与 WTO 规则的拓展；另一方面，通过构建地区自贸区和落实“一带一路”倡议进行 WTO 新规则的试验和创新。

WTO 规则研究应坚持的基点

第一，WTO 规则是在世界贸易发展过程中，由主权国家和单独关税区制定的共同遵循的行为规范。对它们要有敬畏精神，除非所有成员一致同意改革，单个成员不能随意改动和曲解。

第二，WTO 规则是随着世界贸易的发展出现、渐进和演变的，对规则的改革应采取渐进式，而不能采取断崖和重构式。

第三，对资本主义生产方式确立后的国际贸易规则，要采取辩证分析的方法，不能一味肯定，更不能盲目否定。

第四，以 WTO 为基础的多边贸易体制是国际经贸规则发展到一定阶段而出现的，其使命是保证国际贸易规则的运行、续构、实施与管理。应采取“先内后外”的研究方法，拒绝“外加式”的研究方法。

第五，判断 WTO 规则的作用，应从世界贸易发展的角度，以生产力和生产关系为机轴来分析判断，对其促进生产力的发展要充分肯定，对利益分配中的不公平要进行实事求是的分析。

第六，在 WTO 规则发展中，贸易大国、强国、先进国家是领头羊和推动者，贸易规则多是由它们的国内规则演变而来，它们成为国际贸易规则和组织的创建者带有必然性。但运用规则取决于成员自身的发展与实力。因此，关注自身改革开放、奋力赶超的后进国家，可能成为后来居上的规则的参与者和新规则的引领者。

第七，GATT 1947 到 1995 年建立的 WTO，发展中国家的贸易发展逐步受到关注，出现最惠国待遇例外的优惠和特殊待遇条款。但发展中国家经贸发展很不平衡，关键是它们内部的问题使优惠条件不能变成现实，由此说明“内因是根据，外因是条件”论断的科学性。

第八，迄今为止出现的社会主义国家都不是马克思所预言的社会主义国家，在生产力发展和生产关系上都存在不足。苏联没有处理好与资本主义国家的关系，没有正确对待发达国家和已有国际规则的长处；而是要另搞一套，构建“民主市场”和所谓的社会主义国际分工，与资本主义经济体制绝缘，出现自我封闭，成为导致“社会主义阵营”瓦解的重要原因之一。

第九，中华人民共和国成立后，在毛泽东思想和邓小平理论指导下，走上独立自主、改革开放的中国特色社会主义的道路。历届党和国家领导人，尤其是以习近平同志为核心的党中央，对发达国家主导和创建的国际经贸规则和多边贸易体制，肯定它们的成就，指出它们的不足，在接受、恪守、运用已有国际贸易规则基础上加以引领、革新和续构。

中国 WTO 研究会会长孙振宇对此书读后感

此书出版后，首先请中国驻世界贸易组织首任代表、特命全权大使，中国 WTO 研究会会长孙振宇审阅。他迅速写出动情的“满目青山夕照明”读后感。

> 一口气读完薛荣久教授新作《中国对 WTO 规则的恪守与砺进》，感想良多。
>
> 作为对外经济贸易大学教授、中国世界贸易组织研究会的创始人之一，薛教授长期从事国际贸易的教学与研究，是国际贸易学科的带头人，对国际经贸理论与实践以及全球经济治理与多边贸易体制有深刻的理解，著作等身，桃李满天下。
>
> 这本专著的面世恰逢中国纪念改革开放 40 周年之际，国内国际形势波谲云诡，充满风险与不确定性。英国脱欧，特朗普退群，中美贸易摩擦愈演愈烈，贸易保护主义大行其道，多边贸易体制正面临 70 年来最严峻的挑战。面对美国鹰派与智库要员对中国的种种刁难与指责，国内也出现了一些杂音。薛教授这部专著是对美方以及国内杂音的有力回应。
>
> ——书中以最简洁的语言概括了世界贸易组织的基本规则、宗旨与职能，并简要回顾了我国加入世界贸易组织的艰辛历程。
>
> ——总结和归纳了中国在世界贸易组织中享受的权利与承担的义务，并客观评价了中国政府在恪守世界贸易组织规则方面所做的巨大努力与突出表现。
>
> ——列举了中国加入世界贸易组织对改善我国企业国际经营环境所发挥的作用，同时，强调了中国作为负责任的发展中大国对世界经济增长所做的贡献。
>
> ——提出对进一步推进国内各个领域对外开放，确立自主开放型经济新体制的深度思考。
>
> ——全面分析了中国恪守世界贸易组织规则所面临的外部挑战与国内的压力，并提出具体应对措施建议。
>
> ——对今后世界贸易组织如何更好地发挥作用和不断完善国际经贸规则，发表了独到的思路与见解。对下一步世界贸易组织的改革提供了重要启示。

作为年过八旬的老教授，对祖国、对全人类终极关怀的拳拳之心跃然纸上，不能不让人从心底发出由衷的敬意！无论是身处基层的中青年干部，还是身居高位的各个部门领导，读懂薛教授这部著作，无疑对推进我国的改革开放事业和积极参与全球经济治理，将是非常重要和有益的参考。

（2018 年 8 月 20 日）

2018 年 8 月 21 日上午，中国 WTO 研究会举行《中国对 WTO 规则的恪守与砺进》发布会。相继，国内众多媒体发布此书出版新闻。

这本著作作为展品，在对外经济贸易大学 2018 年 11 月 24 日中国对外开放展览馆橱窗内展出。

8.2.10 2018 年著《WTO 与中国改革开放》（文集两卷）前言

为纪念中国对外开 40 周年，将作者从 20 世纪 70 年后撰写的有关 GATT/WTO 的文章，精选一百多篇出版。

作者认为，2001 年中国加入 WTO 后，进入整体、全面的对外开放阶段，取得政治、经济、社会、人文、外交等巨大发展，国际地位大为提高，为中国深化改革开放、登上世界舞台奠定了基础。由此，WTO 成为中国对外开放进程中的里程碑。

文集内容主要有：WTO 在中国改革开放中的地位与作用（总论），WTO 建立、发展与作用，中国加入 WTO 的意义与历程，中国与多边贸易体制，中国与美国在中国“入世”上的谈判，“入世”与中国宏观应对，“入世”与中国经贸规则建设，“入世”与中国高等教育发展，“入世”与中国文化艺术升华，“入世”与中国地区、资源的发展与管理，“入世”与中国企业、协会的发展，“入世”与港澳台地区经贸教育合作与发展，“入世”与中国外贸政策与贸易方式，“入世”后对贸易争端、新贸易保护主义的应对，“入世”经贸发展态势，中国“入世”与对外开放、全球经济治理和“一带一路”倡议，WTO 明析与驳辩。

作者以此文集表达 WTO 与中国改革开放的如下观点。

第一，2001 年，中国加入世界贸易组织（WTO），开启中国全面的对外开放，促进中国整体的改革。由此，在中国近代历史节点上，加入 WTO 成为中国对外开放进程中的里程碑、对内改革的助推器。

第二，根据马克思主义的世界发展观，分析 GATT/WTO 的性质和中国特色社会主义的特征，揭示中国加入多边贸易体制的必然性，特色社会主义内在要求中国“入世”，“入世”促进了改革，又夯实了入世后利用机遇的基础。证明入世与中国改革开放的辩证关系。

第三，根据毛泽东思想“内因是根据，外因是条件”的哲学观点，研究者应站在中国独立自主的立场上，研究中国“入世”的原则，充分利用机遇，化挑战为机遇，获得史无前例的大发展，促进社会主义经济体制的完善。

第四，探究加入 WTO 与中国改革开放的内在关系，必须坚持马克思主义的历史唯物主义和辩证唯物主义的研究方法，才能理顺“入世”后诸多正面效应与出现问题的关系，在理性基础上找到正确的解决困难的途径。

第五，WTO 是世界经济贸易发展规律、理论、规则的结合体，并且随着时代在变化，可谓“博大精深”；中国特色社会主义的内涵深邃宏远，需要从理论和实践上阐明二者关系。因此，在对中国加入 WTO 与中国改革开放的研究中，应当摒弃“外加式”、断续性和即兴的研究方法。

第六，国际经贸规则意识的树立、增强，中国法治建设的推进，是中国加入 WTO 最大的收获之一。而对国际经贸规则上的忽视、浅薄和机会主义，也将成为中国参与全球经济治理，强化法治大国形象，落实习近平主席提出的“一带一路”倡议建设的障碍之一。

8.3 代表性的论文列表

迄今为止，在国内外发表的有关 WTO 的论文 100 多篇，具有时代性的著文 40 余篇。

1993 年《中国“复关”与国际贸易学科的发展》，载《对外经济贸易大学学报》1993 年 5 月。

1994 年《关贸总协定发展史上的里程碑——纵论乌拉圭回合多边贸易谈判》，载《国际贸易问题》1994 年 3 月。

1997 年《中国加入世界贸易组织与外商对华的贸易与投资》，为 1997 年 12 月香港中国投资策略研讨会而作。

1999 年《新贸易体制——世界贸易组织新回合多边贸易谈判议题与前景，载《国际贸易》1999 年 7 月。

1999 年《中国加入 WTO，对美国、日本和世界影响》国际研讨会论文，载香港《中国评论》1999 年 4 月。

1999 年《中国加入世界贸易组织后的机遇与挑战》，载《国际商报》1999 年 5 月 10 日。

1999 年《中国加入世界贸易组织的动因、作用与对策》，载《高等教育理论导刊》2000 年 5 月。

1999 年《WTO 与中国外经贸理论的创新》（为中国国际贸易学会庆祝建国 50 周年而作）1999 年 7—10 月。

1999 年《“入世”在中国社会主义市场经济文化形成与发展中的作用》，载《出版研究》1999 年 10 月。

2000 年《“入世”后我国外贸政策与措施的走向》，载香港《中国评论》2000 年 2 月。

2000 年《中国加入 WTO 对策研究中的定位问题》，载《国际贸易》2000 年 3 月。

2000 年《企业如何应对中国“入世”后的机遇与挑战》，载《求实》2000 年 11 月。

2000 年《中国“入世”与西部大开发战略的实施》，载《西部论坛 2000》2000 年 9 月。

2001 年《加入 WTO 与国土资源管理》，载《国土资源通讯》2001 年 3 月。

2001 年《转变政府职能是“入世”趋利避害的关键》，载《前线》2001 年 6 月。

2001 年《多边贸易体制下中国外贸法规的改革》，2001 年 10 月。

2002 年《中国加入世界贸易组织后的外贸发展战略》，2002 年 4 月。

2002 年《WTO 多哈回合的起动、内容与前景》，2002 年 11 月。

2002 年《加入 WTO 有利于中国民间艺术走向世界》，参加 2002 年 1 月 31 日在北京举行的“中国民间艺术（历史文化名镇）发展研讨会”论文。

2002 年《加强对企业“入世”后市场经济条件的研究与挑战》，2002 年 2 月。

2002 年《行业协会要与时俱进》，2002 年 4 月。

2006 年《参加 WTO 香港第六届部长级会议的感受与启迪》，载《国际贸易问题》2006 年 2 月。

2006 年《WTO 平台上海峡两岸经济贸易关系的构建》，2006 年 12 月。

2008 年《中国在 WTO 中地位变化、反应与对策》，载《国际经贸探索》2008 年 11 月。

2011 年《中国加入世界贸易组织十周年回顾与展望》，载《中国融入世界——对外经济贸易大学纪念中国“入世”十年学术研究论文集》。

2011 年《中国在世界贸易组织如何安身立命——为中国加入世界贸易组织十年而作》，载《国际贸易》2011 年 3 月。

2015 年《中国加入 WTO 过渡期的产生、特点与作用》，载《国际商报》2015 年 6 月 30 日。

2015 年《TPP 协定文本的六大特点与中国应对》，载《乐为》，中国商务出版社 2016 年。

2016 年《巴厘岛会议后 WTO 的发展趋势》，载《WTO 20 年与中国》2016 年 12 月。

2016 年《WTO 在全球经济治理中的地位、作用与中国对策》，载《国际贸易》2016 年 4 月。

2016 年《WTO 是中国参与全球经济治理的理想平台》，2016 年 7 月 28 日。

2016 年《WTO 与“一带一路”规则的构建》，载《中国国际经济关系学会 2017 论文集》。

2017 年《用贸易规则的确定性来应对贸易风险和不确定性》，为华为论坛撰写，2017 年 6 月 23 日。

2018 年《中国企业亟须加强合规管理》，长沙国际会议，2018 年 9 月 8 日。

2018 年《WTO 改革的焦点问题与应对建议》，2018 年 12 月 1 日。

2018 年《WTO 在中国改革开放中的地位、作用与维护》，载《国际贸易问题》2018 年 10 月。

2018 年《为全球经济治理进一步出谋助力》，载《人民日报》2018 年 8 月 27 日。

2018 年《中国参与全球经济治理方案构建与举措的谋思》，载《国际贸易问题》2018 年 1 月 13 日。

2019 年《对 WTO 发展中成员特殊和差别待遇问题的思考》，2019 年 11 月 11 日。

2020 年《COVID-19 对国贸与世贸的冲击、危害与中国应对》。

2020 年《WTO 改革进程的十大特点》，研讨会备稿。

2020 年《WTO 改革与中国双循环的加快构建》，载《中国国际经济关系 2020 年年会论文集》。

9

自欣、遗憾与鸣谢

9.1 自欣

9.1.1 2020年抗疫中完成初稿

《我对世界贸易组织（WTO）的研究与践行》一书，是我2019年开启撰写系列“文萃丛书”的一部。初步构思于2019年6月，列入校史馆资助“荟萃丛书”立项计划。2019年8月份拟出此书撰写的提纲，10月写出第一章，交由校史馆评审专家组审评。10月底，曹亚红馆长告“评审专家组原则上通过”，正式列入校史馆立项内容，希望到2020年9月底前交出初稿，再审。如通过，可与学校出版社签署合同出版此书，以庆祝对外经济贸易大学建校70周年。

我与家人2020年1月22日回河北迁安市，23日，将2019年12月出版的《乡僻奇才·迁安文化名人·父亲薛海清》一书赠给迁安市。23日后，迁安市领导投入全国抗击新冠肺炎战役行动，中止各种社会活动。29日，我和老伴离迁回京。30日后，北京封城，对从外地到京者开始登记、问讯、检测甚至隔离。我们幸运，此举前天回京，免受这些流程。

此后，全国抗疫开始，我和老伴蜗居住室，高度关注战疫进程。我自认为，抗疫的最好方法是抓紧时间写作。我静下心来，先整理我的著述年谱的初稿，继而整理我2016年后的散文集《映然》，撰写出疫情引发的对世界、中外经贸、WTO影响的几篇感受。5月初，开始撰写《我对世界贸易组织（WTO）研究与践行》。

我反复修正提纲后，开始撰写。在老伴、子女精心照顾和鼓励下，在助手杨凤鸣的支持下，在7—8月的酷暑中，奋笔撰写。

在撰写中，我不断思考从1974年至今，对GATT/WTO的研究和践行。我从奉命临时借调研究，转变为心怀使命感持续研究而行，为之探索求进，助推中国“复关”“入世”整个历程。我欣喜看到，“入世”后中国跨越式、整体、综合、开放式的发展，成为世界和平的建设者、全球发展的贡献者、国际秩序的维护者，为世界社会主义事业展现出光辉的前景。

2020年9月，我写出初稿，然后修订、成稿。11月3日成稿，获校史馆专家组评审通过。

在2020年的阴历六月十九生日后，我跨入87岁的人生旅程。2019年一年中，我的大学、研究生时的学友，竟然谢世9人。我面对病毒肆虐，在高龄阶段，还能完成此书的撰写，深感欣慰。

9.1.2 初步实现我的研究追求和目标

从1974年4月至今的近50年中，在对GATT/WTO研究与践行中，我做到了以下几点：

- 坚持了持续跟踪、逐步深入、与时俱进的研究道路；
- 确立了研究内容与相关内容之间内在的联系；
- 明确了研究方法的指导思想与所依据的理论；

- 树立起研究达到的目标与确立自身的研究方法；
- 获得代表性的研究成果并具有独自成溪的多种特色著述；
- 开辟了 GATT/WTO 教学、创编《世界贸易组织概论》课程，培养出一批与之相关的人才；
- 通过办班、宣讲和参会等方式，扩大了社会对 GATT/WTO 的认知，加强了“入世”后的应对；
- 通过接访、参会和著文，为中国“复关”“入世”释疑、维权与驳辩尽心竭力；
- 以课题研究、学术交流等方式，为海峡两岸作为 WTO 成员发展经贸出谋划策；
- 通过《中国对 WTO 规则的恪守与砺进》，对“入世”15 年进行归结；通过《WTO 与中国改革开放》（文集），展现中国“复关”“入世”与中国改革开放的历史交汇、相互作用，作出“入世”成为中国改革开放的里程碑的断语。

9.1.3 我的一些思考并非臆想

在整个研究中，有许多思考；事后验证，并非臆想。仅举几例。

- 以关税减让“复关”触及中国经济体制改革

1986 年，中国提出以关税减让方式恢复在 GATT 缔约方地位的申请，我认为它将触及中国经济体制的改革。

原来东欧的社会主义国家进入关贸总协定有两种方式。

第一种是关税减让。南斯拉夫以这种方式进入 GATT。南斯拉夫开始提出以此种方式进入 GATT 时，受到 GATT 缔约方的质疑。它们认为，南斯拉夫是社会主义国家，在经济上是计划经济。计划是控制进出口的重要手段，关税不起什么作用。南斯拉夫说它的社会主义、经济体制与苏联等东欧国家不同。后来，GATT 派人到南调查，发觉果然不同。南斯拉夫不是计划经济，关税成为进出口的重要手段。因此，同意南斯拉夫以关说减让方式进入 GATT。

第二种是以计划承诺进口比例换取原缔约方的进口关税减让。波兰、罗马尼亚坚持计划经济体制，经过协商，它们以计划保证进口增长比例的义务换取其他缔约方给予进口关税减让的权利。

中国提出以关税减让方式恢复在关贸总协定缔约方的地位，势必触及中国计划经济体制。不改革，根本进不去；要想按照关税减让恢复缔约方地位，计划经济体制必须改革。

为此，我在商务部国际司中国“复关”专家咨询组会议上，提出中国计划经济与关税减让存在经济体制上的矛盾，中国如不加速改革计划经济，以关税减让方式难以恢复缔约方地位，就此认为“中国‘复关’将走上漫长的路程”。这种看法，当时受到质疑和非议。

在邓小平改革开放理论指导下，毅然将计划经济改为市场经济体制后，中国贸易法规作出相应修订，中国“复关”“入世”谈判才取得逐步和实质性的进展。

- “复关”后，中国政府职能不是弱化，而是转化。

1993 年，中国在“复关”进程中，我和外贸部国际司参与中国“复关”谈判的李仲周处长应邀到国家计划委员会（今国家发展和改革委员会）为干部作中国“复关”前景的报告。午餐时，一些干部问我，国内一些学者说，“复关”后，中国将形成小政府、大社会，政府职能要弱化。为此，他们忧心忡忡，要我们发表看法。

我认为，中国“复关”后，中国政府职能是转化，不是弱化，即从熟悉的计划经济管理转向市场经济体制下的市场运行规则管理。其管理办法可能比计划经济体制下的管理更为复杂、难度更大，涉及面更宽。因为中国“复关”后的对外开放，是以 GATT 规则为准，整体、全面、逐步地开放；中国“复关”后，国内经贸规则不能背离 GATT 规则。国家计划委员会当然是这种转化的首要管理者。我希望国家计委内干部主动接受这种转化，越快越主动。

在下午的接续报告中，就此我讲了上述看法。会后，国家计划委员会领导同意和支持我的看法。

中国“入世”后，我对政府职能转化而不是弱化的观点得到实证。

● 中国应主动提出加入 TPP

2015 年 10 月 5 日，《跨太平洋伙伴关系协定》文本（Text of the Trans-Pacific Partnership-TPP）达成，各签约方进入立法机构的批准程序。在两年期限内，如有 6 个创始签署方（Original signatory）立法机构批准，其国内生产总值占整个 12 个创始签署方全部国内生产总值的 85%，则 60 天之后生效。再加入者成为加入签署方。美国总统奥巴马已告知国会，根据《贸易促进授权法》，将在 2016 年 2 月 4 日或 5 日签署该协定。

该协定的动向将对我国产生严重挑战。国内学术界、中国 WTO 研究会、中国国际经济关系学会专门进行研讨，提出对策。与会者议论纷纷，质疑和非议不断。

我认为事关重大，随意上纲无助我国的正确决策。我要助手杨凤鸣将 600 多页的协定文本下载，经过半个月的研读，在 2015 年 12 月 24 日撰写出《TPP 协定文本的六大特点与中国应对》一文。

文章后面认为，TPP 对我国提出如下的严重挑战。

第一，协定文本的构成使 TPP 具有凝聚力和吸引力。韩国、马来西亚、菲律宾、泰国、印度尼西亚等表达加入的兴趣。

第二，以中国为主的 RECP 谈判进程缓慢。

第三，中国以 APEC 推动实现亚太自贸区北京路线图责任重大。2014 年 APEC 第 20 次领导人正式会议批准的“亚太经合组织推动实现亚太自贸区北京路线图”，对 TPP 的达成不能回避。

第四，中国台湾早已提出加入 TPP。TPP 协定文本中，以“通过鼓励其他国家或单独关税区的加入”的条款为之提供了契机。

文章最后，提出我国应对 TPP 的三个建议。

第一，我国应主动提出申请加入 TPP。因为 TPP 文本内容涉及我国势必改革的内容，加入将会促进我国的开放与改革，增强在亚太地区合作中的主导力，为我国带来更大的机遇。

第二，提出 RECP 与 TPP 并合的倡议。这两个自贸区已有 7 个国家交汇，如果整合，可以推动 2014 年 APEC 第 20 次领导人正式会议批准的“亚太经合组织推动实现亚太自贸区北京路线图”。

第三，有条件地同意台湾加入 TPP。一是在中国加入 TPP 前，台湾不能加入。二是在次序上，中国在先。三是在名义上，台湾为中国台北。

文章简要上报商务部，没有得到明确的回答。我在参加中国国际经济关系学会小范围座谈中，提出我的上述观点，受到非议。

在美国退出 TPP 后，剩下的 11 个国家将 TPP 更名为 CPTPP（《全面与进步跨太平洋伙伴关系协定》）。该协定已于 2018 年 12 月 30 日生效，成员包括日本、加拿大、澳大利亚等发达国家，也包括越南、马来西亚、智利、墨西哥等发展中国家，共计 11 国、5 亿多人口，占全球经济总量的 13.2%、贸易总量的 15%。该协定代表了新一代国际经贸规则的发展方向，其成员的多样性也使该协定具有较强的包容性和竞争力。随着成员规模的不断扩大，CPTPP 有望发展成为下一代全球经贸规则的典范。

2020 年 11 月 20 日，习近平主席在 APEC 第 27 次领导人非正式会议上发表演说时说，中国“将积极考虑加入”CPTPP。

9.1.4 《中华英才》高度评价

邓小平题写刊名的《中华英才》，2020 年第 2 期以《锲而不舍经贸情　不断攀登育才梦——薛荣久：中国 WTO 研究的领军人》文名，刊登该刊记者王玉君、高岚岚对我的采访。原文如下。

2020 年，《中华英才》对作者的采访

他是世界贸易组织（WTO）研究界当之无愧的泰斗级人物，在学术研究和教书育人等方面作出的贡献使人肃然起敬。20 世纪 80 年代，由他主编的《国际贸易》教材被国内大学广泛采用。其中，《国际贸易》一书获北京市和原对外贸易经济合作部科研成果与教材一等奖，被国家选定为重点教材。

在研究中，他独立思考但不固执己见，做到不唯上、不唯书；他善于辩证地看待问题，顺向思维和逆向思维相结合，实事求是；他坚持深入研读文本、明细要点，尔后作出理性判断。他对国际贸易惯例及 WTO 规则的研究与时俱进，为中国“复关”和“入世”出谋划策，为中国“入世”后应对、扩大世界影响尽心竭力。

他就是对外经济贸易大学国际贸易学科带头人，中国世界贸易组织研究会副会长薛荣久。走近薛荣久，你会被这位老人的健谈而打动，感受到他治学的严谨、为人的真诚和深深的家国情怀，让人觉得他跌宕起伏的人生经历就像一本厚厚的著作，内涵丰富而幽远。

百折不回 一路前行

薛荣久1934年出生在文化底蕴深厚的河北省迁安市。祖父是当地的剪纸名人，作品曾于1954年被送到苏联及东欧其他国家展出。小学没毕业就成为店员的父亲却自学成才，精通诗词歌赋，喜好收藏，珍藏的赵孟頫书法真迹是父亲的至爱。"土改"后，老家没有中学。1949年，父亲毅然带着薛荣久和另外两个同学到北京考中学。因为小学底子差，薛荣久没考上公立中学，考上了私立汇文中学。学校学费很高，需用 30 多袋面粉当学费。家里好不容易把学费凑齐，给了薛荣久一个月饭费。10月份，家里还未寄来生活费，薛荣久挨了几天饿。一筹莫展之时，学校接到北京市教育局通知，家庭困难的可申请助学金。薛荣久获得甲等助学金，解决了吃饭问题，但又为下学期的学费发愁。无奈，父亲给校长写了一封信。校长高凤山提出，只要薛荣久所学课程平均达到95分以上，可免除三分之二学费，剩下的学费要到图书馆、厨房帮忙筹得。从此，薛荣久拼命读书，始终名列前茅。

念完中学，薛荣久被推荐报考当时属于机密院校的北京对外贸易学院（对外经济贸易大学前身）；1955年，进入对外经济贸易系学习。那时，经过院系调整，学校云集了全国的专家名师。薛荣久本科毕业论文获得"优秀"，并在毕业典礼上宣读。1960年，薛荣久本科毕业，恰逢国家开设研究生制度，辅导员找到他，要他留校当研究生，薛荣久欣然同意。作为国际贸易专业的研究生，薛荣久在有"南马北袁"之称的著名经济学家袁贤能指导下学习，步入西方经济学说和国际贸易理论殿堂，写出优秀学位论文，成为首位毕业的研究生。

毕业后，薛荣久留校任教，经历了从"四清"到"文革"的各种运动。1970年秋，进入河南息县外贸部"五七干校"。在劳动之余，他抓紧时间背英文单词。1971年9月，接到学校复校命令，薛荣久争分夺秒，夜以继日地读书钻研。1974年4月初，薛荣久被临时借调到原外贸部国际小组，为邓小平出席联合国第六届特别大会准备发言稿材料。这项工作使他阅读了众多的国际组织方面的英文材料，激起了薛荣久研究关贸总协定（GATT）的浓厚兴趣。

1986年，中国政府向关贸总协定组织提出恢复缔约方地位的申请，薛荣久成为原外贸部中国"复关"专家组成员。1991年，对外经济贸易大学创建关贸总协定研究会。随着中国"复关"和"入世"谈判的进行，对外经贸大学 GATT 研究会转而成为中国世界贸易组织（WTO）研究中心，薛荣久担任会长和主任。

"中国'入世'是中国改革开放的里程碑"

根据改革开放的内在要求，经过长达15年艰苦不懈的"复关"和"入世"谈判，2001年12月11日，中国成为WTO第143个成员。作为中国从事WTO研究的领军人之一，薛荣久不仅是中国“入世”历程的见证者，更是亲历者。

1999年，薛荣久带领四位年轻教师到澳大利亚国立大学合编世界贸易组织培训教材。其间，应美国哥伦比亚大学邀请参加国际学术研讨会，主题是“中国加入世界贸易组织对美国和日本的影响”。上飞机前，他收到中国驻澳大利亚大使馆的电传，内容是学术会议主持者请他在会上专门讲一个问题——“中国现行的政治经济体制与世界贸易组织基本原则，是冲突还是吻合”。薛荣久想婉拒这么敏感的题目。到了纽约，当晚，在美国著名教授巴哈瓦蒂的家宴上，会议主持者——哥伦比亚大学法学院院长洁·思诺女士告诉他，从中国邀请参加会议的，除去他，还有龙永图等两人，但他们不能前来参会。再次强调要他讲讲电传上定下的题目。他推掉的想法落空。

回到宾馆，来不及倒时差，薛荣久结合平时关注国内政治和经济发展的心得，连夜写出英文发言稿。第二天上午，薛荣久作了20多分钟的发言；主要观点是：中国现行的政治经济体制与世界贸易组织基本原则有吻合的一面，也有冲突的一面。“1978年改革开放以后，中国以经济建设为中心。1992年，中共十四大后逐步确立了社会主义市场经济体制。因为刚开始转型，在部分上可能有冲突，但不是主流。随着中国改革开放的深入，吻合比重会越来越大。由于中国历史悠久、文化底蕴深厚、有善于学习的传统，我相信，中国加入世界贸易组织后，会把市场经济发展好的经验学来，再与中国优秀的传统文化结合，可能创造出高于当代的世界社会和政治价值观念，为世界作出中国的贡献。”薛荣久的一番演讲，承认了我国的不足，肯定了进步，同时展望了未来，极具说服力，受到与会者的赞赏。会议主持者洁·思诺女士在总结发言中说：“薛教授释解了我们的担忧。”

这次经历使薛荣久感触很深。他对世界贸易组织的研究，亦从经济贸易层面深入到国民素质和社会主义文化建设的作用上。

加入WTO后，中国从初期蹒跚学步的成员，已经成长为举足轻重、对各个谈判领域都能发挥影响的核心成员，逐步由适应WTO规则走向引领WTO规则的制定。然而，对于我国“入世”是利大于弊还是弊大于利，始终存在争议。“入世”之初，有媒体惊呼是“狼来了”，薛荣久认为“这种观点扭曲了中国‘入世’的意义，应当是竞争和合作的伙伴来了”。薛荣久阐明：“权利和义务是对等的。我们享受权利的同时，要把相应的权利让对方享受。机会和挑战是并存的。我们应对得好，会把挑战变成机遇；应对不好，把机遇也变成自己的挑战。关键在于我们怎么做。‘入世’后，有人提出中国政府职能要弱化，他认为不是弱化，而是转化。从原来计划经济的管理办法，向市场经济下的管理办法转变。”事实胜于雄辩。在加入WTO仅10年后，中国就成为全球第一大货物贸易国家和第二大经济体，综合国力大幅提高，国计民生大为改善，参与全球经济治理话语权和实力极大增强。

迄今，中国“入世”虽然已经18年，中国社会仍然存在对WTO认知不足的现象，尚未全面肯定中国“入世”的巨大成就。每当对中国的贸易争端投诉出现，中国相当多的舆论与媒体不是按照WTO规则判断贸易争端的是非曲直、分析中国本身产生贸易争端的诱因，而是认为对中国的“双反”调查似乎都是歧视中国、不友好，都是搞贸易保护主义，出现言辞过激现象。

一些知名学者、教授以“外加式”的方法，以自己的学识去理解和评论WTO，归结中国“入世”后的得失。在未知原委的情况下，他们对WTO成员针对中国的贸易投诉，有的义愤填膺，用情绪化的语言上纲上线，出现误导，造成社会不安。中国加入WTO 10周年时，有个别学者竟然提出中国应退出WTO，认为中国“入世”深陷“坏的贸易”。薛荣久研读其文，认为立论、论据和结论都存在严重偏颇，特著文予以辩驳。

“我认为规则意识提高，是中国‘入世’后的最大收获。规则意识仍然不足，也是中国‘入世’后最大的憾事。”薛荣久主张，出了问题不要随便扣帽子。一些舆论对中国“入世”和维权仍然停留在激情强于理性的层面，不利于中国恪守WTO规则、承担参与全球治理的重任。

薛荣久深感现在研究任务很重。其中，世界贸易组织可谓博大精深，涉及理论、政策、实务、法学、谈判、外交等各方面，有很多问题需不断探索。“规则研究要非常深化，非常细致。要采取辩证分析的方法，不能一味肯定，更不能盲目否定。应采取‘先内后外’的研究方法，就是把内部情况搞清楚。我反对‘外加式’的做法。”

勤奋耕耘　创新求索

薛荣久认为，本科是大学的基础，直接关系硕士和博士研究生的基本质量。1993年成为博士生导师后，他仍然为本科生上三门课。退休后，一直坚持授课至80余岁。薛荣久注重教学方法的探索和研究，树立自己的教学理念，把本科生、硕士研究生和博士研究生三个层次教学对象的培养方式定位为“学、研、悟”。本科主要是学，在教学方法上，以讲为主，适当研讨，在讲授中采用启发式，摈弃灌输式；硕士研究生教学方法以研讨为主，加强引导和点评，培养同学独立的研究能力；博士生教学中，通过教师的现身说法，提高同学扩展性、前瞻性思维的能力。2003年，薛荣久获得北京市首届“高校教学名师”称号。

薛荣久认为，课程教材编著是精品课程建设的基础。从20世纪70年代末开始，他主编的《国际贸易》成为国内具有重大影响的教育部财经类核心教材。1982年到1983年，学校派他以访问学者身份到美国加州大学工商管理学院进修。进修期间，他如饥似渴地了解美国的教学和研究方法。回国后，他结合中国的情况，创建新课“经贸研究与论文写作”。2001年，中国加入世界贸易组织后，他根据中国“入世”人才的需要，于2003年创建“世界贸易组织概论”课程。薛荣久主编的教材，被国内大学广泛采用，《经贸研究与论文写作》成为北京市优秀教材。他主讲“国际贸易”和“世界贸易组织概论”成为国家级精品课程。

他的研究方法分为三个层次，即方法论、一般研究方法、具体研究方法，并根据自身情况，总结出先内后外、跟踪、鱼骨式等研究方法。多年来，薛荣久不断探索学术领域的前沿和重大问题，积极研读中央文件和最新学术成果，关注国际贸易学领域中的突出问题和现实问题，著述颇丰，已在国内外发表学术论文和文章百余篇，出版教材、著述、文集、游记等40多部。其中，《世界贸易组织与中国大经贸发展》获 1998 年“安子介国际贸易研究奖”。

由于国家需要，薛荣久拿出许多时间和精力从事关贸总协定及世界贸易组织的研究、教学和相关的社会活动。他满怀深情地说：“我最大的愿望是为中国培养出一流的世界贸易组织专家，为中国在世界贸易组织安身立命加深研究，提出对策；同时，通过研究，推动世界贸易组织的改革，促进世界贸易组织成员和世界经济贸易的发展。”薛荣久培养了国内第一批世界贸易组织研究方向的博士生。现在，这一批毕业的博士生均已成为国内世界贸易组织研究的后起之秀、教学和公职人员的栋梁。

薛荣久谋划和创建了关贸总协定/世界贸易组织研究会和全国国际贸易学科协作组；担任国务院关税委员会和几个部委与北京市政府等的顾问和专家。此外，他还应邀为中央各部委、党校、各省市领导干部、社会团体、高校等作了很多有关世界经贸/世界贸易组织方面的学术报告，提高了社会各界对 WTO 的正确认识，为中国经贸大发展提供了思想和决策基础。

2007 年，薛荣久光荣退休，但他肩上的责任和使命仍在继续，在对外经济贸易大学继续担任国际贸易学科带头人。他以饱满的热情投身于“研国内外经贸风云、撰有特色育才文章”的事业中。为加强学术传承，2012 年后，他相继主编了《袁贤能著述文集》和《姚曾荫著述文集》。为构建中国特色的国际经贸理论，2013 年，他撰写了《马克思主义国际经贸理论探究》。为了明示中国“入世”后对 WTO 规则的恪守与有所作为，2018 年，他撰写出版《中国对 WTO 规则的恪守与砺进》一书。

马克思说：“在科学上没有平坦的大道，只有不畏劳苦沿着陡峭山路攀登的人，才有希望达到光辉的顶点。”薛荣久就是这样一个锲而不舍的攀登者。

9.2 遗憾

在对 GATT/WTO 研究与践行中，确有不少遗憾，最大的遗憾有六个。

9.2.1 对以 WTO 为基础的教学改革落空

通过对 GATT 尤其是对 WTO 的研究，我认为 WTO 涉及的贸易领域代表世界贸易发展的现实和发展方向。对外经济贸易大学院系构建，应以 WTO 为基础进行重新构建。

1994 年，我在香港中文大学研修期间，考察该大学的院系设置，关注 WTO 对中国高校学科建设的影响。1994 年底，在香港中文大学研修结束回校后，我向学校领导提出我校学科建设、教材内容和人才培养的三项建议。

第一，将我校已有院系按 WTO 贸易领域体系调整。1995 年运行的 WTO 确立基础，是当代国际贸易发展的实际，代表国际贸易的发展方向，其负责实施管理的贸易协定与协议包括货物贸易、服务贸易、与贸易有关的知识产权、与贸易有关的国际投资等。我校 1994 年调整后的院系各有特点，但对比 WTO 建立后对国际经贸人才的需要，现有院系设置已显滞后，需要整合和调整，强化我校优势。建议学校将原有院系调整为货物贸易学院、服务贸易学院、知识产权学院、国际投资学院、国际经贸法规学院等，再配以附属性的院系。

第二，修订我校原有教材的内容术语，使有关国际经贸术语与 WTO 使用的术语一致起来。如对倾销、补贴等的原术语，都与帝国主义剥削、掠夺落后国家的贸易行为有关。WTO 以国内外差价确定倾销行为，不再含有发达国家以此歧视发展中国家的内容；这些术语如不按照 WTO 纠正，则将使我校学生进行国际贸易活动时，出现行为失标，引起误解，造成被动和损失，不利于我国的对外开放和企业国际化。

第三，根据中国改革开放的深入，加入 WTO 已成定局。“入世”后，参与 WTO 活动的人员增多。但 WTO 方面的人才，其专业知识、外语程度、谈判技巧、交往能力和仪表非同一般，需要单独培养。故建议从我校经贸专业即将毕业的学生中，预留 20 人，由我校教师和部里参加“入世”谈判的人员，对其联合进行 WTO 知识培训，作为中国“入世”后的备用人才。

我的建议没有被采纳，理由是院系刚刚调整，再进行调整，难度较大；“入世”谈判近期难有结果，这么早培养后备人才，似无必要。

9.2.2 建立 WTO 信息中心、交流中心因费困而辍

中国 WTO 研究会 2003 年建立后，会址一直在安定门外原对外经济合作部院内。经我沟通，校方同意该会迁入我校科研楼六层。我校 WTO 研究院位于五层，为进行相互合作提供就近的有利条件，可为其成为中国 WTO 研究阵地奠定区位基础。

为进一步加强研究力量，我在 2012 年后，构思在院、会基础上，在学校构建 WTO 信息和交流中心。中国 WTO 研究会会长孙振宇等领导赞同我的构想，并委托我与校方沟通此事。校方欣然同意。为充分利用我校信息资料资源，我想把 WTO 信息和交流中心建在学校新的图书馆内。我与学校图书馆馆长邱小红沟通商议后，他很高兴，并愿将图书馆一层南半部分作为构建场地。具体构想获得研究会和学校同意后，决定由学校提供图书馆场地，由研究会提供具体构建费用，研究会与图书馆共同谋划具体构建事宜。

在具体谋建中，计划隔离出图书馆一层大厅南面部分，内设接待室、资料室、阅览室、会议室等。研究会、研究院、学校图书馆将所存有关 GATT/WTO 的图书、资料均集中在中心资料室内，外面挂出“世界贸易组织资料信息中心”牌额。

但在谋划后期，研究会陷入具体构建费用的困境。研究会领导想尽办法，没有筹到所需的经费。我的构想与具体筹谋被迫中止。

9.2.3 年事已高，只以简约方式参加研究会活动

我构建 WTO 信息、交流中心构想因筹费困难而辍，有些望洋兴叹。进入 70 岁后，听力下降较甚，配上助听器后，还是不如以前，充分交流遇到障碍；加之我要实现我的晚年撰写计划，迫使我采取简约办法参加中国 WTO 研究会活动。我向研究会领导提出，不再参加研究会的一般活动，但大的活动和顾问委员会的会议我保证参加。我的要求得到孙会长等领导的同意。

有得有失。在以简约方式参与中国 WTO 研究会活动后，我主编出《袁贤能著述文集》和《姚曾荫著述文集》，撰写出《中国对 WTO 规则的恪守与砺进》，编辑出版文集《WTO 与中国改革开放》，修编教材《国际贸易》《世界贸易组织概论》《世界贸易组织

教程》；2018 年第四季度到 2019 年第一季度，主编《乡僻奇才·迁安文化名人·父亲薛海清》等。

9.2.4 亲身经历感受不足

对著述的基本要求是理论与实际的结合。以此而言，我对 GATT/WTO 研究的著述存在实际参与现场谈判不足的差距。现有著述中的内容，多是通过研读相关著述、WTO 出版物而来的认知，本身未亲身经历这些著述中涉及谈判的实际境况。我的撰写材料来自以下三个方面：一是自发、主动跟踪研究和求索，二是研读相关资料，三是参加学术会议。因此，我的著述多是在间接材料基础上，经过思考探究而成。

与实际参与谈判者的立场不同、研究方法有差异、亲身参与活动的程度不同、本身归纳的悟性有高有低、文笔和口语表达是否切实，都使得这些间接材料不能充分表达现实甚至扭曲。我不得不花费大量时间去研读，反复思考、深究，体会现场实际境况，但它依然不是我亲身经历过的感性认知。我没有亲自参加过中国“复关”和“入世”的现场谈判和政府谈判决策的制定过程，没有感受到参与国的贸易谈判现场那种交锋、妥协、达成共识的氛围。我在拜读中国常驻世贸组织代表团所著《艰难时刻：世贸组织与中国 2018—2019》以后，这种感触加深。

但我通过 GATT/WTO 的宣讲现场，感受到中国社会各界、各地区对“入世”的现场反应和表情，体会到企业家们内心的感情，出现很多趣闻和思辨式的回应。

我自信，以我的探求精神，再有比较多的亲身参加谈判和决策的经历，我的著述还能在理论与实际结合上有所进步，再上一个台阶。

这种自信来自我亲临两个会议的感受。一是 2005 年 WTO 香港部长级会议，二是 2011 年在日内瓦参加的国际学术会议。

2005 年，我以非政府组织（中国 WTO 研究会）身份参与 WTO 香港部长级会议，所见所闻令我大开眼界，加深了我对 WTO 多边贸易谈判活动的认识，初步领会到 WTO 成员的发言技巧。我发现，成员政府与民间组织在 WTO 认知上有差距。我见到韩国农民在会场近前坚毅的抗争精神，也对我国香港地区以法制对应韩国农民的抗争措施有了体会，发现中国参会者能力提高的同时，还存在不少的差距。

2011 年 6 月 27 日，在中国 WTO 研究会会长孙振宇带领下，我前往日内瓦参加“‘入世’十年：中国与全球贸易治理”的国际学术会议。29 日，与中国驻 WTO 代表团的易小准大使、官员李恩恒、孙会长、中国 WTO 研究会常务秘书长任以锋、对外经贸大学 WTO 研究院副院长屠新泉一起出席会议。参加会议的有 WTO 成员驻日内瓦的官员、学者和媒体。在会上，我做了“中国在 WTO 如何安身立命”的演讲。在一天的会议中，知悉参会大使、学者对中国“入世”十年的评估，对中国的期望和诉求，领略到美国谈判副代表庞克的开门见山、直率甚至有点蛮横的发言风格。会余，我与孙会长等走访 WTO 总干事、世界贸易与可持续发展中心总裁，现场观览 WTO 谈判大厅，与在联合国贸易与发展会议工作中方人员交谈，参加中国驻 WTO 代表团举行的“庆祝中国共产党成立九十周年，欢迎孙大使回家”的唱红歌、烧烤聚餐会。

我和任以锋在中方工作人员佟宪国引领下，出游法国边境小镇安纳西，观览关贸总协定 1949 年第二轮谈判的场地。

这些亲临活动丰富了我的见闻，对 WTO 活动有了感性认识，成为我游感杂文的基原。这种感性认识难以从书本、资料和其他参会者的介绍中体会到。

9.2.5 整体量化可望而不可即

在对 WTO 的研究中，我尽力用 WTO 和中国官方公布的统计数字进行分析。但在具体分析中，遇到数据难得的困境。

在世界经贸大数据上，国际组织公布的统计数据并不相同，需要通过统计合意，个人难以做到。我想深入分析中国“入世”后，净贸易条件和购买力贸易条件的变化，就找不到想要的数据。我指导一位博士生研究中国“入世”后两种贸易条件的变化，就是找不到想要的数据；付费从中国海关得到一些数据，也是残缺不全，只好作罢。在分析我国遇到的反倾销案件中，按“替代国”条款和非“替代国”条款进行的反倾销案件数字，我查不到；从部里相关部门，也找不到。我曾想就一件中国出口产品价格的构成，找出从原材料投入到最终价格各环节的所占比重，由于数据找不到，无法进行，只好作罢。

9.2.6 中国对 WTO 的认识尚待提高

我认为，中国经过漫长谈判接受的 WTO 规则，是中国对外开放走上世界舞台的一笔巨大而宝贵的财富，应该敬畏和珍惜，并通过恪守 WTO 规则，使知法、守法和护法成为中国社会的常态。但我为几种现象感到不安。

第一，中国社会尚未全面肯定中国“入世”的巨大成就。一些公知、知名学者、教授以外加式的方法，以自己的学识去理解和评论 WTO，归结中国“入世”后的得失。在未知原委的情况下，他们中的某些人，对 WTO 成员对中国的贸易投诉或其他行为义愤填膺，用情绪化的语言上纲上线，出现误导，造成社会不安。

有的学者忽视中国主动提出“复关”“入世”的历史背景，认为中国以主权身份谈判而成的《中国入世议定书》带有“城下之盟”的性质。

而长期研究中美经贸关系的美国学者傅瑞伟（Charles W. Freeman）在其《商业和经济关系》一文中，竟然指出：“时至今日，很多中国人认为‘入世’的失大于得。”这种归结与我研究的结论相反。但他长期从事与中国“入世”有关的工作与研究，这种断言绝非即兴而出，也让我陷入深思。

第二，离开规则判断中国与 WTO 成员贸易争端的是非。随着中国经贸的大发展，WTO 成员对中国产品主动发起的投诉增多。2019 年前，全球 35%的反倾销调查和 71%的反补贴调查是针对中国的出口产品的。每当投诉出现，中国相当多的舆论与媒体似乎都认为这是歧视中国、搞贸易保护主义，对其予以谴责。他们不是按照 WTO 规则判断贸易争端的是非，不认真检查落后的贸易竞争方式、滞后的技术标准和违背 WTO 补贴规则的补贴行为，不分析中国本身产生贸易争端的诱因。

第三，在 WTO 规则理解上自以为是。世界已进入规则较量的时代，中国接受国际规则的结构性、严密性成为运用规则的基础。以此而言，《中国入世议定书》和中国工作组的报告书整体完好但细微不足，存在一些模糊和漏洞。如在《中国入世议定书》第

15 条的解释上，相当多的认知是把“替代国”价格条款的按期终止与取得市场经济地位等同起来，盲目乐观。因忽视该条款有关补贴条款中，中国市场经济地位要由进口 WTO 成员以国内法证实来确认的内容，又出现被动。

9.3 鸣谢

在我对 GATT/WTO 研究与践行的历程中，如下研究环境和条件令我铭记，特表谢意。

9.3.1 党的教导

我 1957 年加入中国共产党。在党的教育下，我不忘入党初心，牢记“留校后当个好老师”的使命。

在党 60 多年的教育下，我在教学、研究和社会活动中，一贯自觉遵循党的教育方针，坚持马克思主义的研究方法，以饱满的家国情怀从事国际贸易和世贸组织的教学、研究和社会活动。为此，不断得到各级教学名师、优秀党员称号的鼓励。2007 年我退休后，是退而不休，拓展教研领域，坚持社会活动，主编我校过世名师教学研究的文集，做好传承。

党的十八大以后，在以习近平同志为核心的党中央领导下，我国开启了全面建设社会主义现代化的进程，更加需要德智体美劳全面发展的社会主义建设者和接班人。

中国教育是此项光荣任务的承担者，教师是教育工作的中坚力量。大学教师对学生肩负着传授知识、培养能力、塑造正确人生观的职责，要坚定信念，自觉做中国特色社会主义的坚定信仰者和忠实实践者。

为助对外经济贸易大学此项光荣任务的完成，我开始“文萃”丛书的撰写，梳理我在贸大从事教学、研究和社会活动的历程。为庆祝中国共产党成立 100 周年，从 2020 年 12 月到 2021 年 4 月初，我以行书书写毛泽东诗词 63 首，意为年轻教师、党员留下一些启示，坚定完成上述职责的信心。

庆祝中国共产党成立一百周年《薛荣久行书毛泽东诗词六十三首》画册封面

9.3.2 得到支持和鼓励

在我从事 GATT/WTO 的研究与践行中，一直受到各级领导，我的先辈、老师、同事，境内外、国内外朋友，学友和学生的鼓励和支持。在撰写此书中，他们的音容笑貌不时显现在我的脑海中，激励我不断求进。恕我不一一列出他们的名字。

其中，我要特别鸣谢对外经济贸易大学、国际经贸学院历届领导，中国 WTO 研究会历届会长、副会长、秘书长、办公室主任，中国 WTO 年鉴各位主编和同事。

9.3.3 助手得力

从 21 世纪初，杨凤鸣博士一直担任我的助手。她在做好中国 WTO 研究会工作的同时，不辞辛苦，帮我谋划，收集资料，购买图书，协助我著述，编辑校审文集，对外联系参会，助我外出参会后的游览，组织教师节活动及庆祝我从教 55 周年的活动等。

9.3.4 家庭鼎力支持

我有个温馨幸福的家庭。我和老伴王秋莲 1961 年结婚。她先在工厂，后在全国政协工作。她勤俭持家，培育子女，关心国内外大事，与亲友和睦相处，待我的学生如亲人。我们都已进入“80 后”，相濡以沫，成为“老”老人。我的儿子、儿媳孝顺，孙子、孙媳事业上进、外孙女学业有成。

我们赶上好时代，心态良好，虽老而健，可以继续“折腾”。良好的家庭环境成为我笔耕的可靠基地。

附录

我国“入世”20周年：作为、效益、挑战与应对

中国世界贸易组织研究会副会长　对外经济贸易大学教授　薛荣久

前　言

从1986年到2001年，中国经历“复关”到“入世”的艰辛和漫长的谈判，2001年12月11日，中国正式加入世界贸易组织（WTO），成为第143个成员。“入世”标志着我国改革开放进入新的历史阶段，是我国近代史世上具有历史意义的大事——具有里程碑的意义。本文在回顾“入世”20年历程的基础上，总结我国“入世”后的作为、产生的巨大效益，预示“入世”20年后面临的挑战，就我国的应对之策提出建议。

一、我国加入WTO接受规则的依据

我国“入世”，按WTO文件《中华人民共和国加入的决定》《中华人民共和国加入议定书》和《中国加入工作组报告书》，接受WTO原有规则和针对我国附加的具体规则。它们构成我国“入世”后，与原有成员都要遵守的权利和履行的义务。附加的具体规则在“入世”15年后中止。此后，我国与已有成员按原有规则享受权利、履行义务。“入世”15年中，我国享受的权利与应尽的义务主要如下。

（一）我国享受的权利

全面参与多边贸易体制活动；享受非歧视待遇；获得发展中国家大部分权利；获得市场开放和法规修改的过渡期；保留国营贸易；保留对重要商品的进口继续实行国营贸易管理的权利；对国内产业提供必要的支持；维持国家定价；征收出口税的权利；对进出口商品进行法定检验；有条件、有步骤地开放服务贸易领域并进行管理和审批。

（二）我国应尽的基本义务

贸易政策统一实施；确保贸易政策透明度；公布执行的所有涉外经贸法律和部门规章，未经公布的不予执行；逐步放开外贸经营权；逐步取消非关税措施；不再实行出口补贴；实施《与贸易有关的投资措施协议》；以折中方式处理反倾销反补贴条款可比价格；接受特殊保障条款；10年内接受过渡性审议。

二、“入世”后，我国切实履行“入世”承诺

“入世”后，我国在充分享受权利的同时，根据“有约必守”的优良传统，切实履行我国承诺的义务。

（一）完善与 WTO 接轨的经贸法律体系

“入世”后，我国广泛开展 WTO 规则宣传教育，培养市场意识、竞争意识、规则意识、法制观念。不断健全社会主义市场经济法律体系。构建符合多边贸易规则的法律体系。大规模开展法律法规清理、修订工作，中央政府清理法律法规和部门规章 2 300 多件，地方政府清理地方性政策法规 19 万多件，覆盖贸易、投资和知识产权保护等各个方面。2014 年，制定进一步加强贸易政策合规工作的政策文件，要求地方政府在拟定贸易政策的过程中，对照 WTO 协定及我国加入承诺进行合规性评估。2016 年，建立规范性文件合法性审查机制，进一步清理规范性文件，增强公共政策制定透明度和公众参与度。

（二）履行货物贸易领域开放承诺

大幅降低进口关税。截至 2010 年，我国货物降税承诺全部履行完毕。总关税水平由 2001 年的 15.3%降至 9.8%。其中，工业品平均税由 11.8%降至 8.9%；农产品平均关税率由 23.2%降至 15.2%，约为世界农产品平均关税水平的 1/4，远低于发展中成员 56%和发达成员 39%的平均关税水平。农产品的最高约束关税为 65%，而美国、欧盟、日本分别为 440%、408%和 106%。

显著削减非关税壁垒。减少不必要的贸易限制。截至 2005 年 1 月，我国已按加入承诺全部取消了进口配额、进口许可证和特定招标等非关税措施，涉及汽车、机电产品、天然橡胶等 424 个税号产品；对小麦、玉米、大米、食糖、棉花、羊毛、毛条和化肥等关系国计民生的大宗商品实行关税配额管理。

全面放开外贸经营权。自 2004 年 7 月起，我国对企业的外贸经营权由审批制改为备案登记制，极大地释放了民营企业的外贸活力，民营企业进出口发展迅速，份额继续扩大，成为对外贸易的重要经营主体。民营企业和外商投资进出口占全国进出口总额的比重，由 2001 年的 57.5%上升到 2019 年的 82.6%。2019 年，作为第一大出口经营主体的民营企业出口占比达 42.7%。

（三）履行服务贸易领域开放承诺

在 WTO 分类的 12 个大类服务部门的 160 个分部门中，我国承诺开放 9 个大类的 100 个分部门，接近发达成员平均承诺开放 104 个分部门的水平。截至 2007 年，我国服务领域开放承诺已全部履行完毕。

持续减少限制措施，逐步降低服务领域外资进入门槛，按期取消服务领域的地域和数量限制，不断扩大允许外资从事服务领域的业务范围。其中，在快递、银行、财产保险等 54 个服务分部门允许设立外商独资企业，在计算机、环境等 23 个分部门允许外资控股，在电信、铁路运输、旅游等 80 个分部门给予国民待遇。2010 年，我国服务业吸引外资直接投资额超过制造业。2019 年，吸引外资直接投资额占比超过 70%。

（四）履行知识产权保护承诺

逐步建立健全知识产权法律法规，与多个成员建立知识产权工作机制，积极吸收借鉴国际先进立法经验，构建起符合 WTO 规则和我国国情的知识产权法律体系。修订《商标法》，增加惩罚性赔偿制度；修订《反不正当竞争法》，进一步完善商业秘密的保护，同时，明确市场混淆行为，引入标识的概念，拓宽对标识的保护范围。加速推进《专利法》

《著作权法》等的修订。完善加大执法力量，在北京、上海、广州设立三家知识产权法院，在南京、苏州、武汉、西安等 15 个中级法院内设立专门审判机构，开展专利“护航”行动、打击网络侵权盗版“剑网”行动、出版物版权“扫黄打非”和“秋风”行动、打击侵权假冒的“网剑行动”“质检利剑”打假行动等专项行动，有效保护了知识产权。

知识产权保护效果明显。中国已经成长为知识产权大国。受益于完备的知识产权保护法律体系和执法水平的提高，根据世界知识产权组织的 2020 年《世界知识产权指标》，中国的申请量在世界知识产权多个指标居世界领先地位，尤其是专利申请数量已连续 9 年稳居第一。2019 年，专利申请数量为 140 万件，是专利申请第二大国美国的两倍以上。

（五）履行透明度义务

明确提供法律制度保障。《立法法》《行政法规制定程序条例》《规章制定程序条例》明确要求法律、行政法规和规章草案须按有关规定公开征求公众意见。全国人大常委会法工委定期出版《中华人民共和国法律》（英文版）。国务院法制机构定期出版《中华人民共和国涉外法规汇编》（中英对照），商务部在《中国对外经济贸易文告》中定期发布贸易政策。

全面履行 WTO 通报义务。我国按照要求，定期向 WTO 通报国内相关法律法规和具体措施的修订、调整和实施情况。截至 2018 年 1 月，我国提交的通报已达上千份，涉及中央和地方补贴政策、农业、技术法规、标准、合格评定程序、国营贸易、服务贸易、知识产权法律法规等诸多领域。2019—2020 年，我国向 WTO 最新通报了 400 多项补贴措施，也第一次通报了地方补贴情况。

三、恪守 WTO 规则赢得巨大效益

（一）我国政府职能加速转变，运用规则能力提高

“入世”后，我国对 WTO 规则经历三个阶段。第一阶段，抓紧学习与适应规则。我国从上到下掀起 WTO 规则普及学习与研究热潮。第二阶段，学有所成、尝试运用规则阶段。我国政府主管部门对 WTO 规则基本掌握，尝试运用 WTO 争端解决机制，解决与其他成员的贸易纠纷，维护本国正当贸易权益。第三阶段，构建与 WTO 规则接轨的经贸规则；建立起符合 WTO 原则和市场经济总体要求的统一、公正、透明的经济法律体系，为中国特色社会主义市场经济体制不断完善和可持续发展提供了坚实的法律基础。

“入世”后，在商务部主导下，建立起“四体联动”的诉讼机制。该机制以下述方式运作。第一，商务部条法司，作为应对贸易案件的核心团队，专门建立一个 WTO 法律处。第二，如果案件涉及发改委、工信部、财政部、海关、农业部等，这些部门都要派出熟悉各自领域政策和法规的代表参加案件的处理。第三，在处理案件和出庭辩论时，邀请专业律师和擅于从事 WTO 案件的外国律师参加。它们组成一个应对的诉讼团队，分工合作。随着“四体联动”应对诉讼机制的建立与发展，我国企业主动应诉的意识在提高，运用规则的意识和能力在提升。律师队伍快速成长，建立了知识产权专业法院和知识产权专业法庭，执法能力接近国际水平。

（二）我国企业在应对竞争中新生

以汽车产业为例。“入世”前，我国汽车产业在行业规模、产品质量、技术水平、研发能力、成品价格和品牌等方面，远远落后于发达成员。“入世”后，我国严格履行加入承诺，在汽车领域大幅削减关税。2006 年 7 月 1 日过渡期结束后，整车最高关税税率从“入世”前的 100%降至 25%。2018 年起，中国又将税率分别为 25%、20%的汽车整车关税降至 15%，同时，取消了新能源汽车外资股比限制。

“入世”初期，我国汽车工业深受价格冲击，贸易逆差加大。以排气量在 1.5L 至 3L 的乘用车为例，2001—2017 年，进口额从 8.9 亿美元增至 379.1 亿美元，年均增长 26.4%；贸易逆差由 8.7 亿美元增至 343.5 亿美元。

面对压力，我国汽车产业主动适应开放要求，进行大规模资产重组，不断对外开放市场。通过激烈竞争，逐步提升技术、管理、服务能力，竞争力逐步提高，扭亏为盈，国内市场恢复，国外市场不断扩大。国际竞争力明显提升。2001 年“入世”之初，中国汽车产量不过 234 万辆。2020 年，虽受疫情影响，全年销量仍达到 2 531.1 万辆，连续 12 年蝉联全球第一，占全球总产量的 36%。

经过锤炼，我国国有企业尽快改革，民营企业兴起，与三资企业并存。

（三）经受住 2008 年国际金融危机冲击

2008 年，爆发国际金融危机，金融业规模严重收缩，世界贸易和投资受到重创。随之，各国经济出现负增长。对我国的贸易保护主义行为呈上扬趋势，我国外贸环境恶化。为应对危机，2008 年 11 月，我国政府出台了进一步扩大内需、促进经济平稳较快增长的 10 项措施，恢复了市场信心；同时，借助 WTO 规则的保障，抑制危机的加深，经济首先出现复苏。

（四）成为世界经贸、投资大国

中国已经是世界第一大货物贸易国，货物贸易出口额由 2001 年的 2.2 万亿元增长至 2020 年 17.9 万亿元，增长了 7 倍，占世界的比重由 4.3%增长至 14.7%。中国服务贸易居世界第二位，服务出口额由 2001 年的 3 243 亿元增长至 2020 年的 1.9 万亿元，增长了 5 倍。中国利用外资规模持续扩大，2001—2020 年增长了 1.7 倍，占世界比重增长至 15%，连续 29 年居发展中国家首位。中国对外直接投资实现跨越式发展，由 2001 年的 570 亿元增长至 2020 年的 1 万亿元，增长了 18 倍，从世界第 26 位上升到第一位。

（五）成为外汇储备大国，人民币“入篮”

“入世”后，我国经常项目和资本金融项目持续出现巨额顺差，积累了超过 3 万亿美元的外汇储备。

2015 年，国际货币基金组织（IMF）认定人民币为“可自由使用货币”。2016 年 10 月 1 日，人民币正式加入国际货币基金组织特别提款权货币篮子。在其时生效的新的货币篮子中，人民币所占比重提高到 10.92%，欧元下调至 30.92%，英镑下调至 8.09%，日元下降至 8.33%，美元微降至 41.73%。

由此，人民币的国际化顺利推进。它为我国以本币进行贸易、投资等国际经贸活动，为获取更大的经济效益、推动资本市场的开放，以及为经济发展获得了更多的外部资金。

（六）成为世界第二大经济体

我国已经成为世界第二大经济体，经济总量由 2001 年的 11.1 万亿元增长至 2020 年的 101.6 亿元，增长了 8 倍，占世界比重由 4%增长至 17.4%。2020 年，中国也是全球唯一实现正增长的主要经济体。人民生活水平显著提高，人均 GDP 从 2001 年的 8 717 元增长至 2020 年的 7.2 万元，增长了 7 倍；物质极大丰富，社会消费品零售总额从 4.2 万亿元增长至 39.2 万亿元，增长了 8 倍。就联合国人类发展指数看，我国由 2001 年的 0.596 增长至 2019 年的 0.761，超过世界平均水平（0.737）。

（七）研发能力提高，数字经济快速发展

“入世”后，完备的知识产权保护法律体系和执法水平的提高，助力创新型国家建设。我国创新能力在世界排名从 2015 年 29 位升至 2021 年的 12 位。我国数字经济飞速发展。2016 年，我国数字经济规模总量达到 22.58 万亿元，跃居世界第二位。联合国教科文组织在 2021 年 5 月发布的《科学报告：智能化发展的时速竞争》中指出，2014—2018 年，我国在空间技术、超级计算、尖端战略技术、金融科技等领域取得重大进展。

（八）提升国际分工格局

“入世”后，我国产业充分发挥比较优势，激活后发优势，开始全面、整体和深度参与国际分工，逐步成为国际分工的中心国家；通过“一带一路”建设加强区域性的国际分工，构建国际性的产能分工。

在全球价值链中，我国从“俘获型”转向自主型。在世界知识产权组织发布的《2017 年世界知识产权报告：全球价值链中的无形资本》中显示，我国在全球制造业创造的价值链中，提供的高技术附加值产品和服务稳步增加，企业正逐步向价值链的上游靠拢，成为高技术附加值的上游生产商。

（九）理念提升，非物质遗产走向世界

“入世”后，对外开放、WTO 规则、自由贸易、可持续发展，经济全球化等理念提升；企业文化兴起、良好的企业家精神逐步建立；非物质遗产，如汉语、中医和中药、茶文化、陶瓷文化、饮食文化、戏剧文化、儒家思想、和合文化、工艺美术等走向世界，逐步被世界接受。

（十）自信加强，国际地位提高

国人对“入世”，从惊呼“狼来了”到“与狼共舞”，从惶恐到泰然；通过“入世”后的开放加大和跨越式发展，国民对我国政治、经济体制和文化自信增强；尽力捍卫多边贸易体制，成为 WTO 中的核心成员。在国际事务中，我国从仰视到平视，成为有作为的大国，赢得多个国际组织成员的赞誉。

四、增强在 WTO 作用，加大对世界发展贡献

（一）增强在 WTO 中的作为

1. 积极推进贸易投资自由化、便利化

我国全面参与多哈回合各项议题谈判，提出和联署谈判建议百份以上，推动贸易便利化、农产出口竞争等多项议题达成协议。2015 年，我国成为接受《贸易便利化协定》议定书的第 16 个成员。2016 年，在我国担任二十国集团主席国期间，推动多国完成《贸

易便利化协定》的国内批准程序，为协定早日生效作出了积极贡献。

我国积极推动诸边贸易自由化进程，积极参与诸边自由化倡议，并为谈判作出了重要贡献。我国“入世”时参加了《信息技术协定》，在此基础上深入参与该协定扩围谈判，推动各方取消 201 项信息技术产品的关税达成协议。我国是《环境产品协定》谈判的发起方之一，始终以积极建设性态度参与磋商，在二十国集团领导人杭州峰会期间，推动谈判达成重要共识。我国于 2007 年启动加入《政府采购协定》，为加入该协定作出了积极努力。

我国努力促进 WTO 新议题讨论，推动 WTO 积极回应投资便利化、中小微企业、电子商务等 WTO 成员普遍关注的新议题并开展相关讨论。发起成立“投资便利化之友”，引导多个成员达成《关于投资便利化的部长联合声明》，加入“中小微企业之友”，推介我国在 WTO 相关提案中关于支持中小微企业的内容。加入“电子商务发展之友”，积极推动 WTO 电子商务议题多边讨论，分享经验做法。帮助发展中成员从发展电子商务中受益。

我国切实履行《贸易便利化协定》，组建了贸易便利化委员会，各有关部门通力合作，提高贸易便利化水平。截至 2017 年，各省、自治区、直辖市已经建立了贸易便利化工作联席会议，积极做好本地区贸易便利化相关工作。在履行该协定方面，我国的 A 类措施（协定生效后立即实施）所占比重达到 91.5%，目前仅保留 4 项 B 类措施（协定生效后经过一定过渡期后实施）。我国将严格履行承诺，在 3 年过渡期后，如期实施 B 类措施。

2. 有效维护争端解决机制法律地位

我国积极参与改革争端解决程序的谈判，支持 WTO 上诉机构独立、公正开展工作。针对个别 WTO 成员阻挠上诉机构成员遴选，中国与欧盟等诸多成员联署提案，推动尽快启动上诉机构遴选程序；推动未果后，中国、欧盟和其他 10 多个世贸组织成员建立多边上诉仲裁机制，设立了上诉仲裁机制和仲裁员库。

我国妥善处理与其他成员的贸易纠纷。截至 2021 年 10 月，我国在世贸组织起诉案件 22 起，被诉案件 47 起，作为第三方参与 190 起。我国通过主动起诉，遏制了少数 WTO 成员的不公正做法，维护了自身贸易利益和 WTO 规则权威。我国积极应对被诉案件，尊重并认真执行 WTO 裁决，作出了符合 WTO 规则的调整，无一例被起诉方申请报复的情况。

3. 深度参与贸易政策审议

我国高度重视贸易政策审议，已接受 8 次正常审议。我国始终以开放坦诚的姿态，介绍宏观经济和贸易投资政策发展情况。听取其他成员对我国改革开放的意见和建议。WTO 成员赞赏我国参与审议的态度，认为我国履约、合规、开放的良好形象为发挥审议机制作用树立了典范。

我国敦促其他成员遵守多边贸易协定，已对其他成员审议 300 多次，向其提交书面问题和贸易关注数千项，敦促其遵守 WTO 规则。

4. 全力支持发展我国家融入多边贸易体制

我国作为世界上最大的发展中国家，对发展中成员在参与全球价值链分工、参与国际经贸治理等方面面临的困难表示关切，努力推动贸易作为实现 2030 年可持续发展议程作出积极贡献。

我国向其他发展中成员提供务实的支持，加大对最不发达成员援助力度。我国积极参与 WTO 在基础设施、公共建设、社会福利设施、农业、医疗卫生、教育等部门的援助计划。在 WTO 设立最不发达国家计划后，我国是第一个捐助的成员。2011 年，我国设立“最不发达国家及加入世贸组织中国项目”。我国为最不发达成员提供免税免配额市场准入。从 2017 年起，我国在南南合作援助基金项目下，与 WTO 等国际组织加强合作，在“促贸援助”领域实施合作项目，帮助发展中成员提高从全球价值链中获利的能力。

5. 坚决反对单边主义和保护主义

单边主义和保护主义与 WTO 基本原则背道而驰。在 WTO 内，我国旗帜鲜明地反对单边主义和保护主义，支持 WTO 的开放、透明、包容、非歧视等基本原则。

我国倡导自由贸易，强调通过加强合作、平等对话和协商谈判来解决国际贸易中的问题。通过主办亚太经合组织第二十二次领导人非正式会议、二十国集团领导人杭州峰会、金砖国家领导人第九次会晤等，加强协商、推动将反对贸易保护主义写入会议成果文件。我国领导人出席“一带一路”国际合作高峰论坛、博鳌亚洲论坛、世界经济论坛等多边会议期间，多次阐明支持多边贸易体制，推动建设开放型世界经济的坚定立场。

（二）对世界贡献增多

“入世”后，我国改革开放和经济发展进入加速期，取得跨越式发展。在互利共赢基础上，我国积极促进世界经贸发展、增加全球民众福祉，成为世界经济的主要稳定器和动力源。

1. 我国对世界经济增长、脱贫贡献率加大

2020 年，我国 GDP 占世界的比重达到 17.4%，较 2001 年提高 13.4 个百分点。自 2002 年以来，我国对世界经济增长的平均贡献率接近 30%。我国新型工业化、信息化、城镇化、农业现代化加快推进，形成巨大的消费和投资空间，为全球创造了更多就业。

我国的快速发展为全球减贫事业作出了重大贡献。“入世”后，我国人民生活从物质短缺走向充裕，从贫困走向小康，为现行联合国标准下的 7 亿多贫困人口成功脱贫，占同期全球减贫人口总数的 70%以上。

2. 对外贸易发展惠及全球

“入世”以后，世界许多国家分享到我国的发展红利，被称为“中国特需”。我国出口大量价廉物美的产品，事实上提高了各国消费者的购买力。我国已经是 120 多个国家和地区的最大贸易伙伴。

我国不仅成长为世界第一大出口国，而且还是第二大进口国，为世界提供了巨大的市场。我国的货物贸易进口由 2001 年的 2.01 万亿元增长到 2020 年的 14.22 万亿元，增长了 6 倍，占世界比重从 3.8%增长至 11.5%，进口增量占世界的 15.9%。我国还向 42 个是最不发达国家 97%的税目提供免关税待遇，成为最不发达国家最大出口市场，吸收了最不发达国家25%的出口。我国是世界第二大服务进口国，服务进口额由2001年的3 251 亿元增长至 2020 年的 2.63 万亿元，增长了 7 倍。我国还通过中国国际进口博览会——迄

今为止世界上第一个以进口为主题的国家级展会，主动向世界开放市场，以扩大进口。

3. 双向投资造福世界各国

“入世”后，我国大力改善外商投资环境；积极吸引外国机构和个人来华投资兴业，外商直接投资规模从 2001 年的 468.8 亿美元增加到 2017 年的 1 363.2 亿美元，年均增长 6.9%。外商投资企业在提升我国经济增长质量和效益的同时，分享我国经济发展红利。中国美国商会《2018 年中国商务环境调查报告》显示，约 60%的受访企业将我国列为全球三大投资目的地之一，74%的会员企业计划于 2018 年扩大在华投资。这一比例为近年来最高，其中，1/3 的受访企业计划增加在华投资 10%以上。中国欧盟商会《商业信心调查 2018》报告显示，超过一半的会员企业计划扩大在华运营规模。2017 年，我国新设立外商投资企业 35 652 家。同比增长 27.8%。

我国对外投资合作持续健康规范发展，对外直接投资年度流量全球排名，从“入世”时第 26 位上升至 2020 年的首位。我国对外投资合作加快了东道国当地技术进步，助其经济发展和民生改善，创造了大量就业机会。

（三）主动加大对外开放举措

1. 共建“一带一路”，从倡议到实施

2013 年“一带一路”倡议提出以来，已有 60 多个国家和国际组织同我国签署了合作协议。2013—2020 年，我国同沿线国家贸易总额累计超过 9 万亿美元，我国企业在这些国家累计投资超过 1 400 亿美元，累计承包工程完成营业额累计约 6 400 亿美元，沿线国家在华实际投资额累计约 600 亿美元。自 2018 年起的 3 年内，我国计划向参与“一带一路”建设的发展中国家和国际组织提供 600 亿元人民币援助，建设更多的民生项目。

2. 下调进口关税，扩大进口

我国多次以暂定税率方式大幅度自主降低进口关税税率。根据 WTO 统计，当前，我国的贸易加权平均关税已降至 3.4%，与美国、欧盟等发达经济体相差约 1 个百分点。2018 年 11 月 1 日，我国降低了 1 585 个税目工业品等商品的进口关税税率，关税总水平由 9.8%下降至 7.5%。改革口岸管理体制，进一步缩减各环节成本。

3. 改善外商投资环境，规范我国海外企业行为

对外商投资实行准入前国民待遇加负面清单管理模式，简化外资准入管理程序，进一步大幅度放宽金融业、服务业开放。2018 年，取消船舶、飞机制造业、汽车专用车、新能源汽车外资股比限制，5 年内逐步取消汽车行业的全部股比限制。加快制定出台《外商投资法》，保障投资者的正当权益。

与此同时，我国政府规范我国企业在海外守法经营、履行企业社会责任，按照商业原则和国际惯例开展对外投资合作。

4. 举办中国国际进口博览会

中国国际进口博览会是我国发起的，多个国际组织和 100 多个国家参与的国际博览会。首届中国国际进口博览会于 2018 年 11 月举行；连续 4 年，如期举办。中国国际进口博览会将为各国出口提供新机遇，为各国共享我国发展红利搭建新平台，为世界经济增长注入新动力。

5. 高标准构建面向全球的高标准自由贸易区网络

多边贸易体制和区域贸易安排是驱动经济全球化前行和发展的两个轮子。我国在维护多边贸易体制的同时，推动自由贸易区建设。

截至 2021 年，我国已与 26 个国家和地区签署 19 个自贸协定，与自贸伙伴的贸易额占比由此前的 27%扩大到 35%左右。已签署的自贸协定中，零关税覆盖的产品范围基本超过 90%，承诺开放的服务部门已从加入 WTO 时的 100 个增至近 120 个。

我国签署并实施《区域全面经济伙伴关系协定》，正式提出申请加入《全面与进步太平洋关系协定》（CPTPP）和《数字经济伙伴关系协定》（DEPA），加快亚太自贸区和东亚经济共同体建设，构建立足周边、辐射“一带一路”、面向全球的高标准自由贸易区网络。

五、“入世”20 年面临的挑战

（一）外部压力增大

1. 逆经济全球化动向和舆论出现

经历 2008 年全球性的金融危机冲击后，各国经济复苏乏力，加之经济全球化获益的不均衡和新兴产业的出现，导致很多国家出现政治/经济/社会压力增大、中产阶级受到削弱、传统产业危机加重的状况。而地缘政治的加强、气候变化的加重、生态环境的恶化、贫富分化的加剧、恐怖主义蔓延和大量难民的出现以及民粹主义思潮和逆全球化潮流等，使社会动荡加剧。

在美国、英国以及欧洲大陆的工业区，人们对经济全球化，对外开放和自由贸易的态度转向消极。一些知名学者非议经济全球化，抵制自由贸易。

为了缓解这些压力，WTO 成员尤其是发达成员采取各种形式的贸易和投资保护措施。为了监测贸易限制措施，WTO 自 2009 年 9 月起，联合贸发会议及经合组织就 G20 采取的贸易限制措施已经连续发布了 25 份监测报告。

2. 新冠肺炎疫情成为世界变局的最大变数

2020 年的新冠肺炎疫情延续到 2021 年，超出预期。在其影响下，世界经济总体将呈现“四负”和“四高”的景象。

“四负”是负增长、负利率、负效益和负能量。

2020 年以来，国际组织共同判断全球经济进入第二次世界大战以来最严重的大衰退，90%以上的经济体进入负增长。2020 年，我国是唯一一个实现正增长的主要经济体。2020 年 3 月 13 日，美国实行无限量宽松货币政策，美元利率首次降为零以后，当月就有 35 个国家跟进。全球实行零利率、负利率的国家已超过 40 个。全球 2019 年国债负收益总额达到 17 万亿美元。2020 年，全球负收益率的中长期国债达到 18 万亿美元，占全球政府债的比重高达 25%。负能量是指一些国家和政客出于私利，加大单边主义、保护主义、民粹主义以及极端的保守主义，利用意识形态拉帮结派，不能合力应对疫情和气候变化带来的自然灾害。

“四高”是指高债务、高杠杆、高强制刺激和高风险。

国际金融协会数据显示，全球债务总额从 2018 年 188 万亿美元增加到 2020 年的 281

万亿美元，占全球 GDP 比重从 226%提高到 365%以上。全球杠杆率已接近第二次世界大战时的水平。为应对疫情，发达国家纷纷推出超级经济刺激计划，货币政策达到前所未有的宽松程度。IMF 2020 年 10 月的数据显示，全球主要国家用财政政策刺激经济和纾困，已投放 12 万亿美元。如将财政政策货币化，政府财政债务将陷入无底洞，风险将无法锁定。

此外，疫情使公共卫生和粮食风险加重。联合国粮食及农业组织（FAO）多次警告，2021 年出现粮食短缺危机，近 8 亿人陷入饥饿困境。

这种态势势必影响我国经济健康稳定地发展，危及我国的安全。

3. 以美国为首的发达成员非议纠缠我国

以美国为首的发达成员面对我国跨越式发展，表现出焦灼和怯阵。美国带头通过各种途径来压制、围堵和削弱我国的发展。

（1）拒不执行反倾销“替代国”价格中止义务。按《中国入世议定书》第 15 条，所有成员到 2016 年，无论如何都要中止对我国反倾销实施的“替代国”价格的条款，但美国等发达成员以我国仍是“非市场经济国家”为借口，拒不履约。

（2）非议我国切实履行“入世”承诺。美国贸易代表办公室向国会提交的《中国履行 WTO 承诺年度报告》，妄议我国没有完全履行“入世”承诺。

（3）特朗普政府对我国不断发难。2016 年后的美国第 45 任总统特朗普，2018 年 3 月宣布对从我国进口的 500 亿美元商品加征 600 亿美元的关税，对我国企业实施经济制裁，限制我国企业在美国的投资。在特朗普的 4 年任期内，由美国挑起的中美贸易摩擦频繁发生，经济冲突加重。

（4）利用 WTO 制约我国。2018 年，WTO 开始新一轮改革。2019 年，改革围绕若干议题展开。2020 年，因疫情冲击，原有改革内容增加。值得注意的是，以美国为首的发达成员力图左右 WTO 改革内容和方向，将改革矛头指向我国。

第一，给我国“扣帽子”。在 2018 年以来的 WTO 总理事会等多个会议上，美国驻 WTO 代表不断攻击我国发展模式，给我国扣上“重商主义”和“与 WTO 不兼容”的帽子，坚称“中国事实上是世界上最具保护主义和重商主义的经济体”。在美国提交 WTO 的改革文件中，在国有企业、补贴、发展中成员身份、非市场导向等方面妄议和纠缠我国。

第二，联合欧盟等对付我国。时任美国总统拜登同欧盟冯德莱恩主席在 2021 年 6 月 15 日首脑会议后发表的联合声明第 22 段中声称：“我们打算合作努力实现有意义的 WTO 改革……，寻求更新 WTO 规则手册，对工业补贴、国有企业的不公平行为以及其他贸易和市场扭曲做法进行更加有效的约束。”

第三，孤立我国。美欧发达成员要将发展中成员由自定身份转为确定，带头向我国发展中成员身份发难，并列出发展中成员享受特殊和差别待遇标准且单边实施。已有的发展中成员出现分化，巴西、韩国自我宣布不再是发展中国家成员。

整体而言，在 WTO 改革上，以美国为首的发达成员处于守成地位，其所谓改革内容具有一定的迷惑力。

（二）内部压力增大

1. 我国经贸发展不平衡

（1）货物贸易条件指数逆向

“入世”后，我国货物贸易价格条件指数与购买力贸易条件指数逆向发展。如以2000年为100，我国货物贸易价格条件指数（出口价格指数与进口价格指数之比）从2002年的92.1降低到2011年的79，2020年又提高至91.6；同期，购买力贸易条件（出口价格指数与出口数量指数相乘）从127.7提高到444.2和735.7。它表明我国货物贸易发展不是靠质量、平价，而是依托低价出口支撑，导致我国贸易实际效益下降、环境透支并引发倾销投诉增多。

（2）货物贸易与服务贸易差额反向

我国货物贸易顺差从2001年的225.4亿美元提高到2011年的1 549.0亿美元和2020年的5 330亿美元，而服务贸易逆差从2000年的56亿美元增加到2011年的468亿美元和2020年的1 004亿美元（受疫情影响，2019年为2 175亿美元）。

（3）高科技产品依靠进口

据《2016—2017年中国互联网发展年度报告》，我国传感器新产品约60%来自进口，微机电系统传感器几乎全部来自进口，核心芯片约80%依靠进口。

（4）对外贸易依存度偏高

贸易依存度是指贸易额占GDP比重，可由总出口和总进口表示。2000—2015年，我国货物出口额占GDP比重在20%以上，2020年降到17.7%，仍然高于经贸大国美国、日本的比重，表明我国国内市场发育程度不足。

（5）大而不强

我国已成为贸易大国，货物贸易居世界第一，服务贸易居世界第二，但不是强国。贸易强国一般指外贸规模居世界前列、国际竞争力强、外贸质量效益好，在国际市场拥有重要产品定价和经贸规则制定的话语权乃至主导权。与之相比，我国仍有较大的差距和不足。

2. 制约经济发展的因素加重

（1）我国环境和资源的承载能力不足

我国原油、铁矿砂等重要资源的对外依存度已超过70%；人均水资源量于2019年仅为世界平均水平的1/4；尚需坚持最严格的耕地保护制度；大气、土地、水污染等问题仍然严重；庞大的生产和生活垃圾不断增多；对有限的资源浪费严重。

（2）人口老龄化问题加剧

由于“少子化”和人口预期寿命的不断提高，我国正在以较快的速度逼近“老龄社会”。我国是当今世界老年人数最多的国家，2019年底，已有60岁以上老年人口2.54亿，预计2025年将突破3亿，2033年将突破4亿，2053年将达到4.87亿的峰值。其结果带来两大冲击：一是对薄弱养老保障体系的冲击；二是劳动力供给加紧，削弱经济社会发展的潜力。

（3）发展不平衡，收入差距依然较大

“十三五”末期，我国城市、区域等人均GDP差距仍然较大。2019年，我国居民收入基尼系数为0.465，仍处于0.4的国际警戒线之上，城乡、区域、不同群体收入差距较大问题仍客观存在。我国中等收入群体虽已达到4亿以上、占总人口的30%，但由于多种原因，不少人员或家庭易滑出中等收入群体，跌入低收入群体之中。

（4）地方债务负担过重

“入世”后，在地方政府的积极努力推动下，我国经济社会发展以年均9%的速度增长，但存在较大规模的债务。到2019年末，全国地方政府债务余额已达到21.3万亿元人民币，相当于当年地方一般公共预算本级收入的2倍多。如加上隐性债务就更多。

3. 与WTO规则深度融合尚存差距

（1）应对WTO规则向境内延伸缓慢

WTO 规则已向境内规则延伸。它们涉及境内知识产权制度的加强，竞争政策、投资、环保、劳动力市场管制，以及消费者保护、资本流动、财政支持、税收等。我国主动改革进展较慢。

发达国家主导的自贸协定，把贸易规则覆盖的领域从海关等边境规则扩展到境内的竞争政策、劳工标准、国有企业、政府采购等规则。我国在现有的双边、多边自贸区的构建上，多关注发展，对边境后的规则改革关注较少。

（2）市场准入度滞后于经贸地位

我国关于外资准入的负面清单管理制度于2016年扩展至全国。但关于跨境服务贸易的负面清单正在尝试推出自贸区版。

市场营商环境仍待改善。根据世界银行发布的《营商环境报告》，2018和2019年，我国连续两年被评选为全球营商环境改善幅度最大的经济体之一。我国位列第31位，仍然有较大的改进空间。

《政府采购协议》仍未进入。因在门槛金额、实体与服务涵容方面与谈判对方要求的距离较大，至今尚未结束加入谈判。

（3）国内经贸法规合规存在偏离

近年来，地方政府出台的4 000多件优惠文件中，大部分的税收优惠忽视WTO的《补贴与反补贴措施协议》中的补贴规定。WTO秘书处将补贴问题列为我国政策审议的重点。2010年时，我国就成为全球反补贴调查的最大目标国，全球70%以上的反补贴调查针对我国。1995—2020年，WTO成员共发起632起反补贴调查，其中针对我国的为189起，占比约为30%。

（4）运用规则应诉和抗诉合力不足

我国企业遇到倾销投诉时，运用规则应诉和抗诉合力不足。它导致三个负面结果：受到单面裁决；导致裁决被征收高的反倾销税；出现连锁反应，被迫退出市场。

4. 国内营商、社会环境存在短板

（1）市场法治环境存在薄弱环节

贝恩公司与中国美国商会联合发布的《2017年中国商务环境调查报告》显示，受访企业中半数认为，我国对内资和外资企业执行的政策不一致，整体的商务环境对经济增长不利。

（2）《反垄断法》执法不足

我国 2008 年实施《反垄断法》，在执法上存在以下问题：多头执法；调查取证难度大；配套法规缺失，对“相关市场”“市场集中度”等概念没有明确一致的量化标准等。

（3）社会风气不良

社会商业气息比较浓厚，优胜劣败，嫌贫爱富、暴富心理严重。商业贿赂、官商勾结、内幕交易、操纵股市、制假售假、骗贷骗汇、虚假宣传、非法传销、电信诈骗等现象屡禁不绝。

（4）资本无序扩张

“入世”后，因对资本作用缺乏正确认识，引发资本野蛮生长、盲目扩张、无规运行，导致供需失衡、恶性竞争加剧，偏离社会主义市场经济方向。

（5）企业家精神不足

郑永年教授在其《贸易与理性》一书中，指出我国一些从业者的缺点：离钱太近，离科学技术太远；离权力太近，离使命太远；离官员太近，离老百姓太远；离政治太近，离社会太远；在国际社会上，离“机会”太近，离“规则”太远。

由此，导致这些从业者在企业经营活动中基点不实。如以钱的数量来衡量自己的成功和企业的成功；大多数企业集中在几个最赚钱、能快赚钱的行业；“跟风”现象严重，哪个地方可以赚钱了，企业家就会蜂拥而至，造成恶性竞争；加工企业没有形成“中国制造”和“中国智造”；依靠市场的简单并且无限扩张而赚取微薄的利润，产品的附加值很低；多数企业经营者到了中年就成为简单的消费者，有了钱就进行大量个人消费，丢掉进取心。[①]

世界银行从 1999 年对海外企业违规者建立黑名单制度。凡被列入黑名单的企业将受到处罚，即几年、十几年甚至永远不得参与世界银行和其他国际银行项目。从 2009 年开始，我国企业出现在世界银行黑名单上，从 2011 和 2013 年的各为 4 个，增加到 2014 年的 9 个，再到 2015 年的 20 个；2017 年，被列入制裁名单的中国企业和个人为 53 个。

5. WTO 研究整体薄弱，办案律师不足

（1）研究人员资质参差不齐

WTO 规则涵盖货物贸易、服务贸易、与贸易有关的知识产权、与贸易有关的投资等，由此决定研究者需要具备的素质为：对科学研究方法的掌握；对国际经贸理论、政策、法规的熟悉；对自然科学的基本知识的了解；良好的母语与外语书写与表达；贸易协定与协议的起草能力。

“入世”以来，具备这种素质的 WTO 研究者不多。

（2）研究与谈判应对脱节

其原因是研究者离一线谈判太远，不了解我国谈判的底线和谈判各方的相关立场，不了解谈判的最新问题、最新进展，难以把握谈判的大趋势，导致其研究针对性不足，缺乏可用性。此外，研究成果上报后，没有得到及时的反馈，难以确定后续研究的方向。

---

① 郑永年. 贸易与理性［M］. 北京：东方出版社，2020：235－244.

（3）研究机构之间缺乏协调、沟通与分工

国内研究 WTO 的有智库、高等院校、中介组织，地方研究机构多是各自为战，缺乏相互沟通、协调、分工，导致重复研究而创造性成果不多。

（4）研究队伍构成不实，听取企业呼声不足

WTO 研究命题多来自政府部门。课题组成员来自不同部门，缺乏名副其实的领军者，企业参与程度不足，导致研究起点不高，未能充分反映企业要求，研究成果乏实。

（5）从事 WTO 办案律师短缺

“入世”后，能够熟练从事涉外业务的律师不到 3 000 名，能够办理 WTO“双反双保”（反倾销、反补贴、保障措施和特定产品保障措施）业务的律师不到 50 名，在 WTO 上诉机构独立办理业务的律师只有数名。

六、我国如何应对挑战

（一）维护 WTO，加大作为

1. 珍惜 WTO 业绩，加强对 WTO 的信心

1995 年 WTO 建立后，在 WTO 官员和成员的共同努力下，遵循确立的宗旨，履行职责，作出如下成绩。

（1）强化多边贸易体制

实施和管理近 60 个贸易协定协议，促进了 WTO 成员的合作与发展；推进了贸易自由化，抑制贸易保护主义；加强 WTO 机制的运作，提高权威性和影响力；成员从建立时的 128 个增至 2016 年的 164 个，其贸易额已占世界贸易额的 98%以上；成为国际合作的典范和不可替代的国际贸易组织。

（2）促进成员贸易合作与发展

WTO 通过政策审议机制，加强 WTO 成员贸易政策的透明度；通过争端解决机制，妥善解决 WTO 成员之间的贸易争端，加强 WTO 成员之间的经贸整合和相互市场的融合，促进相互的经贸发展。

（3）关注发展中成员的贸易发展

WTO 关注发展中成员，尤其是最不发达成员的贸易发展和其占世界贸易比重的提升。为此，给予发展中成员，尤其是最不发达成员各种特殊和差别待遇，通过“促贸援助”使其发展能力成长。

（4）促进加入成员的改革与开放

通过申请加入 WTO 谈判、国内规则与 WTO 规则的接轨和附加条款的接受与履行，促进加入成员的改革与开放，发展贸易，拓宽视野，更新观念。

（5）拓展和丰富 WTO 规则

WTO 建立后，加深已有的规则和拓展新规则。WTO 建立后，达成的新协议包括《信息技术协议》《金融服务协议》《TRIPS 与公共健康宣言》，修改扩大《政府采购协议》《贸易便利化协议》，取消农产品补贴等协议。

（6）积极参与全球经济治理

WTO 通过加强贸易规则制定、执行的一致性和强化同体外的沟通、合作，提高 WTO

在全球经济治理中的参与度和影响力。

（7）发动多哈回合谈判

为促进 WTO 宗旨的进一步实现，促进 WTO 成员的整体经贸发展，2001 年，WTO 启动多哈发展回合多边贸易谈判。因受体内和体外各种因素的困扰，谈判在艰难曲折中进行。经过成员共同努力和新任总干事的敦促，2013 年 12 月在巴厘岛第九届部长级会议上，达成一揽子协议。2017 年 2 月 22 日，WTO 总干事阿泽维多宣布，核准《贸易便利化协定》成员已达 112 个，超过 WTO 164 个成员的 2/3，该协定正式生效。

（8）改革

2018 年后，启动新一轮 WTO 改革并持续推进。

（9）缓解新冠肺炎疫情冲击的影响

2021 年 7 月 29 日，WTO 发布贸易监测报告：自新冠肺炎疫情暴发以来，WTO 成员在货物贸易领域实施了 384 项与疫情防控相关的贸易措施；其中，248 项为贸易便利性措施，一些成员降低了对个人防护设备、消毒剂、医疗设备和药品的进口关税。WTO 在确保供应链保持开放方面发挥着作用，因为供应链的开放性是增加疫苗生产和大规模使用的必要保障。由此，WTO 新任总干事伊维拉表示，新冠肺炎疫情冲击下，多边贸易体系已显示出韧性。

2. 重视 WTO 对我国新发展格局加快构建所起的作用

党的十九届五中全会通过的《中共中央关于制定国民经济和社会发展第十四个五年规划和二〇三五年远景目标的建议》提出，要加快构建以国内大循环为主体，国内国际双循环相互促进的新发展格局。

它将提高我国全面参与 WTO 改革的能力，加大我国对 WTO 改革的自主性，加强对某些西方国家对 WTO 改革持不良企图的抵制能力，为 WTO 改革提供正能量。

与此同时，WTO 改革将对我国新发展格局的加快构建起到如下作用。第一，激励。当前 WTO 改革涉及的一些议题，如国有企业、透明度、知识产权、竞争规则、补贴等，均涉及新发展格局确立的市场化、法制化和国际化目标的实现。第二，引领。WTO 改革中涉及新规则的制定。近年来，我国人工智能、电子商务、数字经贸、航天、潜海等快速发展。在 WTO 为其制定新规则中，我国可以引领、提供规则范本等。第三，知情。WTO 改革，为我国新发展格局的构建提供了广阔了解世界舆情的机会。

3. 深度参与 WTO 改革的需要

WTO 改革是大势所趋，它为我国加大在 WTO 中的作为提供了极好机会。

（1）加大在 WTO 改革中作为的有利条件

它们包括；我国是一个在世界上具有很大潜力的最大的发展中国家；我国拥有良好的基础设施和经济发展的基础；国内消费市场逐步扩大；利率水平较高，赤字和债务率较低，营商市场环境不断优化；我国信息化和人工智能的领先，重视教育积累起来的优质劳动力的数量和质量，均可在一定程度上弥补人口红利的弱化；我国坚持对外开放，主动扩大进口；在新发展格局推动下，我国在“十四五”时期，经济增长率有望保持在 5%～6%的水平。

（2）如何加大在WTO改革中的作为

首先，深入分析改革倡议，确定原则立场。对已有各方改革建议分析其核心诉求，积极寻求共识，化解分歧。在协调与兼顾各方立场时，应坚持以我为主，守住改革底线，求同存异。其中，对美国的诉求作为重点研究。

其次，对具体规则议题有所取舍。坚决反对以“公平竞争”和“竞争中立”之名，将体制差异、意识形态差异地缘政治问题引入WTO改革中。与我国利益攸关的电子商务、投资便利化、中小企业等议题要积极主动，争取“早日收获”。

最后，将新冠肺炎疫情防控作为推动WTO制度建设改革的契机。新冠肺炎疫情对国际贸易不仅构成巨大冲击，而且对WTO规则修改和建设提出严重挑战。为此，可将贸易自由化与疫情冲击下的保护措施有机结合，力戒以贸易自由化为由非议疫情下封城、隔离、救济等措施。积极考虑电子商务、数字经济在应对疫情方面发挥的重要作用。

4. 尽快加入《政府采购协议》

加入《政府采购协议》（GPA）将为我国进入WTO成员政府采购市场消除法律障碍，有利于推动国内政府采购体制改革，有利于推动建立更加公开、公平、公正、高效的政府采购体制，有利于提高财政的透明度和法制化水平，加大与WTO成员的相互开放。

5. 深度关注国际经贸规则的深化

WTO与区域贸易协议是经济全球化的两个轮子，它们构成世界经贸规则的主体。WTO建立后，对已有规则不断细化、完善和拓宽并制定新规划；其规则从边境规划向境内规则延伸，同时，区域贸易协定规则也在不断深化。2018年以来，美国、欧盟和日本等先后签订了一些高标准自由贸易协定。如日本与欧盟的经济合作协定（EPA），美墨加协定、欧加FTA、CPTPP等，其规则已超出WTO规则的深度。我国积极参与区域贸易协定的谈判签署，已经申请加入CPTPP和DEPA。应结合我国境内经贸规则的修订与制定，推动进一步对外开放。这也有利于加大我国在WTO规则修订与制定中的引领作用。

6. 扩大话语权

构筑与WTO用语衔接的话语体系；推动将中文列为WTO官方语言；尽速将涉及WTO的英文出版物译成标准的中文，扩大研究的基点。

（二）尽速从贸易大国转变为贸易强国

“入世”后，我国成为贸易大国，但不是贸易强国。为提升我国在WTO的话语权，应在以下方面努力。

1. 发现与贸易强国差距

依国际共识，贸易强国要具有九大特征。一是市场经济体制真正法制化，营商环境良好，价值规律充分发挥，市场在资源配置中起决定作用；二是贸易总量居世界前列；三是出口结构中，资本密集、技术密集型产品居主导地位；四是产业竞争力和创新力强，出口产品处于产业价值链高端；五是外贸效益较高，单位产品增值率高于世界平均水平；六是对国际贸易惯例、规则制定具有重要影响力，在与自身重大利益相关的惯例、规则、标准、大宗商品价格决定中，享有充分的话语权；七是拥有一批世界级的跨国公司和品牌企业；八是贸易投资融合发展趋势显著；九是本币国际化程度不断提升。

与之相比，我国存在相当大的差距。我国应加大针对性的改革力度，尽快达到这些特征的要求。

2. 贸易支撑点从不平衡转向相对平衡发展

“入世”后，我国贸易发展支撑点确立在不平衡基础上，贸易发展基础乏实。下列贸易作为应从失衡、逆向，转向相对平衡和顺向。

（1）货物贸易条件指数应从逆向转向顺向。“入世”后，我国货物贸易的价格贸易条件指数与购买力贸易条件指数逆向发展，表明我国货物贸易增长主要靠低价出口。

（2）扭转货物贸易与服务贸易差额反向。“入世”后，我国货物贸易顺差不断飙升，而服务贸易逆差也从低到高。此种逆向反映我国增长主要靠货物贸易。

（3）缩小高端产品出口低于进口情况。这种情况反映我国出口主要靠低端和劳动密集型产品。

（4）扩大国内市场，降低对外贸易依存度。“入世”后，我国贸易依存度一直高于同类经济总量的国家，反映我国国内市场发育程度不高。

（5）加速知识产权转换为商品。我国知识产权发展名列前茅，而转化为产品较少。

（6）改正贸易运行重益轻规。我国经贸企业仍未摆脱重益厚义传统，违规市场行为不断且屡禁不止。

（7）纠正重视合同签署、切实履约不足的情况。

3. 设立世界贸易分析与信用风险预测机制

随着我国对外开放的进一步扩大，确立全球贸易分析和信用风险预测非常必要。

（1）全球贸易分析（GTAP）模型

它是由美国普渡大学教授托马斯·赫特勒于 1991 年建立的全球贸易分析项目（Global Trade Analysis Projiect，GTAP）而成，其目的是降低在广泛经济框架下对国际经济贸易进行数量分析时的成本，已为世界各国广泛采用。其分析的重要领域包括：在 WTO 框架下的全球贸易自由化；区域贸易协定与 WTO 关系与影响；征收碳税的经济效果。其分析具体内容包括：家庭行为、厂商行为、价格体系、运输部门、政府干预、国内产品市场、要素市场以及国际贸易市场均衡。为此，要建立 GTAP 模型数据库。

（2）世界贸易信用风险预测

为加强经贸行为中的风险回避，世界上的大公司建立国家信用评估系统，作为决策基础。以法国科法斯公司为例，它持续跟踪 151 个国家和地区进行信用评估。评估的主要内容包括政治因素、外汇短缺风险、政府履行国际义务的能力、大量外资撤离带来的贬值风险、银行部门的体制性危机和短期交易的付款行为。在上述风险评析的基础上，对 151 个国家和地区作出总体评估，制定贸易和投资战略与策略。

4. 创建我国商务运行绩效评价指标体系

为了提高我国商务运行实际效益，做大做实贸易发展基础，商务部国际贸易经济合作研究院于 2006 年在李雨时副院长主持下，经过深入大量的研究，创建性地提出我国商务运行绩效评价指标体系；但未落实。该体系一共列出指标名称 153 项。建议将该指标体系根据新形势，重新整理和修正并加以落实。

（三）加强对美国的深入研究

1. 美国是对我国"入世"谈判、"入世"后发展态势的最密切"关注者"

从遏制中国崛起出发，美国成为我国"入世"和"入世"后发展态势"最关心"的成员。第一，美国开启了我国"入世"的门槛，是"复关"和"入世"主要谈判者。第二，美国是我国"复关"和"入世"中，要价最全面、最严格、特设规则最多的要价者。它们是《中国入世议定书》构建的基础。第三，美国是中国"入世"后对我国发展态势的最大关注者。[①]

"入世"后，我国巨大发展和中国特色社会主义的建立与完善，使美国以"入世"促使我国"完全市场化、民主化"战略目标落空。我国成为WTO核心和有巨大影响的成员，动摇了美国在多边贸易体制中的守成地位，产生巨大的失落感。我国成为货物贸易第一大国、第二大经济体，在科技领域与美国日益接近，美国出现严重的危机感和焦灼感。

克林顿政府从美国改变中国战略出发，让我国进入WTO。"入世"后，我国的发展使美国的战略意图落空。从奥巴马政府开始，以国内法和WTO规则对我国加强"两反一保"行动。随着我国的强势发展和在WTO中作用的加大，特朗普政府后悔让中国"入世"，转而挟制WTO甚至威胁要退出WTO，进而单方面以国内法对我国发起贸易摩擦，遭到我国反制。中美经贸关系恶化。

拜登政府并未完全抛弃特朗普对中国的发难，进而将我国视为竞争对手。其一方面强化国内企业的竞争力，一方面回归WTO并加大作为，利用意识形态和价值观差异扩大与其他发达成员寻求对我国的共同关注点，谋求通过WTO改革确立约束我国的新规则。

2021年6月，欧盟委员会发布了美国和欧盟在6月峰会上对WTO改革达成的共识。具体内容包括：WTO改革需要有益于个人和公司；推进WTO的谈判职能和争端解决机制的正常运行；在以下方面更新WTO规则，即工业补贴、国有企业的不公平行为、其他扭曲贸易和市场的行为；就扩大疫苗生产和公平获得疫苗采取贸易政策；就渔业补贴达成协议。

---

① 2001年11月10在我国加入WTO议案通过后，美国谈判代表佐利克祝贺讲话表明了这一点。他说："美国与中国进行了近15年谈判，目的是把中国这个世界上人口最多、经济规模巨大的国家纳入多边贸易体制。此后，中国的12亿人口和总额近1万亿美元的经济将融入世界市场的网络，多边贸易体制得以加强。这对于中国、WTO以及多边贸易体制都是一个巨大的进步。美国对中国为此作出的巨大努力表示祝贺。"

中国的改革开放始于1978年，道路漫长。WTO成员身份意味着遵守规则、标准和市场规律。这将促进中国的发展，使中国更加开放并激发中国人民的创业精神。中国承诺履行WTO的义务，因为加入并不仅意味着付出代价，开放市场更将带来有利于中国的改变。中国的实践证明，通过国内市场自由化以及引进国外的竞争和投资，可以大幅度提高生产率和人民的生活水平。中国在这方面树立了典范。

随着加入进程的结束，一个重要的历程又要开始，即成功地将中国融入WTO规则为基础的体系之中。为了执行承诺，中国需要修改法律法规，改革大量的做法，这方面的挑战是巨大的。中国领导人和官员都认识到履行承诺将是一个巨大的挑战。WTO成员应与中国合作，确保中国加入WTO有助于加强世界贸易体制。中国加入WTO对中国和世界都有利。"（载石广生主编，张向晨、索必成著《中国加入世界贸易组织谈判历程》第537页，商务部世界贸易组织司，2011年11月）

2. 重视我国与美国在 WTO 改革中的博弈

中美经贸关系仍是中美关系的“压舱石”，中美关系对 WTO 改革作用巨大。中国会一如既往，在求同存异、相向而行的前提下，促进 WTO 改革取得良好的进展。

第一，坚决抵制美国以“公平竞争”和“竞争中立”之名，对企业所有制歧视的企图。

第二，就美国关注我国改革的内容上，如国企、补贴、知识产权不公平竞争等，要据理驳斥。

第三，在与我国利益攸关的电子商务、投资便利化、中小企业等议题上，与美国找到共同点，予以合作。

第四，妥善处理我国作为发展中成员身份问题。这个问题受到所有 WTO 成员的关注，关系到我国跨越式发展后，在 WTO 中的话语权问题。因为我国在 WTO 中的利益基础已从发展中成员转向发达成员。我国要慎重处理经贸地位变化后，与发展中成员享受的特殊和差别待遇问题。

第五，与美国主动合作，支持 2021 年 WTO 第 12 届部长级会议所取得的三个方面谈判的成功，即疫苗的知识产权豁免，对疫情有关物资取消出口限制，渔业补贴谈判；在农业谈判中有所作为。

3. 强化对美国如下问题的研究

需要加强的研究方向包括但不限于：美国发展史，美国总统决策的基础，美国与我国关系史，美国智库的构成与作用，美国媒体的构成与作用，美国学界对我国的态度，美国与我国存在的共同点与差异点等。

4. 讲究研究方法

在研究中力戒中美的比对；坚持桌面研究与现场观察相结合的方式；把感情激发与理性分析结合起来。

（四）整合研究机制，强化对 WTO 的研究

1. 在三方面强化研究。一是 WTO 规则的改革与新规则制定；二是区域贸易协定规则的深化；三是我国对 WTO 新规则制定的引领。

2. 由我国主管 WTO 事物的政府部门出面，整合全国有关的研究组织、机构进行适当分工，减少重复研究。

3. 强化人才培养。委托与之有关的大学支持，采取高校、管理机构、企业学会、商会联合培养的方式。

4. 前线参与 WTO 谈判者与研究者要及时沟通，尽早将谈判议题通报，提出研究内容；研究机构进行研究分工。

5. 评析全国已有的 WTO 研究成果，确定研究重点。

6. 建立“成果上报，接报部门对成果及时反馈”的制度。

7. 建立和加强 WTO 全球经贸治理网络的运作。

主要参考书目

［1］孙振宇口述．杨国华，石晓丽整理．日内瓦倥偬岁月［M］．北京：人民出版社，2011.

［2］入世 15 年高端访问［N］．解放日报，2016—2017.

［3］张月姣．亲临世界贸易组织上诉机构［M］．北京：社会科学文献出版社，2017.

［4］［法］尤里·达杜什，［尼日利亚］奇都·奥萨奎．加入世界贸易组织和多边主义（中译本）［M］．北京：对外经济贸易大学出版社，2016.

［5］中国常驻世贸组织代表团．艰难时刻：世贸组织与中国 2018—2019［M］．上海：上海人民出版社，2021.

［6］薛荣久．世界贸易组织与中国大经贸发展［M］．北京：对外经济贸易大学出版社，1997.

［7］薛荣久．中国加入 WTO 纵论［M］．北京：对外经济贸易大学出版社，2001.

［8］薛荣久．耕耘：第二卷　关贸总协定/世界贸易组织卷［M］．北京：对外经济贸易大学出版社，2011.

［9］薛荣久．心仪［M］．北京：中国商务出版社，2014.

［10］薛荣久．乐为［M］．北京：中国商务出版社，2016.

［11］薛荣久．中国对 WTO 规则恪守与励进［M］．北京：中国商务出版社，2018.

［12］薛荣久．WTO 与中国改革开放［M］．北京：对外经济贸易大学出版社，2011.

［13］中国国务院新闻办公室.《中国与世界贸易组织》白皮书［Z］．2018.